Kompetenz und Kultur

Wolfgang Nieke

Kompetenz und Kultur

Beiträge zur Orientierung in der Moderne

 Springer VS

Wolfgang Nieke
Universität Rostock
Rostock, Deutschland

ISBN 978-3-531-15884-6   ISBN 978-3-531-18663-4 (ebook)
DOI 10.1007/978-3-531-18663-4

Die Deutsche Nationalbibliothek verzeichnet diese Publikation in der Deutschen Nationalbibliografie; detaillierte bibliografische Daten sind im Internet über http://dnb.d-nb.de abrufbar.

Springer VS
© VS Verlag für Sozialwissenschaften | Springer Fachmedien Wiesbaden GmbH 2012

Gedruckt auf säurefreiem und chlorfrei gebleichtem Papier

Springer VS ist eine Marke von Springer DE. Springer DE ist Teil der Fachverlagsgruppe Springer Science+BusinessMedia
www.springer-vs.de

Inhalt

Einleitung: Bildung oder Kompetenz? Zur Rekonstruktion der Zielkategorie für Erziehungswissenschaft

Wer heute in der Erziehungs- oder Bildungswissenschaft argumentiert, muss seinen Standort entweder selbst bestimmen oder wenigstens indirekt andeuten; denn diese Wissenschaft ist multiparadigmatisch geworden. Das mag als Zeichen einer wissenschaftstheoretischen Schwäche ausgelegt werden, da die „harten" Wissenschaften nur ein oder höchstens zwei Paradigmen der Argumentation über die Wahrheit ihrer Aussagen zulassen. Es kann aber auch als Zeichen besonderer Offenheit für neue Fragestellungen innerhalb des Projekts einer Orientierung in der Moderne angesehen werden.

Die deutsche Erziehungs- oder Bildungswissenschaft unterscheidet sich in dieser Frage markant etwa von der angelsächsischen, in der die Erziehungswissenschaft im engeren Sinne faktisch das Paradigma der pädagogischen Psychologie teilt und die anderen Paradigmen in Randbereiche ausgliedert: pädagogische Soziologie, Bildungspolitik und eine Bildungsphilosophie. In der deutschen Bildungswissenschaft dagegen kann man jenseits aller Ausdifferenzierungen in zehn bis zwanzig Paradigmen (Krüger 2009, Tippelt/Schmidt 2010; auch die interne Gliederung der Deutschen Gesellschaft für Erziehungswissenschaft zeigt das) eine triparadigmatische Situation konstatieren: Nomothetik, Hermeneutik und Bildungsphilosophie. Alle diese Grundorientierungen können überall innerhalb der disziplinären Ausdifferenzierung vorkommen.

Um in einer solchen Argumentationslage nicht den Überblick zu verlieren, bedarf es der Ordnungen. Dafür kann es zwei wissenschaftstheoretische Orientierungen geben: Die Aufgabe der Wissenschaft als denkende Ordnung von Tatsachen von Max Weber und die Ordnung der Diskurse von Foucault. Die hier versammelten Beiträge lassen sich als das Angebot einer solchen denkenden Ordnung von Diskursen verstehen. Sie berichten nicht von empirischen Befunden zur Bestätigung von theoretisch abgeleiteten Hypothesen oder hermeneutischen Analysen von Textkorpora zu bestimmten Fragestellungen, sondern greifen Denk- und Suchbewegungen innerhalb der Erziehungswissenschaft (Kompetenz) und innerhalb der Gesellschaft

W. Nieke, *Kompetenz und Kultur*, DOI 10.1007/978-3-531-18663-4_1,
© VS Verlag für Sozialwissenschaften | Springer Fachmedien Wiesbaden GmbH 2012

und pädagogischen Praxis (Kultur) auf, analysieren sie und schlagen neue Gruppierungen der verwendeten Termini, Begriffe und dahinter liegenden kognitiven Schemata für eine bessere Orientierung vor. Diese Vorschläge lassen sich nicht anhand einer binären Codierung wahr – unwahr beurteilen, sondern eher an einer solchen wie brauchbar – unbrauchbar für eine Orientierung in der gegenwärtigen Situation. Damit ist klar, dass diese Entscheidung nicht universal möglich ist, sondern nur individuell für die jeweilige Wahrnehmung dieser Situation. Jede LeserIn muss also selbst entscheiden, ob sie etwas mit den angebotenen Orientierungen anfangen kann.

Da oft nach den vergriffenen und nur schwer zugänglichen Beiträgen gefragt worden ist, vermute ich, dass es nicht wenige gibt, die etwas damit haben anfangen können und dies an andere weitergegeben haben, die nun ihrerseits nach dem Fundort fragen. Das hat für mich gerechtfertigt, diese Beiträge noch einmal zu präsentieren.

Die herkömmlichen Termini der Bildungswissenschaft – Bildung, Erziehung, Pädagogik als Beschreibung sowohl der Praxis als auch der hermeneutischen Auslegung dieser Praxis – wurden in der realistischen Wendung (Heinrich Roth 1968/1971) durch die Termini Lernen aus der Psychologie und Sozialisation aus der Soziologie ergänzt. Dabei zeigten sich charakteristische Verschiebungen in der Gegenstandswahrnehmung der nun Erziehungswissenschaft genannten Disziplin: Lernen tun alle Organismen und neuerdings selbst entsprechend programmierte Informationsverarbeitungsprogramme; Sozialisation als Sozialwerdung beschreibt weniger und anderes als das, was mit Erziehung und Bildung gemeint war. Deshalb gab es schon früh Vorschläge, diese Begriffe durch den Begriff der Enkulturation zu ergänzen und genaue Abgrenzungen zwischen ihnen vorzunehmen. In diesem Zusammenhang führte Roth den Begriff der Handlungskompetenz als Ziel für alle Erziehung und Bildung ein. das wurde unterschiedlich rezipiert und führte zu einem inzwischen ganz unübersichtlichen Diskursfeld mit unendlich vielen Kompetenzbegriffen (kritisch dazu Löwisch 2000), die in Analogie der operationalen Lernziele gebildet werden, vor allem im Bereich der Berufs- und Erwachsenenpädagogik, neuerdings in Übernahme des englischen *competence* oder *competency* als Fähigkeit auch für die Schulpädagogik, vermittelt durch die Messmethode der PISA-Studien. Die damit angesprochene Leistungsfähigkeit ist ein Konstrukt, das nicht direkt erfasst werden, sondern nur indirekt aus einer Verhaltensbeobachtung der Performanz erschlossen werden kann. Die Verwendung eines solchen Konstrukts ist die theoretische Antwort auf das Scheitern des operationalen Lernzielansatzes, der vergeblich versucht hat, das Angestrebte mit einem endlichen Katalog von erwünschten Verhaltensweisen zu beschreiben. Dieser Versucht führte zu endlosen und beliebigen Katalogen, die am Ende keinerlei Orientierung mehr zu leisten vermochten. Diese Konstrukte beschreiben nicht mehr einzelne Fähigkeiten in Bezug auf einzelne Verhaltensweisen, sondern Fähigkeitsbündel, die sich durch eine interne Kohärenz und spezifische Lernwege für ihren Erwerb voneinander abgrenzen lassen. Deshalb gibt es weniger Kompetenzen als beobachtbare Performanzen. Allerdings gibt es noch keine Einigung auf eine angemessene Abstraktionsebene für die Konstrukte. So konkurrieren derzeit verschiedene Kompetenzkataloge mit unterschiedlich vielen Kompetenzen miteinander, ohne dass zumeist über die Konstruktionsprinzipien dieser Kataloge Rechenschaft gegeben wird.

Damit verliert jedoch der Begriff der Kompetenz an Trennschärfe und spezifischem Bedeutungsgehalt. Im Anschluss an Heinrich Roth und in vorsichtiger Weiterentwicklung kann festgelegt werden, dass es nicht beliebig viele Kompetenzen geben kann und soll, sondern jede Teilkompetenz muss als eigenständig begründet werden, und dann bleiben tatsächlich die drei von White und Roth herausgestellten übrig: Sach-, Sozial- und Selbstkompetenz, aus denen sich dann als vierte die Handlungskompetenz ergibt. Alle weiteren Ausdifferenzierungen und Amplifizierungen müssen genau daraufhin analysiert werden, ob sie diesem Kriterium entsprechen. Tun sie es nicht, sind sie als Unterkategorien der drei Hauptkategorien zu behandeln.

Dabei stellt sich dann heraus, dass die Aufteilung der Sachkompetenz in Fach- und Methodenkompetenz dieses Kriterium nicht erfüllt. Die Ausdifferenzierung entstammt dem Diskurs der Berufspädagogik und antwortete dort seinerzeit auf die Einsicht, dass eine Berufsausbildung wegen des schnellen Wechsels der Arbeitsinhalte stärker auf formale Qualifikationen ausgerichtet werden müsste, und diese wurden dann zunächst Schlüsselqualifikationen (Mertens 1974) und dann Methodenkompetenzen (im Plural, weil hier Disparates zusammengefasst wurde und bis heute wird) genannt. Diese Methodenkompetenzen sind jedoch nicht so universal – dann wären es Schlüsselqualifikationen –, dass sie beliebig über die Bereiche der inhaltlichen Wissensbereiche transferierbar wären, sondern sie sind an bestimmte Wissensdomänen gebunden: mathematische Gleichungen werden anders gelöst als englische Vokabeln gelernt. Deshalb gehören Fach- und Methodenkompetenzen in dem übergeordneten Bereich der Sachkompetenz zusammen, der gleichwohl intern ausdifferenziert ist, ohne dass dies die übergreifende Kohärenz des Orientierungswissens, die ihn konstituiert, in Frage stellt.

Es bleiben aus dem Insgesamt der vielen Vorschläge für weitereKompetenzbereiche lediglich zwei übrig, um die möglicherweise die Trias von White und Roth ergänzt werden müsste: Sprachkompetenz und Leibkompetenz. Alle Kognitionen oder Orientierungsstrukturen in allen drei Kompetenzbereichen sind in ausdiffe-renzierten Kulturen sprachlich präsentierbar und werden tatsächlich im Lebenslauf in Enkulturation und Bildung auf diese Weise gelernt. Damit sind sie über Metako-gnitionen (Selbstbildungskompetenz) jederzeit differenziert und präzise erinnerbar und variabel einsetzbar. Die physiologische Gedächtnisforschung (zusammenfas-send Markowitsch 2009) kann diesem versprachlichten Gedächtnis inzwischen ge-naue Hirnareale und Funktionskreise zuordnen.

Also ist das Erlernen der Sprache bzw. der Sprachen (Soziolekte, mehrere Spra-chen) ein eigenständiger Kompetenzbereich, der basal für die drei Hauptbereiche zu denken ist. Dieses Erlernen folgt anderen Regeln als die Gedächtnisbildung der Orientierungs- und Handlungsmuster, und genau dies erfordert die Theoriekon-struktion einer eigenständigen fünften Kompetenzkategorie oder in diesem Fall so-gar Kompetenzdimension.

Bei White und Roth findet sich der Leib als kognitiv repräsentierter Körper nicht explizit. Die Befunde der Kognitionspsychologie zu Körperschemata legen jedoch nahe, dass es sich hier um ein eigenständiges System von Kognitionen handelt, das spezifisch erlernt wird und spezifisch aktualisiert wird. Deshalb wird hier da-für plädiert, als sechste Kategorie die Leibkompetenz in die Theoriekonstruktion zur Modellierung von Kompetenz einzufügen. Hierher gehören die bewusste Ge-staltung von symbolischen Handlungen in Gestik und Mimik, die Stimmmodu-lation zur Hervorbringung der gesprochenen Sprache, der gestaltbare Anteil der Körperhaltung (daneben gibt es einen unbewussten, habitualisierten Anteil), die landläufig bekannte Körperbeherrschung, die in der „Leibeserziehung" Thema ei-ner leistungssteigernden Amplifikation ist. Dies wird zwar von Selbst- und Sozi-alkompetenz gesteuert und moduliert, nicht aber direkt umgesetzt. Dazu bedarf es spezifischer Selbstwahrnehmungsverfahren und Übungen, und die Leibkompe-tenz kann durch spezifische Ausfälle der Körperwahrnehmung und motorischen Steuerung blockiert sein, ohne dass die handlungssteuernden Orientierungs- und Handlungsmuster gestört sein müssten.

Vermittelt über die Leibkompetenz realisiert sich auf der Basis von Sprachkom-petenz, Selbstkompetenz, Sozialkompetenz und Sachkompetenz die Handlungs-kompetenz zur Aufgabenbearbeitung und Werterealisierung. Die Sachkompetenz hat darüber hinaus eine weitere Funktion, welche sich nicht in Handlungskom-petenz zu realisieren braucht, wenngleich sie zumeist eine Voraussetzung dafür darstellen wird, nämlich die Weltorientierung (Nieke 2006).

Alle der solcherart bestimmten Kompetenzen beschreiben den elementaren Prozess der Teilhabe an Kultur. Kultur ist hierfür zu bestimmen als die Gesamtheit der Orientierungsmuster einer Sozietät (Nieke 2008) oder in anderer Fassung als das kollektive kulturelle Gedächtnis (Halbwachs 1985). Deshalb muss eine engere

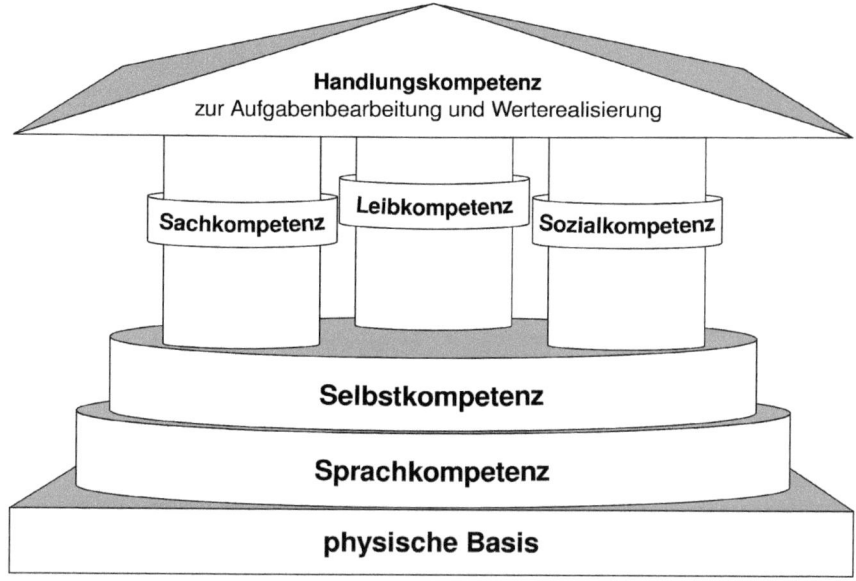

Abb. 1.1 Sechs Grundkompetenzen als Basis zur Bestimmung von Zielen für Bildung und Erziehung

Verbindung des Kompetenzdiskurses mit dem Kulturdiskurs hergestellt werden, als das bisher geschieht. Die Orientierung an der Differenzialpsychologie führt den Kompetenzdiskurs weiterhin eng am Operationalismusparadigma entlang auf die Beschreibung von operationalen Performanzen, die einfach und reliabel gemessen werden können, und Kompetenz fungiert dann als generalisierendes Konstrukt zur Zusammenfassung und Erklärung der messbaren Performanzen (so verläuft der Kompetenzbegriff derzeit im Diskurs über Kompetenzdiagnostik für die Large-scale-assessment-Studien im internationalen Vergleich der utilitaristisch-ökonomischen Leistungsfähigkeit von Schulsystemen).

Der Erwerb und die lebenslange Modifikation der sechs Grundkompetenzen geschieht durch Teilhabe an der Umgebungskultur, vermittelt über Enkulturation und Bildung. Um dies genauer analysieren zu können, müssen die Prozesse der Identifikation mit einer jeweils relevanten Lebenswelt (d. h. Kultur) mitbeachtet werden, also die Zugehörigkeit zu kollektiven Identitäten (Nieke 2011).

Orientierung in der Welt ist die Grundfunktion der Selbstkompetenz. Die zweite Funktion ist die Selbststeuerung, zumeist als Selbstdisziplin, Affektkontrolle thematisiert. Sie hat ist die Basis einer selbstbestimmten Lebensführung und Lebensgestaltung und hat einen Überschneidungsbereich mit der Sozialkompetenz.

Diese Orientierung ist in den wissenschaftlichen Diskursen dazu weit aufgefächert und benötigt ein Zusammenführen unter dem Aspekt des Hineinwachsens der jeweils neuen Generationen in den Optionsraum, der durch die Vielfältigkeit der Orientierungen im kollektiven Menschheitsgedächtnis aufgespannt ist, für den jungen Menschen aber nur verfügbar wird, wenn er didaktisch reduziert in ihn hineingeführt wird. Eine unwillkürliche Enkulturation wird stets nur einen engen Optionsraum erschließen.

Die didaktische Reduktion steht im unauflöslichen Spannungsfeld zwischen Übersimplifikation, aus der unvermeidlich falsche Handlungskonsequenzen folgen müssen (*Halbwissen ist tödlich*), und Überkomplexität, die nur wenigen in aufwendigen Enkulturationsprozessen zu vermitteln ist (etwa in der gelehrte Hochschulbildung). Orientierungsmuster müssen die Mitte zwischen beiden einhalten: so einfach wie möglich, aber auch so komplex wie erforderlich.

Kompetenz in diesem Sinne meint stets die Aneignung und Verwendung von Kuluremen, also elementaren Bestandteil der umgebenden Kultur oder Kulturen – oder in anderer Fassung Lebenswelten (Schütz/Luckmann 2003). In diesem Zusammenhang wird der Begriff der Kultur in der deutschen Erziehungswissenschaft ab 1980 für ein neu auftauchendes Spezialbegriff wichtig, und zwar in seiner pluralen Verwendung: Durch die dauerhafte Einwanderung muss sich das Bildungssystem auf eine dauerhaft multikulturelle Gesellschaft einstellen, mit den Aufgaben einer kulturellen Toleranz, einer Verständigung und Kommunikation über kulturelle Grenzen hinweg und eines Umgangs mit kulturbedingten Wertkonflikten im pädagogischen Alltag. Das wird zu einem eigenen Bildungsziel: interkulturelle Kompetenz (Nieke 2008).

Orientierung in der Welt muss also diese Pluralität, auch Widersprüchlichkeit in den Kulturen und zwischen den Kulturen wissen, aushalten und bearbeiten. Das mögliche Spektrum dafür reicht von entschiedener Reduktion auf Einfaches, Bekanntes mit gleichzeitiger Rejektion und Verdammung alles anderen (Dogmatismus, Nieke 1972) bis hin zu tolerantem bis wertrelativem Kosmopolitismus. Hiermit sind die neu in ihre Kultur und in die Weltgesellschaft Hineintretenden zumeist überfordert; sie brauchen eine behutsame, nicht indoktrinäre Einführung, einen Überblick über alles.

Das ist die Aufgabe einer Bildungsunterstützung, die in der allgemeinbildenden, obligatorischen Schule verortet sein kann oder in außerschulischen Bildungsangeboten, nicht nur für Kinder und Jugendliche, sondern lebenslang, weil die Orientierungsnotwendigkeit lebensgeschichtlich mehrfach neue Anforderungen stellt.

Die im Folgenden wiederabgedruckten Beiträge wurden zwar redaktionell überarbeitet, aber in ihrem Duktus belassen, so dass sie in dem inzwischen historisch gewordenen Kontext gesehen werden müssen, in dem sie entstanden sind.

Professionelle pädagogische Handlungskompetenz

2

Die Texte zur professionellen pädagogischen Handlungskompetenz schließen zum einen an die Studie Der Diplom-Pädagoge (1978) mit seiner Fragestellung, wie zu einer Zeit, zu der eine zukünftige Berufspraxis mit ihren Handlungsanforderungen noch nicht genau bekannt sein kann, dennoch im Blick auf eine solche Praxis ausgebildet werden könne. Zum anderen greifen sie einen beginnenden Diskurs auf, dass in der – auch akademischen – Berufsbildung zwischen Qualifikation und Kompetenz unterschieden werden müsse (vermutlich zuerst vom Deutschen Bildungsrat 1974 angesprochen).

Die Texte sind im Umkreis meines Mitwirkens in der nordrhein-westfälischen Studienreformkommission für das außerschulische Erziehungs- und Bildungswesen entstanden. Um 1980 wurde bundesweit versucht, durch solche Kommissionen in den Ländern und auf Bundesebene im Zusammenwirken von Vertretern der Hochschulen, der Berufspraxis und der Kultusministerien die Rahmenordnungen für die Diplomprüfungen bundeseinheitlich zu gestalten, um einerseits einen problemlosen Hochschulwechsel zu ermöglichen und zum anderen der Berufspraxis ein verlässliches einheitliches Qualifikations- und Kompetenzprofil zu ermöglichen (zu den Vor- und Nachteilen dieses Systems der Qualitätssteuerung im Vergleich zum gegenwärtigen der Outputsteuerung mit Hilfe der Modularisierung s. Nieke 2007a).

W. Nieke, *Kompetenz und Kultur*, DOI 10.1007/978-3-531-18663-4_2,
© VS Verlag für Sozialwissenschaften | Springer Fachmedien Wiesbaden GmbH 2012

2.1 Das Konzept der professionellen Handlungskompetenz als Versuch der Bestimmung von Studienzielen (1981)

2.1.1 Problemlage und Zielvorstellung

Das Hochschulrahmengesetz verpflichtet dazu, die Reform der Studien auf drei Anforderungsbereiche auszurichten:

- auf die Entwicklung der Wissenschaften,
- auf die sich wandelnden Erfordernisse des beruflichen Tätigkeitsfeldes,
- auf die Rolle des wissenschaftlich Gebildeten in der Gesellschaft (der Student soll „zu wissenschaftlicher oder künstlerischer Arbeit und zu verantwortlichem Handeln in einem freiheitlichen, demokratischen und sozialen Rechtsstaat befähigt" werden; HRG § 7).

Die Mitglieder der SK II[1] sahen sich angesichts dieser Zielsetzung für die Studienreform in Bezug auf die Studiengänge für das außerschulische Erziehungs- und Sozialwesen vor eine doppelte Problemlage gestellt:

- die bisherigen Studienzielbestimmungen waren größtenteils inhaltsleer und beliebig[2];
- die Aussagen zu den Qualifikationsanforderungen in der Praxis waren unergiebig[3].

Unter Berücksichtigung dieser Problemlage wurde die Maxime aufgestellt, die Ziele für das Studium primär aus den Anforderungen der Praxis heraus zu formulieren. Praxis meint dabei das Ensemble der konkreten Anforderungen beruflicher Handlungssituationen.

Derzeit besteht eine große terminologische Unklarheit in der Bezeichnung „der Praxis" unter der Perspektive ihrer Qualifikationsanforderungen. Kleinste Einheit dürfte der *Arbeitsplatz* oder die *Funktion* in einer Institution/Organisation sein.

---

[1] Studienreformkommission II für das außerschulische Erziehungs- und Sozialwesen in Nordrhein-Westfalen

[2] Das ergab eine Analyse aller geltenden Studien- und Prüfungsordnungen Nordrhein-Westfalens, die von der SK II mit Unterstützung des Wissenschaftlichen Sekretariats für die Studienreformkommissionen durchgeführt wurde.

[3] Das wurde bestätigt auf dem für die Arbeit der überregionalen Studienreform veranstalteten Berliner Symposiums über das Berufsfeld von Sozialpädagogen und Sozialarbeitern in der Expertise von Teichler über Möglichkeiten und Grenzen der Qualifikationsforschung (1980).

Da sich aber herausgestellt hat, dass die Anforderungen jeweils vieler Arbeitsplätze oder Arbeitsfunktionen ein hinreichendes Ausmaß an gleichen oder ähnlichen Qualifikationsanforderungen haben, wird versucht, übergreifende Kategorien zu bilden. Wegen vielerlei Unschärfen der einzelnen Bezeichnungen eignet sich dafür auch der Begriff des *Berufs* nicht immer, so dass für die Ausrichtung der Studienreform auf die Erfordernisse der Praxis der Begriff des *Tätigkeitsfeldes* eingeführt wurde, der nach seiner ursprünglichen Intention alle verwandten Berufe umfassen sollte (Hartung/Nuthmann 1974: 3; eine ideologiekritische Analyse gibt Nuthmann 1974). Entsprechend dieser Intention wird im Folgenden der gesamte Bereich des außerschulischen Bildungs-, Erziehungs- und Sozialwesens als ein Tätigkeitsfeld gefasst. Diese weite Bestimmung erfordert freilich Kategorien zur Untergliederung. Hier liegt es nahe, als kleinste Einheit die *Handlungssituation* zu bestimmen. Jeweils viele solcher Handlungssituationen können auf Grund der Ähnlichkeiten in den Anforderungen an den Handelnden zusammengefasst werden, und das geschieht im Folgenden mit dem Begriff des *Handlungsfeldes*.

Die Anforderungen beruflicher Handlungssituationen sind mit Hilfe geeigneter human- und sozialwissenschaftlicher Theorien zu analysieren, und zwar unter der Perspektive, wie in einem wissenschaftlich fundierten Studium auf die Handlungsanforderungen vorbereitet werden kann. Diese Perspektive soll es ermöglichen, Studienvoraussetzungen zu bestimmen und gegebenenfalls Qualifikationsanteile zu bezeichnen, die sinnvollerweise außerhalb des Studiums zu erwerben sind.

Deshalb wurde nach einem Weg gesucht, auf dem dies erreichbar war. Das übliche Verfahren für Studienreform bestand und besteht darin, ohne systematische – oder gar wissenschaftliche und methodologische – Vorklärung über die verwendeten und möglichen Verfahren der Erkenntnisgewinnung und Entscheidung quasi hemdsärmelig das allen Bekannte auszuarbeiten, überfällige Veränderungen (die zumeist aus der Entwicklung der Wissenschaften heraus erforderlich werden) ins Auge zu fassen und die Neuverteilung von Umfangsanteilen für Fächer und Fachgebiete sowie die Verteilung von Prüfungsleistungen und -vorleistungen auf diese auszuhandeln und – wenn keine Einigung zustande kommt – ohne Argumente und Begründungen mit Mehrheitsentscheidungen festzulegen.

Weder der gesetzliche (und damit der darin enthaltene gesellschaftliche) Auftrag zur Studienreform noch die besonderen Schwierigkeiten des Tätigkeitsfeldes des außerschulischen Erziehungs- und Sozialwesens ließen sich jedoch auf diese Weise zufriedenstellend berücksichtigen, so dass nach einem angemesseneren Verfahren gesucht wurde. Einen entwicklungsfähigen Weg schien das Konzept der

professionellen pädagogischen Handlungskompetenz zu weisen (DGfE 1978; Nieke
<1979>1984[4]).

2.1.2 Die Genese des Konzeptes professioneller Handlungskompetenz für pädagogisches Handeln und Sozialarbeit

Zehn Jahre nach Einrichtung des Diplom-Studienganges der Erziehungswissenschaft (mit dem Abschluss des Diplom-Pädagogen) zog die Deutsche Gesellschaft
für Erziehungswissenschaft (1978) ein Resümee aus den seitdem in der Fachöffentlichkeit (vgl. dazu Nieke 1978) geführten Diskussionen über die Erfahrungen
mit dem neuen Studiengang und schlug eine Neuordnung des Studienganges mit
einigen strukturellen Modifikationen vor. Die herausragendste Änderung besteht
in einer neu eingeführten Studiengangskomponente „Handlungskompetenz".

Mit dem in diesem Zusammenhang neuen Begriff soll eine der wesentliche Intentionen für die erforderliche Neuordnung des Studienganges akzentuiert werden:
Die Aufmerksamkeit soll auf Funktionen und Bereiche von Studium gelenkt werden, die bisher nicht genügend berücksichtigt werden, aber unbestritten als zentral
gelten, und zwar soll Studium nicht nur Bemühen um Wissen sein, sondern auch
Erwerb von Handlungsfähigkeit.

In dem Vorschlag der Deutschen Gesellschaft für Erziehungswissenschaft werden drei grundlegende professionelle pädagogische Handlungskompetenzen unterschieden:

- Erziehung, Beratung, soziale Therapie;
- Unterricht;
- Verwaltung, Planung.

Diese Handlungsmodalitäten sind in allen Tätigkeitsbereichen – wenngleich in
unterschiedlichem Ausmaß – erforderlich, und damit ergibt sich für die Ausbildung des Diplom-Pädagogen eine Querstruktur, die sich durch die im Hauptstudi-
um erfolgende Differenzierung nach institutionenspezifischen Tätigkeitsbereichen
(Schule, Sozialwesen, Erwachsenenbildung etc.) hindurchzieht. Damit könnte eine
höhere Generalisierung der Ausbildung im Blick auf verbesserte Beschäftigungs-

---

[4] Die ursprüngliche Fassung wurde als Vortrag auf einer Tagung der Sektion Sozialpädagogik
der Deutschen Gesellschaft für Erziehungswissenschaft 1978 gehalten.

möglichkeiten der Absolventen bei gleichzeitig besser fundierter Handlungskompetenz erreicht werden.

Das Konzept professioneller pädagogischer Handlungskompetenz wurde im Anschluss an die Empfehlung der Deutschen Gesellschaft für Erziehungswissenschaft weiter expliziert (Nieke 1984) und in dieser Form in die Überlegungen der SK II einbezogen. Es erwies sich als geeignet, das angestrebte Ausbildungsziel aller Studiengänge für das außerschulische Erziehungs- und Sozialwesen kategorial zu fassen.

Der Zweck von Zielbestimmungen in der Studienreform besteht in der Möglichkeit, aus der Entscheidung für bestimmte Ziele Konsequenzen für die Auswahl von Studieninhalten und Studienformen ziehen zu können. Derartige Konsequenzen sind zwar nicht streng deduktiv zu ziehen[5], weil ein interdependenter Induktions- und Implikationszusammenhang zwischen Zielen einerseits und Inhalten und Studienformen andererseits besteht, aber dieser Zusammenhang reicht aus, um auf der Grundlage von Zielentscheidungen Studieninhalte und Studienformen begründet auswählen zu können.

Damit ein solcher Zusammenhang konstruierbar wird, müssen die Studienziele anders als bisher üblich formuliert werden: konkreter und genauer begründet. Diesem Zweck dient das Konzept der professionellen Handlungskompetenz. Die inhaltlich bestimmte professionelle Handlungskompetenz beschreibt den angezielten Ausbildungsstand der Persönlichkeit im Blick auf die Anforderungen der beruflichen Handlungssituationen.

Mit der Weiterentwicklung des Konzeptes der professionellen Handlungskompetenz intendiert die SK II zweierlei:

(1) *Kompetenz statt Wissen.* Studium soll nicht nur Bemühen um Wissen sein, sondern auch Erwerb von Handlungsfähigkeit und darin begründeter Zuständigkeit für Handeln, und beides zusammen ist mit Handlungskompetenz gemeint. Professionelle Handlungskompetenz für Erziehung, Bildung und Sozialarbeit muss bereits im Studium in ihren Grundlagen erworben werden, damit Handlungsvollzug (Praxis) und theoretisches Wissen schon während des Studiums aufeinander bezogen werden können. Wird im Studium nur Wissen angeeignet und erst im praktischen Berufsvollzug die Handlungsfähigkeit, so muss der Integrationsprozess von Wissen und Handeln in der Regel misslingen; das Ergebnis ist die allseits beklagte Praxisferne der Theorie-Ausbildung und die Theorieferne der alltäglichen Berufspraxis.

---

[5] Das hat H. Meyer (1972) allgemein für die Curriculumkonstruktion und Lernzielbestimmung diskutiert; seine Überlegungen dürften grundsätzlich auch für die Bestimmung von Studienzielen gelten.

(2) *Tätigkeitsfeldbezogene, studiengangsunabhängige Zielbestimmung* (erst die Ziele, dann die Neuordnung der Studiengänge). Eine bloß innere Reform der bestehenden Studiengänge würde angesichts der Probleme, deren Lösung von der Studienreform erwartet wird, zu kurz greifen. Der gesetzliche Auftrag für die Studienreform schließt die grundsätzliche Revision aller Studiengänge, die auf dasselbe Tätigkeitsfeld vorbereiten, ein. Diese Studiengänge sollen soweit wie möglich aufeinander bezogen werden und gegebenenfalls gemeinsame Studienabschnitte enthalten (HRG § 4).

Diese Aufgabenstellung erfordert es, zunächst die Ziele für alle Studien, die auf dasselbe Tätigkeitsfeld vorbereiten sollen, insgesamt entsprechend den Maßgaben aus den drei Anforderungsbereichen des gesetzlichen Auftrags für die Studienreform zu bestimmen und erst in einem zweiten Schritt zu entscheiden, wie in den bestehenden Studiengängen diese Ziele erreicht werden können und ob gegebenenfalls die Studiengänge insgesamt und ihrem Verhältnis zueinander einer Neuordnung bedürfen.

Die inhaltliche Bestimmung der professionellen Handlungskompetenz für das Tätigkeitsfeld des außerschulischen Erziehungs-, Bildungs- und Sozialwesens ergibt sich aus den drei Anforderungsbereichen und ist zunächst studiengangsunabhängig. Alle Anforderungen des gesamten Tätigkeitsfeldes sollen als professionelle Handlungskompetenz beschrieben werden können, wobei es darauf ankommt, das allen speziellen Ausformungen Gemeinsame und Grundlegende genauer als bisher üblich herauszustellen. Das kann die Konstruktion gemeinsamer Studienabschnitte für verschiedene Studiengänge ermöglichen.

In der Konsequenz dieses Verfahrens läge es, auch die Diplomstudiengänge der Soziologie und Psychologie in die Studienreformüberlegungen einzubeziehen, sofern in diesen Studiengängen explizit auf das Tätigkeitsfeld des außerschulischen Erziehungs- und Sozialwesens vorbereitet werden soll; aber das ist von der SK II aufgrund ihres Arbeitsauftrages nicht intendiert.

Dieser neue Weg zu systematisch fundierter Studienreform wurde von der SK II auf einem Symposium Vertretern der Berufspraxis zur Diskussion gestellt, und die Reaktion war ermutigend. Inzwischen lässt sich feststellen, dass das Konzept professioneller Handlungskompetenz in der Fachöffentlichkeit aufgenommen[6] und produktiv weiterentwickelt wird, derzeit vor allem in Studienreformüberlegungen an einzelnen Hochschulen und daraus entstehenden Studienordnungen und Studienreformmodellen.

---

[6] Das geschieht nicht nur für das Tätigkeitsfeld des außerschulischen Erziehungs- und Sozialwesen , sondern für Studienreform insgesamt, etwa bei Wittkämper (1979).

2.1.3 Professionelle Handlungskompetenz als Zielkategorie für Studienreform

Mit *Handlungskompetenz* als Zielbestimmung für das Studium wird der Begriff der *Qualifikation* ersetzt. Damit wird der ideologiekritischen Analyse des Qualifikationsbegriffs Rechnung getragen (zusammengefasst etwa bei Blankertz 1975, 204), die den instrumentell-technischen, auf Effizienz gerichteten Charakter dieses Begriffs bloßgelegt hat. Eine solche Bedeutung steht in unversöhnlichem Gegensatz zu den unaufgebbaren Grundpositionen erzieherischen und helfenden Handelns.

Auch der Deutsche Bildungsrat hat *Kompetenz* und *Qualifikation* in diesem Sinne unterschieden: *Qualifikation* bezeichne den Lernerfolg im Hinblick auf seine Verwertbarkeit, *Kompetenz* hingegen im Hinblick auf die Person des Lernenden (vgl. Deutscher Bildungsrat 1974, 16).

Wenn Handlungskompetenz hier als *professionelle* spezifiziert wird, dient das der Unterscheidung dieser Handlungskompetenz von der Kompetenz für alltägliches Handeln, die jedermann hat (sofern sie ihm nicht ausdrücklich abgesprochen wird), die also auch jeder Pädagoge und Sozialarbeiter selbstverständlich hat. *Professionell* meint mehr als *beruflich*: Zum einen wird damit auf die wissenschaftliche Fundierung der Ausbildung verwiesen, und zum anderen besteht professionelle Handlungskompetenz unabhängig von der Ausübung eines Berufes.

2.1.3.1 Professionelle Kompetenz für soziales Handeln

Professionelle Handlungskompetenz für eine berufliche Tätigkeit im außerschulischen Erziehungs- und Sozialwesen bezieht sich auf die allgemeine Kompetenz zu sozialem Handeln, über welche alle Interaktionspartner des beruflichen Handelns verfügen. Für den Erwerb einer professionellen Kompetenz für soziales Handeln ist deshalb die allgemeine Kompetenz für soziales Handeln in einem doppelten Sinne Voraussetzung: Zum einen ist sie die Basis für das Zusammenhandeln mit allen anderen Menschen im beruflichen Handlungsfeld, zum anderen ist sie bereits beim Studenten vorhanden, wenn er sein Studium beginnt.

Der Aufbau einer professionellen Handlungskompetenz für ein Handeln im außerschulischen Erziehungs- und Sozialwesen kann und muss daher an der allgemeinen Kompetenz für soziales Handeln anknüpfen. Da die spezifische Fähigkeit und Kompetenz des Pädagogen und Sozialarbeiters vor allem in seiner Fähigkeit zum Handeln mit anderen Menschen, zum sozialen Handeln besteht[7], ist es für die Aus-

---

[7] Soziales Handeln meint nicht nur Handeln in direkter Interaktion, sondern schließt auch die Formen indirekter Kommunikation mit ein (schriftliche Kommunikation, organisieren, planen, „politisch tätig werden"), die sich auf ein Handlungsgegenüber richten, sowie das Ar-

übung dieses Berufs Voraussetzung und Gebot, über eine allgemeine Kompetenz
für soziales Handeln in höchstmöglichem Maße zu verfügen. Dies erfordert, dass
die Ausprägung, Erweiterung und Differenzierung der allgemeinen Kompetenz für
soziales Handeln bereits Aufgabe und Bestandteil der Befähigung zu beruflichem
Handeln wird, also zum Bestandteil des Studiums wird.

Zur differenzierenden Erfassung dieser allgemeinen professionellen Kompetenz
für soziales Handeln lassen sich verschiedene Kategoriengefüge verwenden. Da der
Forschungsprozess zu dieser Fragestellung noch sehr am Anfang steht, gibt es bisher
keine Kategoriensysteme, die in theoretischer Analyse und forschungspraktischer
Bewährung als erprobt und abgesichert gelten können.

Deshalb wurde zunächst quasi heuristisch versucht, ausgehend von den Anforderungen beruflicher Handlungssituationen und von Erfahrungen über die Erlernbarkeit von Handlungskompetenz in einem Studium, die allgemeine Kompetenz für
soziales Handeln zu differenzieren in

- Interaktionskompetenz,
- Kommunikationskompetenz,
- Selbstreflexionskompetenz.

Die Fähigkeit zu Interaktion und Kommunikation, den beiden zentralen Dimensionen sozialen Handelns, sollte besonders sorgfältig und differenziert weiterentwickelt werden. Die besondere Notwendigkeit einer Befähigung zur Selbstreflexion
ergibt sich aus der spezifischen Situation beruflichen und professionellen Handelns:
Die Persönlichkeit des Handelnden ist zentraler Faktor in der Handlungssituation,
und deshalb bedarf es einer besonderen Selbstreflexivität des Handelnden, damit er
sein Handeln kundig und verantwortlich gestalten kann.

Wegen theoretischer Einwände wurde diese Einteilung geändert in

- Wahrnehmungskompetenz,
- Interaktions- und Kommunikationskompetenz,
- Reflexionskompetenz.

Damit wurde der theoretischen Schwierigkeit, Interaktion und Kommunikation
als trennbar zu behandeln, Rechnung getragen, und die Bedeutung einer besonderen Befähigung zur Wahrnehmung sozialer Phänomene und Zusammenhänge

---

rangement von Sachen, das eine Intention in Bezug auf eine oder mehrere Personen verfolgt
(z. B. Einrichtung eines Spielzimmers für Kinder im Kindergarten).

herausgehoben. Die Fähigkeit zur Selbstreflexion wurde in den Zusammenhang allgemeiner Reflexionsfähigkeit gestellt.

Wahrnehmungskompetenz meint die weiter zu entwickelnde Sensibilität für die Handlungssituation als soziale Interaktion, in der verschiedene Menschen in einer Gruppe miteinander handeln. Das Handeln und Verhalten in Gruppen wird geprägt durch eine Eigendynamik und Eigengesetzlichkeit, die als Struktur und Prozess der Gruppe wahrnehmbar werden. Notwendige Ergänzung dieser Sensibilität ist eine zu differenzierende Sensibilität für die aktuelle psychische Situation und Befindlichkeit der Interaktionspartner. Situationen sozialen Handelns konstituieren sich durch die Beziehungsdefinitionen der Beteiligten; deshalb muss Wahrnehmungskompetenz die zu erweiternde Fähigkeit zur Wahrnehmung von sprachlichen und nichtsprachlichen Signalen für die Beziehungsdefinition umfassen. Dazu bedarf es der Kenntnis von Grundstrukturen und Differenzen der von den Kommunikationspartnern verwendeten Sprachen und Sprecharten: der Alltagssprache, der Dialekte und Soziolekte und der Fach- und Sondersprachen.

Interaktions- und Kommunikationskompetenz hat die beschriebene Wahrnehmungskompetenz zur Voraussetzung. Kompetenz zur Interaktion meint die Verfügung über Rollenhandeln (einschließlich des Hineindenkens und -fühlens in die Rollen der anderen in einer Situation Handelnden: Rollenübernahme, Empathie) sowie die Verfügung über die jeweils angemessenen Situationsdefinitionen. Aus der Verfügung über Muster für Rollenhandeln (des beruflichen Handelns) und über Situationsdefinitionen konstituiert sich die Verfügung über die eigene (berufliche) Identität. Dabei ist zu berücksichtigen, dass in pädagogischer und sozialer Berufstätigkeit berufliches Rollenhandeln und berufliche Identität unvermeidlich untrennbar in die Gesamtpersönlichkeit integriert sind, so dass ein streng auf Berufstätigkeit ausgerichteter Aufbau von Interaktions- und Kommunikationskompetenz eine falsche Vorstellung wäre.

Kompetenz für *Interaktion* umfasst die Verfügung über ein Repertoire von Interaktionsmustern zur Herstellung von klaren Beziehungen in einem Handlungsfeld. Als Beispiel für die inhaltliche Füllung eines solchen Repertoires sei auf die Regeln für die themenzentrierte Interaktion nach Cohn (1975) verwiesen. Dieses Repertoire umfasst aber auch alles das, was bisher mit Begriffen wie Kontaktfähigkeit, emotionale Wärme, Authentizität, Toleranz zu beschreiben gesucht wurde und wird.

Kompetenz für *Kommunikation* meint in einem engeren Sinne Sprachkompetenz, d. h. grammatisches und lexikalisches Vermögen zu Sprachverständnis und zum Umgang mit der Sprache. Die professionell erforderlich werdende Vertiefung und Erweiterung von Kommunikationskompetenz bezieht sich für Pädagogen und

Sozialarbeiter auf die je besonderen Sprachen von Adressaten/Klienten, Institutionen und Wissenschaft.

Das ist die Voraussetzung für ein wirkliches Verstehen von Menschen, deren Lebenswelt von der des Pädagogen und Sozialarbeiters verschieden ist; dieses Verstehen erfordert die Erschließung der dem Handeln und Sprechen unterliegenden Deutungsmuster, die für die Lebenswelt, der Edukanden/Adressaten/Klienten konstitutiv sind und die häufig anders sind als die Deutungsmuster des Pädagogen und Sozialarbeiters.

In einem weiteren Sinne schließt professionell zu entwickelnde Kommunikationskompetenz eine Kompetenz zur Informationsverarbeitung[8] und eine Kompetenz zur Metakommunikation ein. Die Kompetenz zur Informationsverarbeitung meint die Fähigkeit zur gezielten Informationssuche, Informationsauswahl und Informationsverarbeitung.

Die professionelle Erweiterung dieser Komponente von Handlungskompetenz entfernt sich für den Pädagogen und Sozialarbeiter weit von der Ausprägung, die für nichtberufliche Handlungskompetenz erforderlich ist. Die Kompetenz zur Informationsverarbeitung für Pädagogen und Sozialarbeiter ist nur zu einem kleinen Teil identisch mit den herkömmlichen Techniken des wissenschaftlichen Arbeitens, weil sich diese Kompetenz vor allem auf den Umgang mit Informationen in der Berufspraxis beziehen soll. Deshalb umfasst diese Kompetenz sowohl Elementarkenntnisse des Agierens in bürokratischen Organisationen (Aktenführung, Analyse von Organisationsplänen etc.) als auch die Fähigkeit, berufsbegleitende Weiterbildung realisieren zu können. Des Weiteren umfasst diese Kompetenz die Methoden der Hermeneutik zur systematischen Erschließung sprachlicher Informationen ebenso wie die Fähigkeit des Nachvollzugs von empirischen Erhebungen und die Fähigkeit des Umgangs mit Elektronischer Datenverarbeitung.

Kompetenz zur *Metakommunikation* meint die Fähigkeit zur Differenzierung des Inhalts- und Beziehungsaspektes der Kommunikation sowie auf dieser Grundlage die Fähigkeit zur Thematisierung von Schwierigkeiten der Kommunikation als Voraussetzung und Mittel zu ihrer Bewältigung (ganz im Sinne von Watzlawick u. a. 1969).

Reflexionskompetenz fasst die Fähigkeit zu komplexem und kritischem Denken und die Fähigkeit zur *Selbstreflexion* zusammen.

Es bedarf eines Ortes im Studium, an dem unabhängig von Fachinhalten die Gesetzlichkeiten der kognitiven Analyse und Synthese, des Erfassens interdependenter Strukturen, der dialektischen Denkmethode thematisiert werden können sowie die

---

[8] Das damit Gemeinte entspricht in etwa dem von Baacke in seiner Didaktik der Kommunikation als „kognitive Kompetenz" Bezeichneten (1973).

Verfahren der wissenschaftstheoretisch und wissenschaftssoziologisch fundierten Kritik an Einzelergebnissen der Wissenschaft im Zusammenhang erarbeitet werden können. Die verantwortliche Anwendung wissenschaftlicher Erkenntnisse auf die Lösung berufspraktischer Probleme setzt ein Wissen von der spezifischen Leistung, aber auch von den Grenzen wissenschaftlicher Erkenntnisse voraus. Nur eine Kompetenz in den Grundlagen wissenschaftlichen Denkens ermöglicht es, die spezifische Überlegenheit, aber auch Begrenztheit wissenschaftlicher Erkenntnisse gegenüber dem Alltagswissen und der Lebenserfahrung genau zu bestimmen.

Kompetenz zur *Selbstreflexion* meint die Verfügung über ein Reflexionsvermögen, das befähigt, allgemeines Wissen, besonders allgemeine Theorien, anzuwenden auf eine Analyse, ein Nachdenken, eine Reflexion

- der konkreten aktuellen gesellschaftlichen Lage,
- der konkreten aktuellen eigenen Situation,
- der konkreten aktuellen individuellen Befindlichkeit, in denen sich der Reflektierende selbst befindet.

Dazu bedarf es der Beschäftigung mit sozialwissenschaftlichen (soziologischen, politologischen, ökonomischen), psychologischen und philosophischen Theorien, dies aber nicht in der Form des Nachspürens der theorieimmanenten Zusammenhänge, sondern selektiv unter der Fragestellung der Aufklärung der eigenen Situation: Wer bin ich? Wer möchte ich sein? Was will ich? Der Zweck dieser Bemühung ist die Einordnung der eigenen Situation in übergreifende gesellschaftliche, historische und geistige Zusammenhänge, ist kundige Orientierung in der Welt. Handlungskompetenz wird aus dieser Orientierung, wenn es gelingt, daraus Konsequenzen für die eigene Lebensbewältigung und Lebensgestaltung zu ziehen.

2.1.3.2 Inhaltliche Differenzierung nach Handlungsmodalitäten

Die professionelle Handlungskompetenz für das außerschulische Erziehungs- und Sozialwesen wird nach Handlungsmodalitäten differenziert. Dieses Differenzierungsprinzip unterscheidet sich von den geläufigen Arten der Differenzierung nach dem Lebensalter der Edukanden (darauf basiert weitgehend die Differenzierung der herkömmlichen Lehrer- und Pädagogenausbildung: Vorschulerzieher, Stufenlehrer, Erwachsenenbildner) oder der Differenzierung nach Institutionen; darauf basieren sowohl die Einteilung der ursprünglichen fünf Schwerpunkte des Diplomstudienganges in der Erziehungswissenschaft (vgl. Kultusministerkonferenz 1969) als auch die meisten Schwerpunktbildungen in den Fachhochschulstudiengängen der Sozialpädagogik und Sozialarbeiter.

Die Strukturierung nach Handlungsmodalitäten geht davon aus, dass es fundamentale institutionen- und adressatengruppenübergreifende Formen und Arten des professionellen Handelns im außerschulischen Erziehungs- und Sozialwesen gibt und dass die fundamentalen Handlungsarten jeweils auf die Besonderheiten der Adressatengruppen und Institutionen spezifiziert werden können.

Derzeit scheinen sich drei solcher Handlungsmodalitäten sinnvoll voneinander abgrenzen zu lassen. Dabei ist eine solche Abgrenzung nicht mit Hilfe trennscharfer *Umgriffe*[9] möglich, sondern nur mit Kategorien, die als *Ingriffe* auf das Zentrum des Gemeinten weisen. Die Bedeutungsfelder solcher Begriffe überschneiden sich teilweise und sind an ihren Rändern unvermeidlich unscharf. Abgrenzungskriterien für die drei Handlungsmodalitäten sind gemeinsame fundamentale Handlungskomponenten und Handlungsstrukturen. Diese Gemeinsamkeiten sollen die Erlernbarkeit der entsprechenden Handlungskompetenzen erleichtern und die Übertragbarkeit des exemplarisch in einer konkreten Ausprägung Gelernten auf andere Konkretisierungen ermöglichen.

Die drei nach Handlungsmodalitäten differenzierten professionellen Handlungskompetenzen sind:

1. Handeln in direkter Interaktion,
2. Vermittlung von Inhalten in direkter Interaktion,
3. Handeln in Organisationen.

Handeln in direkter Interaktion meint eine professionelle Handlungskompetenz, die dazu befähigt, einem Menschen Hilfe, Stütze, Orientierung zu geben; diese Handlungskompetenz umfasst aber auch Lenkung und Intervention. Sie lässt sich konkretisieren etwa als Beraten, Aktivieren, Impuls geben oder als Erziehen (etwa im institutionellen Rahmen der Heimerziehung), Therapieren, Intervenieren u. ä.

Vermittlung von Inhalten in direkter Interaktion meint Lehr- und Unterrichtskompetenz. Sie besteht aus einer allgemeinen didaktischen Kompetenz und einer jeweils variierenden Sachkompetenz für die Inhalte des Lehrens und Unterrichtens.

Handeln in Organisationen meint das Handelnkönnen in Bezug auf die organisatorischen und politisch-gesellschaftlichen Rahmenbedingungen für Bildung, Erziehung und Sozialarbeit. Diese Handlungskompetenz muss in zwei Modalitäten aufgebaut werden:

• als Fähigkeit, Spielräume ausnutzen zu können (einschließlich des routinisierten Verwaltungs- und Planungshandelns);

---

[9] Diese Kategorisierung von Termini folgt Trier (1975).

- als Fähigkeit, die Strukturen des Systems von innen oder von außen ändern zu können, durch welches das jeweilige Handlungsfeld geprägt ist (z. B. Trägerorganisation oder Gemeinde).

Eine hinreichende Kompetenz für Handeln in einem Feld erfordert stets die Kombination von *Handeln in direkter Interaktion* oder *Vermittlung von Inhalten in direkter Interaktion* mit *Handeln in Organisationen*. Dabei ist aber eine Schwerpunktbildung in der einen oder anderen Richtung möglich und sinnvoll sowie erforderlich, weil jede einzelne Handlungsmodalität für sich bereits so komplex ist, dass sie in einem Studium üblicher Dauer ohnehin nur in ihren Grundzügen professionell vertieft und ausgebildet werden kann.

2.1.3.3 Konkretisierung der Handlungsmodalitäten auf Handlungsfelder

Konkretes professionelles Handeln geschieht unter Bedingungen, die in ihrer Gesamtheit als Handlungsfeld bezeichnet werden können. Mit dem Begriff des Feldes soll auf das sich strukturierende, interdependente Wirkungsgefüge aufmerksam gemacht werden, in welches das professionelle Handeln eingebunden ist. Für die differenzierte Bestimmung der Elemente, Relationen und Strukturen eines Handlungsfeldes des außerschulischen Erziehungs-, Bildungs- und Sozialwesens sind verschiedene theoretische Konstruktionen denkbar und sinnvoll[10]. Die im Folgenden skizzierte Differenzierung ist deshalb als exemplarische zu verstehen.

Ein Handlungsfeld des außerschulischen Erziehungs-, Bildungs-, und Sozialwesens ist durch folgende Faktoren geprägt:

(1) Adressaten,
(2) organisatorische und politisch-gesellschaftliche Bedingungen,
(3) situative Bedingungen,
(4) professionell Tätige.

Als *Adressaten* werden die Gegenüber für das Handeln der professionell Tätigen bezeichnet. Die von den Adressaten herrührenden Anforderungen an professionelle Handlungskompetenz sind verschieden, je nachdem, ob sich die Adressaten in einer gesellschaftlichen und/oder individuellen Problemlage befinden oder in einer Normallage. Wer Adressat ist oder wird, bestimmt sich weder aus dem Bewusstsein der Betroffenen noch mittels objektiver, etwa sozialwissenschaftlicher Analyse,

---

[10] In allgemeiner Form hat etwa Mollenhauer (1972) verschiedene Möglichkeiten zur theoretischen Konstruktion des pädagogischen Handlungsfeldes diskutiert.

sondern wird von bestimmten sozialen Institutionen definiert. Die Kenntnis dieser Definitionsprozesse muss ein wesentlicher Bestandteil des Teils professioneller Handlungskompetenz sein, der sich auf die Analyse des Handlungsfeldes richtet. Adressaten in Normallage sind z. B.:

- Edukanden (Kinder, Jugendliche);
- Erwachsene als Adressaten für Bildungsangebote (Erwachsenenbildung, Weiterbildung) sowie für Aktivierungsangebote (z. B. zur Freizeitgestaltung) und teilweise für Beratungsangebote (z. B. Bildungsberatung, Berufsberatung, Familienberatung).

Adressaten in Problemlage sind z. B.:

- Adressaten für Beratungsangebote wie Erziehungsberatung, Eheberatung;
- Unterstützungsbedürftige auf Grund von eher individuellen Problemlagen (z. B. Selbstmordgefährdete) oder eher gesellschaftlichen Problemlagen (z. B. Obdachlose, Ausländer).

Die *organisatorisch-institutionellen Bedingungen* bestehen zum einen in schriftlich fixierten Handlungsvorschriften (Gesetzen, Verordnungen, Hausordnungen u. ä.) und in Kontrollverfahren, mit denen die Einhaltung der Vorschriften überprüft wird. Zum anderen reguliert sich Verhalten und Handeln innerhalb eines organisatorisch-institutionellen Rahmens nach expliziten und impliziten Rollen, d. h. nach internalisierten Verhaltenserwartungen, die auf Grund eines institutionen- oder organisations-spezifischen Kontextes von Normen und Werten legitimiert sind (z. B. werden bei konfessionellen Trägern von Sozialarbeit von den professionell Tätigen in der Regel ein entsprechendes kirchliches Engagement und eine Lebensführung gemäß dem konfessionell spezifischen Moralkodex erwartet, und Abweichungen werden sanktioniert).

Die *politisch-gesellschaftlichen Bedingungen* haben, soweit sie in schriftlich fixierten Handlungsvorschriften bestehen, einen fließenden Übergang zu den organisatorisch-institutionellen Bedingungen: so basieren etwa Verordnungen für das Handeln in einer Institution (z. B. im Sozialamt) auf gesetzlichen Grundlagen, und diese sind ein wesentlicher Bestandteil der politischen Bedingungen für berufliches Handeln im außerschulischen Erziehungs- und Sozialwesen. Entsprechendes gilt für die finanziellen Rahmenbedingungen.

Außer den in Gesetzen oder ähnlichen Satzungen explizit formulierten normativen Bedingungen gibt es ein vielfältig gegliedertes implizites normatives Bedingungsgefüge, das aus den aktuell gültigen Wertüberzeugungen, der Mentalität, den kollektiven Deutungsmustern und Orientierungen u. ä. besteht, die in der Gesellschaft insgesamt sowie in den gesellschaftlichen Teilbereichen gelten, in denen die Handlungssituation jeweils lokalisiert ist.

Soziales Handeln, und damit auch professionelles Handeln im außerschulischen Erziehungs-, Bildungs- und Sozialwesen, geschieht in Raum und Zeit, und das hat zum einen zur Folge, dass die gegebenen Bedingungen von Raum und Zeit, unter denen Handeln stattfindet, dieses Handeln beeinflussen (und zwar vermutlich stärker als bisher bewusst ist). Zum anderen resultiert aus diesem Umstand, dass verantwortetes Handeln seinerseits die *situativen Bedingungen* bewusst und kundig zu gestalten hat. Zu professionellem Handeln gehört also die Gestaltung des Raumes und die Strukturierung der Zeit für die Handlungssituation. Das schließt die Verwendung und Verwaltung von finanziellen Mitteln für die Gestaltung ein.

Die *professionell Tätigen* sind selbst Bestandteil des Handlungsfeldes, in dem sie agieren und auf das sie Einfluss zu nehmen suchen. Deshalb muss ihre eigene Lage als Bestandteil des Handlungsfeldes stets mitbedacht werden. Da professionelles Handeln im außerschulischen Erziehungs-, Bildungs- und Sozialwesen zum großen Teil (wenngleich keineswegs ausschließlich) sich in Interaktion und Kommunikation vollzieht, wirkt die Persönlichkeit des professionell Tätigen unvermeidlich in das Handlungsfeld hinein, und die Wahrnehmung und Kontrolle dieser Wirkungen ist deshalb eine dauernde Aufgabe für den professionell Tätigen. Eine weitere, oft unterschätzte Auswirkung auf das Handlungsfeld haben die Arbeitsbedingungen des professionell Tätigen (das dürfte relativ deutlich sein etwa bei der Schichtarbeit von Heimerziehern).

Die verantwortliche und kundige Einbeziehung dieses Bereichs in die Gestaltung des professionellen Handelns schließt auch hier die Verwendung und Verwaltung von finanziellen Mittel für Kollegial- und Hilfspersonal ein. Dem Umgang mit den Kollegen gilt seit längerem besondere Aufmerksamkeit bei der Formulierung von entsprechenden Studienzielen (als „Fähigkeit zur Teamarbeit" oder auch als „Führungseigenschaften" bezeichnet).

Die Handlungsfelder des außerschulischen Erziehungs-, Bildungs- und Sozialwesens können grundsätzlich nach jedem der vier Bedingungsbereiche differenziert werden. Die geläufigen Einteilungen gliedern das gesamte Tätigkeitsfeld nach institutionell-organisatorischen Aspekten (so wurde und wird die Unterteilung von Sozialarbeit und Sozialpädagogik auf die Sozialhilfegesetzgebung einerseits und die Regelungen zur Jugendhilfe und Jugendpflege andererseits bezogen) oder nach Adressatengruppen (Kinder, Jugendliche, Erwachsene, Alte; Straffällige, Drogensüchtige; Obdachlose, Ausländer u. ä.) oder nach einer Mischung aus beidem.

Eine professionelle Handlungskompetenz ist erst vollständig bestimmt, wenn eine der drei Handlungsmodalitäten auf ein Handlungsfeld konkretisiert worden ist.

Da es derzeit keine allgemein anerkannten Verfahren Bestimmung und Abgrenzung von Handlungsfeldern gibt, kann sich diese Konkretisierung auf ein weites Spektrum unterschiedlich konstruierter enger und weiter Handlungsfelder beziehen[11]. Das Schema 1 soll, von unten nach oben gelesen, die skizzierten drei Stufen zunehmender Differenzierung und Konkretisierung verdeutlichen.

2.1.3.4 Formale Differenzierung nach Lernwegen

Neben der im Vorhergehenden skizzierten inhaltlichen Differenzierung professioneller Handlungskompetenz ist, gewissermaßen wie in einer zweiten Dimension, eine formale Differenzierung nach Lernwegen erforderlich, weil die inhaltlichen Bestimmungsstücke nicht alle auf die gleiche Art, sondern teilweise nur auf unterschiedliche Weise erlernbar sind.

Da die innovative Intention des Konzepts der Handlungskompetenz darauf zielt, dass Studium nicht nur Wissen vermitteln solle, sondern dass dieses Wissen zum Bestandteil von Handlungsfähigkeit werden solle, ist es wichtig, die Unterschiedlichkeit der Wege zum Erwerb von Wissen und zur Verfügung über Handlungsfähigkeit deutlich zu machen. Deshalb wird professionelle Handlungskompetenz formal differenziert in

(1) Handlungsorientierung,
(2) Verfügung über Handlungsmuster.

Es dürfte ohne weiteres einsichtig sein, dass diese Differenzierung für die auf Handlungsfelder konkretisierten Handlungsmodalitäten sinnvoll ist. Zum Beispiel reicht es für den Umgang mit Kindergruppen in einem Kindergarten nicht aus, etwas über die institutionelle Verfassung Kindergartens, seine Geschichte und soziale Funktion sowie über Kinder und ihre Lebenswelt zu wissen, sondern darüber hinaus bedarf es der Fähigkeit, für Kinder verständlich zu sprechen, in nonverbaler Kommunikation eindeutig zu sein, Gruppenprozesse wahrnehmen und beeinflussen zu können und ähnliches mehr. Das kann nicht in der Beschäftigung mit Informationen darüber erlernt werden, sondern bedarf besonderer Lernformen der Beobachtung, Simulation und Erprobung eigenen Handelns.

Aber auch die grundlegende professionelle Kompetenz für soziales Handeln besteht in ihren beiden inhaltlichen Ausformungen als Wahrnehmungskompetenz

---

[11] Eine relativ umfassende und vollständige Liste von über 150 Handlungsfeldern im Tätigkeitsfeld findet sich in der Anlage zum Protokoll der 4. Sitzung der Studienreformkommission „Außerschulisches Erziehungs- und Sozialwesen" von Nordrhein-Westfalen (SK II).

III. Konkretisierung und Handlungsfelder	Adressaten	Organisatorische und politisch- gesellschaftliche Bedingungen	situative Bedingungen	Professionell Tätige
II,. Differenzierung nach Handlungs- modalitäten	Direkte Interaktion - Hilfe - Intervention	Vermittlung von Inhalten in direkter Interaktion - Didaktische Kompetenz - Sachkompetenz für die Inhalte	Handeln in Organisationen in bezug auf - Organisatorisch- institutionelle Bedingungen - Politisch- gesellschaftliche Bedingungen	
I. Allgemeine Grundlagen	Professionelle Kompetenz für soziales Handeln (professionelle Erweiterung der Alltagskompetenz für soziales Handeln)			
	Wahrnehmungskompetenz	Interaktions- und Kommunikationskompetenz	Reflexionskompetenz	

Abb. 2.1 Inhaltliche Differenzierung der professionellen Handlungskompetenz

und als Interaktions- und Kommunikationskompetenz jeweils aus einer Komponente Handlungsorientierung und einer Verfügung über Handlungsmuster.

Handlungsorientierung besteht aus drei voneinander unterscheidbaren Bestandteilen:

(1) Kognitive Orientierungen, Orientierungswissen,
(2) Grundhaltungen, Einstellungen,
(3) Berufliches Selbstkonzept.

Die *kognitiven Orientierungen* bestehen aus Wissen, und zwar sowohl aus wissenschaftlich gesichertem Wissen einschließlich der Kenntnis über die wissenschaftstheoretischen und methodologischen Regeln und Verfahren zur Erzeugung und Prüfung dieses Wissens, als auch aus allgemeinem Erfahrungswissen über Erziehung, Bildung und Sozialarbeit. Damit dieses Wissen handlungsorientierend und -anleitend werden kann, muss es mittels kognitiver Operationen (z. B. Subsumtion, Induktion, Deduktion, Analogie) auf konkrete Handlungssituationen bezogen und angewendet werden können. Gerade diese Anwendung bereitet bisher Schwierigkeiten, so dass diesen kognitiven Operationen beim Erwerb professioneller Handlungskompetenz besondere Aufmerksamkeit zugewendet werden sollte. Da sich der Bestand des Wissens fortlaufend ändert, ist Handlungsorientierung dauerhaft nur zu erhalten, wenn in den kognitiven Orientierungen Verfahren zum Erwerb neuen Wissens und zur Umstrukturierung der bestehenden Orientierungsstrukturen aufgrund des neuen Wissens enthalten sind. Außer einer grundlegenden Bereitschaft, sich permanent auf Neues einzulassen (die keineswegs selbstverständlich ist, sondern durch Bildung gefestigt werden muss), bedarf es dazu einer geistigen Beweglichkeit, der Fähigkeit, aufgrund methodischer, rationaler Prüfung unter Umständen alte Informationen, Konzepte, Theorien, Orientierungen zugunsten neuer besserer aufgeben zu können.

Bei dieser erforderlichen Fähigkeit zeigt sich der Übergang von reinem Wissen zu affektiven, existentiellen Einstellungen, Attitüden und damit zu dem zweiten Bestandteil von Handlungsorientierung, zu dem hier als *Grundhaltungen* bezeichneten. Gemeint ist damit der normative Teil von Handlungsorientierung, d. h. eine Weltorientierung, die von anderer Art ist als diejenige mittels Wissen über den beruflichen Objektbereich (z. B. Hilfe zur Selbsthilfe; Bereitschaft zur Initiierung von politischen Prozessen zur Behebung sozialer Benachteiligung; nicht zum eigenen Vorteil handeln, wenn das zu Lasten der Klienten, Edukanden ginge). Es bedarf hier einer spezifischen Reflexion berufsethischer Fragestellungen und einer Selbstreflexion, die es ermöglicht, die eigenen Werthaltungen zu analysieren, rational zu prüfen und gegebenenfalls bewusst zu ändern.

Da berufliches Handeln in Erziehung, Bildung und sozialer Arbeit immer das Einbringen der eigenen Persönlichkeit in den Prozess des Handelns erfordert, ist eine entwickelte Fähigkeit zur Selbstreferenz, Selbstreflexivität erforderlich. Auf dieser Grundlage muss ein *berufliches Selbstkonzept* entwickelt werden, um nicht zuletzt verhängnisvolle undurchschaute Projektionen und Rationalisierungen zu Lasten der Klienten, Edukanden soweit wie möglich zu verhindern. Das berufliche Selbstkonzept verbindet das berufliche Wissen, die kognitiven Orientierungen mit den berufsspezifischen Grundhaltungen und berufsethischen Reflexionen.

Handlungsorientierung kann Handeln erst wirksam anleiten, wenn der Handelnde über *Muster für das Handeln verfügt*, die er in der konkreten Situation realisieren kann. Derartige Muster sind für das berufliche Handeln in Bildung, Erziehung und sozialer Arbeit in der Regel sehr komplex und müssen deshalb erlernt werden. Weitgehende Verfügung über Handeln ist dadurch zu erreichen, dass die Muster einerseits in Basisregeln zerlegt werden, die sich in vielen verschiedenen Situationen modifiziert anwenden und miteinander kombinieren lassen (z. B.: in einer Handlungssituation kann man nicht nicht handeln), und dass andererseits komplexe Muster so eingeübt werden, dass sie in der Situation ohne weiteres verfügbar sind (z. B. Transformation komplizierter Inhalte in ein für kleine Kinder verständliches Sprechen).

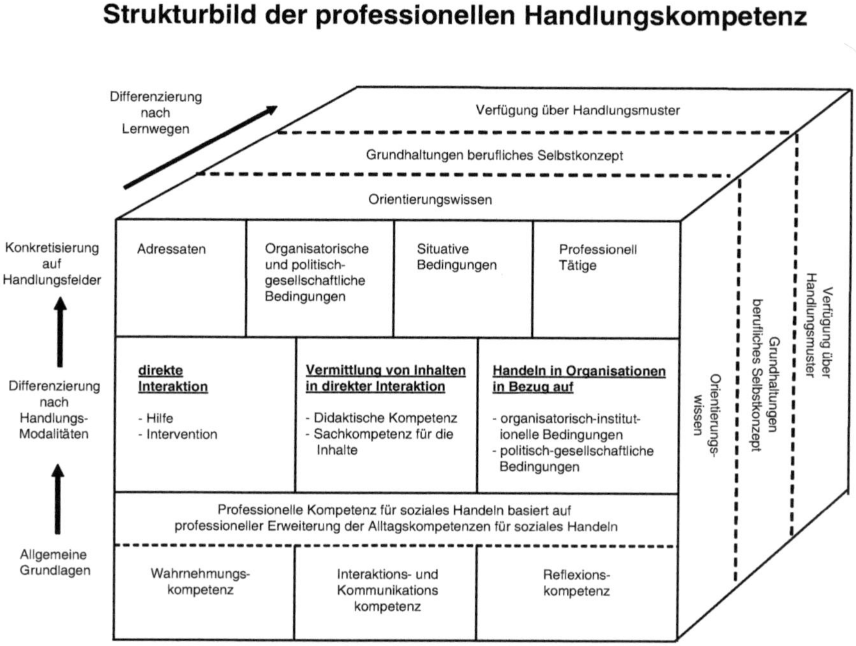

Strukturbild der professionellen Handlungskompetenz

Abb. 2.2 Dreidimensionales Strukturbild der professionellen Handlungskompetenz

Die Verfügung über Handlungsmuster schließt die Verfügung über Verfahren der Wirkungskontrolle notwendig mit ein; Handeln, d. h. zweckgerichtetes, sinnvolles Verhalten ist nur möglich, wenn geprüft werden kann, ob die Intention erreicht wurde und ob unbeabsichtigte Nebenwirkungen entstanden sind, die mit dem Zweck und Sinn der Handlung unvereinbar sind.

Bezieht man die zuletzt vorgetragenen Überlegungen zu den Lernwegen in das zunächst entworfene Schema ein, ergibt sich folgendes dreidimensionales Strukturbild für die professionelle Handlungskompetenz.

2.1.4 Konsequenzen des Konzepts für die Studienreform und für die Entwicklung der beteiligten Wissenschaften

(1) Mit Hilfe des Konzepts der professionellen Handlungskompetenz können die Studienziele systematischer begründet sowie die relevanten Studieninhal-

te und Studienformen begründeter zugeordnet werden als bisher. Das bedeutet nicht, dass sich die Studienziele unmittelbar aus der dargestellten Struktur
professioneller Handlungskompetenz ergeben oder aus ihr abgeleitet werden
können. Das Konzept der professionellen Handlungskompetenz gibt nur die
wesentlichen Aspekte und Dimensionen an, die bei der Bestimmung von Studienzielen zu beachten sind, und weist auf die Zusammenhänge hin, die zwischen
den einzelnen Zielbestimmungen bestehen. Deshalb muss bei jeder Zielbestimmung im einzelnen berücksichtigt werden, was diese Bestimmung für Auswirkungen auf andere Zielbestimmungen haben kann und ob sich aus anderen
Zielbestimmungen Rückwirkungen ergeben. Die inhaltliche Setzung eines Stu-
dienziels und die Zuordnung bestimmter Studieninhalte und Studienformen zu
diesem Ziel geschehen aus einem Entscheidungsprozeß heraus, der auf Sach-
kundigkeit, auf Fachkompetenz basieren muss. Da diese nur in individuellen
Ausprägungen existiert, kann dieser Entscheidungsprozeß nicht, unabhängig
von den daran beteiligten Personen, stets zu den genau gleichen Ergebnissen
führen, sondern behält unvermeidlich eine gewisse individuelle Prägung.

Das solcherart revidierte und reformierte Konzept für ein Studium, das auf eine Tätigkeit im außerschulischen Erziehungs- und Sozialwesen vorbereitet, hat
Konsequenzen für die innere und äußere Struktur der Studiengänge, langfristig
aber auch für die Entwicklung der beteiligten Wissenschaften.

(2) Professionelle Handlungskompetenz, wie sie hier beschrieben wird, kann in
einem Studium nur aufgebaut werden, wenn – neben einer Revision der Studieninhalte – neue Studienformen eingeführt und bestehende weiterentwickelt
werden, und zwar vor allem

- zur Einübung der professionellen Erweiterung und Differenzierung der
  Wahrnehmung sozialer Phänomene und der dahinter liegenden Zusammenhänge,
- zur Einübung der professionellen Interaktion und Kommunikation,
- zur Einübung von Handlungsmustern für professionelles Handeln,
- zum reflektierten Aufbau eines beruflichen Selbstkonzepts.

Diese Zielsetzungen lassen sich in den bisher üblichen Studienformen (Vor-
lesung, Seminar, Übung, Praktikum etc.) nicht oder nur bedingt erreichen;
deshalb bedarf es zusätzlich neuer Studienformen: Fallmethode, Simulationen,
Micro-Teaching, Projektmethode u. ä.

(3) Im Hinblick auf die für das gesamte Tätigkeitsfeld des außerschulischen
Erziehungs- und Sozialwesens konzipierte professionelle Handlungskompetenz
bedarf das Verhältnis der bestehenden Studiengangstypen – Diplomstudiengang der Erziehungswissenschaft an Universitäten und Fachhochschulstudien-
gang der Sozialpädagogik und Sozialarbeit – einer grundlegenden Neuordnung.

Sowohl die unterschiedliche Studiendauer als auch die Differenzierung nach
Praxisbezug und Theorie-Orientierung sind angesichts der Zielsetzung professioneller Handlungskompetenz fragwürdig. Die Forderung nach Praxisbezug
sowie nach Theorie-Orientierung der Qualifizierung gilt gleichermaßen für alle
im Tätigkeitsfeld des außerschulischen Erziehungs- und Sozialwesens arbeitenden Professionellen, d. h. für solche Arbeitskräfte, deren Berufsausbildung
in einem Hochschulstudium besteht. Die von der SK II unternommene Analyse der Handlungsfelder ergibt zwar unterschiedliche Anforderungen für das
Mischungsverhältnis der drei Handlungsmodalitäten, aber keine Unterschiede
im Ausmaß von Theorie-Orientierung und einfacher Handlungsfertigkeit.
Wo einfache Fertigkeiten als Arbeitsplatzanforderungen dominieren, vor
allem auf Arbeitsplätzen mit hohem Anteil an routinisiertem Verwaltungs-
handeln, verweist das auf ein anderes Qualifikationsprofil, nämlich das der
reinen Verwaltungsfachkraft, und diese Qualifikation kann unterhalb des
Hochschulniveaus erworben werden, jedenfalls außerhalb eines Studiums von
Erziehungswissenschaft und Sozialarbeit.
Die Anforderungen in allen Handlungsfeldern sind jeweils so komplex, dass
daraus ein Unterschied in der Studiendauer nicht begründbar ist. Weil für die
verantwortliche berufliche Arbeit mit und für Menschen gilt, dass man dafür
kaum jemals überqualifiziert sein kann (vgl. *Teichler* u. a. 1976: 43), dürfte der
bisher längere Studiengang gerade lang genug sein, um die beschriebene Handlungskompetenz grundlegend aufzubauen. Demnach wäre ein äußerlich ein-
heitlicher langer Studiengang die sinnvolle Konsequenz, dessen innere Differenzierung an den drei Handlungsmodalitäten und Großgruppen von zusammenhängenden Handlungsfeldern ausgerichtet wäre.
Dadurch würde zwar die überkommenen Selbstverständnisse die politische gesetzten Fremdzschreibungen von Universität und Fachhochschule tiefgreifend
in Frage gestellt, aber Ausbildungsinstitutionen haben ja keinen Zweck in sich,
sondern dienen der Organisation von Ausbildung und im Falle der Universitäten der Organisation von Forschung. Deshalb müssen Ausbildungsorgani-
sationen, wenn das erforderlich werden sollte, entsprechend den geänderten
Anforderungen an die Ausbildung umgestaltbar sein. Allerdings dürfte dies angesichts der derzeitigen allgemeinen Abneigung gegen Reform nur sehr behut-
sam und nur in langen Zeiträumen möglich sein.
(4) Das Konzept der professionellen Handlungskompetenz weist einen Weg zur
Lösung des Problems, ob ein berufsbezogenes Studium eher speziell oder eher
generell angelegt sein solle. Die hohe Komplexität der Anforderungen beruflicher Handlungssituation in allen Professionen legt eine sehr weitgehende Spezialisierung nahe, um für die jeweilige Anforderungssituation optimale Hand-

lungskompetenz zu gewährleisten[12]. Eine derart hohe Spezialisierung hat aber
einen zweifachen Nachteil für die Verwendung der Qualifikation: Zum einen
schränkt sie die Flexibilität der Arbeitskraft, d. h. des einzelnen so Qualifizier-
ten ein; ein speziell Ausgebildeter ist schneller in Gefahr, arbeitslos zu werden
und zu bleiben als ein generell Qualifizierter. Zum anderen veraltet spezielle Qualifikation schneller als generelle, und dadurch werden neue aufwendige
Nachlern- oder Umlernprozesse erforderlich (vgl. *Mertens/Kaiser* 1978). Um
diese Schwierigkeiten zu vermeiden, wäre eine sehr generelle Qualifizierung erforderlich, aber auch diese hat schwerwiegende Nachteile: sie birgt die Gefahr
in sich, dass sie lediglich aus oberflächlichem, diffusem Wissen besteht und zu
Dilettantismus auf allen Gebieten führt, des weiteren fördert sie die Tendenz
der Beschränkung auf Theorien hohen Generalisierungsgrades, die aber praxi-
sirrelevant sind.

Die Lösung dieses Problems besteht darin, ein sinnvolles Verhältnis genereller
und spezieller Studienanteile zueinander zu finden. Das Konzept der professionellen Handlungskompetenz *generalisiert* das Studium auf die drei Handlungsmodalitäten, die in allen Handlungsfeldern, allen Institutionen, auf allen
Arbeitsplätzen relevant sind; es *spezialisiert* auf Handlungsfelder, aber dies in
exemplarischer Weise. Beim Studium der Bedingungen eines Handlungsfeldes
kann davon ausgegangen werden, dass die Bedingungen des einen Handlungsfeldes in ähnlicher Form auch in vielen anderen Handlungsfeldern gegeben
sind, so dass die darauf bezogenen Anteile professioneller Handlungskompetenz transferierbar sind.

(5) Aus dem Konzept der professionellen Handlungskompetenz ergibt sich bei
der Auswahl der Studieninhalte eine Konsequenz, die langfristig nicht ohne
Auswirkung auf die weitere Entwicklung der an der Ausbildung beteiligten Wissenschaften bleiben kann: Die Studieninhalte werden nämlich nicht, wie bisher weitgehend üblich, nach fachimmanenten Kriterien (d. h. nach dem, was
als Struktur der Disziplin gilt, aber meist nicht mehr als die jeweils aktuelle
Fachsystematik ist; vgl. dazu *Klüver* 1979: 90 ff) ausgewählt, sondern nach den
Erfordernissen des Aufbaus von professioneller Handlungskompetenz. Daraus
entsteht eine neuartige Aufgabe für die Fachvertreter: Die kanonisierten Inhalte
sind sowohl in den systematischen Zusammenhang zu stellen, durch den sich
die professionelle Handlungskompetenz konstituiert, als auch in den systematischen Zusammenhang ihres Faches. Dieser Zusammenhang kann also nicht
mehr an erster Stelle stehen und Zweck an sich sein, sondern er erhält nunmehr

---

[12] Sehr weit vorangetrieben ist diese Qualifizierungskonzeption in der insgesamt zehnjähri-
gen Ausbildung zum Facharzt.

die Funktion des Orientierungsrahmens für die im Zentrum der Darstellung und Aneignung stehenden relevanten Inhaltsbereiche.

Mit dieser Umorientierung muss die zweite einhergehen, dass Wissenschaft als besondere Art und Weise für das Lösen theoretischer, aber auch praktischer Probleme begriffen wird. Dementsprechend muss sich die Erarbeitung wissenschaftlicher Verfahren und Ergebnisse auf Problemlagen fokussieren, statt sich an tradierten Wissensbeständen zu orientieren. Dies führt unvermeidlich von Anfang an zu einer Interdisziplinarität der Problemlösungsversuche, weil die Probleme von Bildung, Erziehung und Sozialarbeit sich nicht nur vom Zugang einer einzelnen Wissenschaft her hinreichend erschließen lassen[13].

Sollte sich – wenngleich sicher nur langfristig – diese Umorientierung in der wissenschaftlichen Ausbildung erreichen lassen, dann hätte dies Auswirkungen auf die weitere Entwicklung der beteiligten Wissenschaften:

- Es würde ein Wandel in der Problemorientierung stattfinden, und zwar von den forschungstechnisch naheliegenden, bequem zu bearbeitenden, aber häufig praktisch irrelevanten Problemen hin zu den praktisch dringenden, die aber nur mit neuen Verfahren und Konzepten bearbeitbar wären, so dass diese im Prozess der Arbeit am Problem mit erarbeitet werden müssten.
- Durch die beschriebene Anforderungskonstellation der Ausbildung an die Wissenschaften könnte sich eine neue einheitliche Handlungswissenschaft für das außerschulische Erziehungs-, Bildungs- und Sozialwesen herausbilden, die allerdings viel umfassender sein müsste als die gelegentlich geforderte Sozialarbeitswissenschaft.

2.2   Zum Begriff der professionellen pädagogischen Handlungskompetenz (1984)

2.2.1   Die Aktualität des Begriffs Handlungskompetenz in der erziehungswissenschaftlichen Diskussion

Neuerdings taucht in zunehmender Häufigkeit der Begriff der *Handlungskompetenz* in erziehungswissenschaftlichen Kontexten auf, und zwar meist in Zusammenset-

---

[13] Bemerkenswerterweise hat Kraak (1980) die gleichen Konsequenzen der Problemfokussierung und der Interdisziplinarität auch für eine praxisbezogene Ausbildung von Diplom-Psychologen gezogen und auf die sich daraus ergebenden tiefgreifenden Erfordernisse nach Umstrukturierung der Wissenschaften hingewiesen.

zungen wie *pädagogische, sozialpädagogische* oder *professionelle* Handlungskompetenz. Dies verweist darauf, dass mit dem Begriff etwas gefasst werden kann, das mit anderen Begriffen oder Termini nicht oder nicht so genau erfasst wird.

Der Begriff wird zuerst an zentraler Stelle in der „Stellungnahme der Deutschen Gesellschaft für Erziehungswissenschaft zur Diskussion und Beratung einer Neuordnung des Diplomstudienganges Erziehungswissenschaft" (1978) verwendet.

Einer der wesentlichen Vorschläge für die Neuordnung des Diplomstudienganges in der Erziehungswissenschaft bezieht sich auf die Verstärkung derjenigen Studienkomponenten innerhalb des Studienganges, die eine Befähigung für praktisches Handeln in den verschiedenen Arbeitsfeldern vermitteln sollen. Diese Befähigung soll, wie bisher auch schon in der Struktur des Diplomstudienganges angelegt, durch eine Spezialisierung in arbeitsfeldbezogenen Studienrichtungen (Schulpädagogik, Sozialpädagogik, Erwachsenenbildung, Vorschulerziehung, Sonderpädagogik) erreicht werden. Das Studium in einer Studienrichtung soll aber, anders als bisher vorgesehen und üblich, nicht mehr ausschließlich oder überwiegend in der Beschäftigung mit Theorien des spezifischen Arbeitsfeldes bestehen, sondern aus einer grundlegenden theoretischen Komponente und aus dem Erwerb von Handlungskompetenz. Diesem Aufbau von Handlungskompetenz soll innerhalb des Studienganges besonderes Gewicht zugemessen werden. Der Begriff der Handlungskompetenz gewinnt im Kontext der „Stellungnahme" programmatischen Charakter: er bezeichnet ein Ziel und ein Ergebnis von erziehungswissenschaftlichem Studium in innovativer Absicht – ein Ziel, das bisher in dieser Form nicht thematisiert wurde.

In ähnlich programmatischer Absicht wurde im Zusammenhang grundsätzlicher Überlegungen zur möglichst systematischen Fundierung politisch-praktischer regionaler Studienreform ein Konzept *professioneller Handlungskompetenz für das außerschulische Erziehungs- und Sozialwesen* als Zielkategorie für Studienreform entwickelt (vgl. Keil/Bollermann/Nieke 1981). Diese Handlungskompetenz wird als professionelle spezifiziert, um sie von der Kompetenz für alltägliches soziales und pädagogisches Handeln zu unterscheiden, die jedermann hat (sofern sie ihm nicht ausdrücklich abgesprochen wird), die also auch jeder Pädagoge und Sozialarbeiter sowie jeder Student, der sich auf diese Berufe vorbereitet, selbstverständlich hat. *Professionell* meint mehr als ,*beruflich*': zum einen wird damit auf die wissenschaftliche Fundierung der Ausbildung verwiesen, und zum anderen besteht professionelle Handlungskompetenz unabhängig von der Ausübung eines Berufs (vgl. Nieke 1981).

In der Kurzform *professionelle Handlungskompetenz* ist der Begriff durchaus missverständlich, weil er ohne weiteren Zusatz eigentlich die Bedeutung einer Kompetenz für jedwedes professionelle Handeln in allen professionalisierten Berufen hat. Jedoch scheiterte die Einführung einer an sich erforderlichen kurzen, präzisierenden Attributivbezeichnung wie etwa 'professionelle *pädagogische* Handlungskompetenz' daran, dass die Auffassung vertreten wurde, Sozialarbeit könne nicht unter pädagogisches Handeln subsumiert werden.[14]

Sowohl die „Stellungnahme" der Deutschen Gesellschaft für Erziehungswissenschaft als auch die Texte der nordrhein-westfälischen Studienreformkommission haben inzwischen Wirkungen entfaltet, dergestalt, dass an verschiedenen Stellen – vor allem im Kontext von Studienreformdiskussionen und in Studienordnungen an den einzelnen Hochschulen – der Begriff der *professionellen pädagogischen Handlungskompetenz* im Sinne der damit verbundenen Intentionen aufgegriffen und verwendet wird.

2.2.2 Funktion und Intention einer Explikation des Begriffs professioneller pädagogischer Handlungskompetenz

Da der Begriff in der mit den skizzierten Intentionen verbundenen spezifischen Bedeutung in der Fachdiskussion neu ist – wenngleich er durchaus an vorhandene Bedeutungen von *Kompetenz* und *Handlungskompetenz* anknüpft –, ist es zur besseren, Missverständnisse und Unklarheiten möglichst ausschließenden Verständigung hilfreich, den Begriff genauer zu explizieren. Dazu wird hier ein Vorschlag unterbreitet[15]. Dieser Explikationsvorschlag ist zwei Intentionen verpflichtet:

---

[14] Dies ist bei der alltagssprachlichen Bedeutung von „pädagogisch" einsichtig, weil sich danach pädagogisches Handeln auf Erziehung und Bildung im engeren Sinne beschränkt und damit Teile des Handelns von Sozialarbeitern ausschließt. Bei genauerer Betrachtung der wissenschaftlichen Grundlagen für das Handeln in der Sozialarbeit zeigt sich jedoch die Unhaltbarkeit dieses Arguments: Unter den besonderen Bedingungen der Entwicklung der Erziehungswissenschaft in Deutschland hat sich die Sozialpädagogik zu dem entwickelt, was im angelsächsischen Sprachraum sinngemäß „Sozialarbeitswissenschaft" heißt. Die heutige Sozialpädagogik konstituiert sich interdisziplinär aus verschiedenen sozialwissenschaftlichen Paradigmen, rekonstruiert daraus spezifische Theorien und Konzeptionen zur Handlungsorientierung und realisiert damit das, was in der angelsächsischen Sozialarbeitswissenschaft in mühsamer Abgrenzung zu den Sozialwissenschaften als „Praxistheorie", d. h. als auf Handeln und Handlungsorientierung ausgerichtete Theoriebildung intendiert ist. In diesem – nicht alltagssprachlichen, sondern fachsprachlichen – Sinne kann Handeln in der Sozialarbeit durchaus als pädagogisches Handeln begriffen und bezeichnet werden.

[15] Dieser Vorschlag bestand in der ursprünglichen Fassung als Vortrag, gehalten auf einer Tagung der Sektion „Sozialpädagogik" der Deutschen Gesellschaft für Erziehungswissenschaft im Februar 1979 in Bielefeld, aus einem begriffsgeschichtlichen Teil 'Handlungskompetenz' und aus einem explikativen Teil, in dem ein Vorschlag zur Konzeptualisierung des Begriffs professioneller pädagogischer Handlungskompetenz vorgelegt wurde. Diese Konzeptualisierung ist mit einigen Modifikationen Grundlage des Konzepts der professionellen

(1) Studienreform. In Weiterführung der Überlegungen in der Deutschen Gesellschaft für Erziehungswissenschaft zur Neuordnung des Diplomstudiums (1978) soll der Begriff der professionellen pädagogischen Handlungskompetenz die Aufmerksamkeit auf Funktionen und Bereiche von Studium lenken, die bisher nicht genügend berücksichtigt werden, aber unbestritten als zentral gelten: Studium soll nicht nur Bemühen um Wissen sein, sondern auch Erwerb von Handlungsfähigkeit und darin begründeter Zuständigkeit für Handeln. Professionelle pädagogische Handlungskompetenz muss bereits im Studium in ihren Grundlagen erworben werden, damit Handlungsvollzug (Praxis) und theoretisches Wissen bereits im Studium aufeinander bezogen werden können. Wird im Studium nur Wissen angeeignet und erst im praktischen Berufsvollzug die Handlungsfähigkeit, muss der Integrationsprozess von Wissen und Handeln in der Regel misslingen; das Ergebnis ist die allseits beklagte Praxisferne der Theorie-Ausbildung und die Theorieferne der alltäglichen Berufspraxis.

(2) *Handlungsrelevanz der Erziehungswissenschaft.* Die Erziehungswissenschaft ist eine auf die Ausbildung für berufliches und professionelles Handeln bezogene akademische Disziplin, darin vergleichbar der Medizin oder der Jurisprudenz. Wenngleich sie nicht auf Grundlagenforschung und grundlagentheoretische Bemühungen, die nicht auf Praxis bezogen sind, verzichten kann, ist sie doch primär keine Erkenntniswissenschaft wie etwa Psychologie oder Soziologie. Ihre Handlungsrelevanz, und damit gewissermaßen ihre Existenzberechtigung, erweist die Erziehungswissenschaft aber gerade darin, inwieweit ihre Reproduktion in der Ausbildung von Pädagogen diese zu kundigem Handeln befähigt. Tatsächliche und erfolgreiche pädagogische Handlungskompetenz der Absolventen erziehungswissenschaftlicher Studien konstituiert also die Erziehungswissenschaft und hat prägende Rückwirkung auf die Theoriebildung und die weitere Entwicklung der Erziehungswissenschaft.

Um diese Interdependenz zwischen Erziehungswissenschaft und beruflichem und professionellem pädagogischem Handeln zu erfassen, kann ein entfalteter Begriff professioneller pädagogischer Handlungskompetenz hilfreich sein.

Handlungskompetenz für das außerschulische Erziehungs- und Sozialwesen geworden, das die Studienreformkommission II des Landes Nordrhein-Westfalen inzwischen vorgelegt hat (Nieke 1981). Deshalb erübrigt sich an dieser Stelle die Wiederholung dieses Teils meines Explikationsvorschlages.

2.2.3   Zur Begriffsgeschichte und Semantik von Kompetenz und Handlungskompetenz

Entsprechend seiner bisherigen Verwendungspraxis soll der Begriff professioneller pädagogischer Handlungskompetenz nicht synthetisch expliziert werden, sondern auf der Grundlage der bisherigen Verwendung der Begriffe *Kompetenz* und *Handlungskompetenz*. Dazu sind begriffsgeschichtliche und semantische Analysen erforderlich, die hier nur sehr kurz und unvollständig vorgestellt werden können.

In der Begriffsgeschichte von *Kompetenz* lassen sich zwei voneinander unterscheidbare Bedeutungen aufzeigen: zum einen meint *Kompetenz* Fähigkeit und zum anderen Zuständigkeit, Befugnis.

In Entwicklungsphysiologie und Entwicklungspsychologie meint *Kompetenz* nichts anderes als Fähigkeit (Blüm 1976; Heckhausen 1976).

In der Sprachwissenschaft definiert Chomsky den Begriff der Kompetenz durch Abgrenzung gegen *Performanz* neu. Er differenziert den Begriff der Sprachfähigkeit in die Kompetenz, die Fähigkeit des Sprechers, mit Hilfe von begrenzten Regeln unendlich viele Sätze erzeugen und verstehen zu können, und in die Performanz, das konkrete Sprechen (Chomsky 1969). Hier wird also so etwas wie eine virtuelle Fähigkeit (Kompetenz) von einer realen Fähigkeit (Performanz) unterschieden.

Offensichtlich analog zu dieser sprachwissenschaftlichen Begriffsbildung wird in der Soziologie *Handlungskompetenz* in Abgrenzung zu *Handlungsperformanz* bestimmt, und zwar auf dem Hintergrund der Ethnotheorie des Sprechens (Schütze et. al. 1973; Bohnsack 1973; Schütze 1975). Handlungsperformanz meint das aktuell realisierte Handeln, Handlungskompetenz die potentielle Fähigkeit dazu, die in konkretem Handeln immer nur partiell realisiert werden kann.

Die zweite Bedeutung von *Kompetenz* als Zuständigkeit, Befugnis ist die historisch frühere. Der Begriff taucht im Deutschen im 17. Jahrhundert in der Fachsprache der Juristen als Übersetzung des lateinisch *competentia* in der Bedeutung von ‚Zuständigkeit' auf. Er wurzelt im lateinischen Grundverb *petere*, das die Bedeutung von ‚zu erreichen suchen, streben' hat, und in der lateinischen Zusammensetzung *competere,* das ‚zutreffen, entsprechen, zukommen' bedeutet. Diese ursprüngliche Wortbedeutung verweist auf einen Bedeutungsaspekt, der auch in der gegenwärtigen Wortverwendung noch lebendig ist: jemand, der nach etwas strebt, wird dann kompetent, wenn seinem Anspruch von der sozialen Umwelt zugestimmt wird. Zu Beginn des 19. Jahrhunderts wird der Begriff der Kompetenz ein Terminus technicus des Staatsrechts; er bezeichnet die Zuständigkeit einer Behörde (Klingenberg 1976).

2.2.4 *Kompetenz* und *Handlungskompetenz* in der Erziehungswissenschaft

Der Begriff ‚Handlungskompetenz' ist – soweit ich sehe – von Heinrich Roth in die deutsche Erziehungswissenschaft eingeführt worden. Er bestimmt als Ziel für menschliche Entwicklung und für Erziehung die *Handlungsfähigkeit* des Erwachsenen, die durch Autonomie, Kritikfähigkeit und die Fähigkeit zu Kreativität, Produktivität bestimmt ist. Auf der Grundlage einer als Zielvorstellung gedachten Theorie der entwickelten Persönlichkeit differenziert er die Handlungsfähigkeit in drei Ebenen von Fähigkeiten, wobei die jeweils höhere die unteren zur Voraussetzung hat:

„Eine solche autonome wie effektive und verantwortliche Handlungsfähigkeit setzt Sacheinsicht und Sachkompetenz (intellektuelle Mündigkeit) voraus; sie setzt Sozialeinsicht und Sozialkompetenz (soziale Mündigkeit) voraus; sie setzt schließlich Werteinsicht und Ich-Kompetenz (Selbstbestimmung und moralische Mündigkeit) voraus" (Roth 1971, 17).

Der hier eingeführte Begriff der Kompetenz konkretisiert also den Begriff der Mündigkeit auf verschiedenen Ebenen menschlichen Handelns.

Dementsprechend bestimmt Roth Mündigkeit umgekehrt als Kompetenz: Mündigkeit ist „freie Verfügbarkeit über die eigenen Kräfte und Fähigkeit für jeweils neue Initiativen und Aufgaben. *Mündigkeit*(. . .) ist als *Kompetenz* zu interpretieren, und zwar in einem dreifachen Sinne: a) als *Selbstkompetenz* (self competence), d. h. als Fähigkeit, für sich selbst verantwortlich handeln können, b) als Sachkompetenz, d. h. als Fähigkeit, für Sachbereiche urteils- und handlungsfähig und damit zuständig sein zu können, und c) als *Sozialkompetenz*, d. h. als Fähigkeit, für sozial, gesellschaftlich und politisch relevante Sach- oder Sozialbereiche urteils- und handlungsfähig und also ebenfalls zuständig sein zu können" (Roth 1971, 180).

Bemerkenswerterweise wird hier der Doppelaspekt von Fähigkeit und Zuständigkeit im Begriff der Kompetenz besonders akzentuiert, während in der Ausführung der drei Kompetenzen nur der Aspekt der Fähigkeit thematisiert wird. Auch dort, wo von ‚Handlungskompetenz' die Rede ist, geht es nur um den Aspekt der Fähigkeit:

„Auf den handelnden Menschen bezogen haben wir die zu entwickelnden Handlungsfähigkeit in *Sacheinsicht, Sozialeinsicht* und *Werteinsicht* differenziert und konkretisiert, die *integriert* wiederum jene Handlungskompetenz zu erzeugen haben, die das Prädikat Mündigkeit rechtfertigt. ‚Einsicht' sollte den Grad an Rationalität bestimmen, der jeweils erreichbar erscheint. ‚Kompetenz' sollte den Grad der Verhaltenssicherheit anzeigen, der zum Handeln befähigt, beides ist an *kritischer Kreativität* als der Voraussetzung für schöpferische Änderungen und Innovationen orientiert" (Roth 1971, 595).

Roth greift in seiner Bestimmung des Kompetenzbegriffs auf White zurück Es gibt „Auffassungen wie die von *White* (1959), dass alle Lebewesen von Natur aus motiviert sind, Kompetenz, d. h. effektive Wirksamkeit, über ihre Umwelt zu erlangen" (Roth 1971, 311).

Hier erhält der Begriff der Kompetenz die Bedeutung von *erfolgreicher Bemeisterung* und nähert sich damit der ursprünglichen Bedeutung von *competere*, die das Zusammenfallen von Erstreben und Erstrebtem meint.

Die Bedeutung *erfolgreicher Bemeisterung*[16] scheint für Roth leitend sein; dementsprechend bestimmt er die Funktion der drei Kompetenzen:

„Die Erziehung zur freimütigen Handlungsfähigkeit kann nur gelingen, wenn (...) der Mensch durch Sacheinsicht und Sachkompetenz lernt, sich von Sachzwängen freizumachen, die überwindbar sind, wenn er zudem durch Sozialeinsicht und Sozialkompetenz lernt, von Sozialzwängen frei zu werden, die überwindbar sind, und wenn er durch Werteinsicht eine moralische Selbstkompetenz lernt, die für eine Moralität frei macht, die auf eine Veränderung der Welt zum Besseren zumindest hoffen lässt" (Roth 1971, 434).

Eine analoge Bestimmung von Kompetenz als Handlungsfähigkeit mit etwas anderen Termini findet sich in den Empfehlungen ‚Zur Neuordnung der Sekundarstufe II' des Deutschen Bildungsrats[17]:

„Die Bezeichnung Kompetenz bringt zum Ausdruck, dass der Lernerfolg nicht nur in nachgewiesenen Kenntnissen und Fertigkeiten besteht, sondern auch die Fähigkeit zu selbstverantwortetem Handeln im persönlichen, beruflichen und gesellschaftlich-politischen Bereich umfasst" (Deutscher Bildungsrat 1974: 16). „Der Lernerfolg in einem Schwerpunkt hat zunächst eine Bedeutung im Hinblick auf den Lernenden selbst und seine persönliche Befähigung. Der Lernerfolg in dieser Hinsicht wird in der Empfehlung als Fachkompetenz bezeichnet" (ebd.). „Fachqualifikation bezeichnet den (selben) Lernerfolg im Hinblick auf die Verwendbarkeit in einem Beruf, in einem weiteren Bildungsgang oder in einem Studium" (ebda.).

Es werden drei Kompetenzen unterschieden:

„Jeder Bildungsgang muss die über das spezielle Ausbildungsinteresse hinausreichende menschliche Entwicklung des Jugendlichen sichern. Dafür sind

---

[16] In der Bedeutung von Fähigkeit und Bemeisterung verwendet auch W. Schulz (1972) den Begriff.

[17] Ein direkter Einfluss von Roths Bestimmung des Kompetenzbegriffs ist nicht nur wegen der inhaltlichen Ähnlichkeiten beider Bestimmungen anzunehmen, sondern auch auf der Grundlage der Tatsache, dass Heinrich Roth Mitglied des Ausschusses ‚Lernprozesse (Sekundarstufe II)' war, von dem derjenige Teil der Empfehlungen verantwortet wird, in dem der Kompetenzbegriff definiert wird.

integrierte Lernprozesse erforderlich, der mit der Fachkompetenz zugleich humane und gesellschaftlich-politische Kompetenzen vermitteln.

Humane Kompetenz heißt in diesem Zusammenhang, dass der Lernende sich seiner selbst als eines verantwortlich Handelnden bewusst wird, dass er seinen Lebensplan im mitmenschlichen Zusammenleben selbständig fassen und seinen Ort in Familie, Gesellschaft und Staat richtig zu finden und zu bestimmen vermag. Inhalt und Formen des Lernens müssen dazu beitragen, den jungen Menschen auf die Lebenssituationen im privaten, beruflichen und öffentlichen Bereich so vorzubereiten, dass er seine reflektierte Handlungsfähigkeit erreicht.

Handlungsfähigkeit ist in einem weiten Sinn zu verstehen und bezieht sich sowohl auf die Fähigkeit zur Kommunikation in verschiedenen Lebenssituationen wie auf zweckgerichtetes Handeln, aber auch auf Spielhandlungen" (Deutscher Bildungsrat 1974: 49).

In dieser Bestimmung meint also ‚humane Kompetenz' das, was Roth mit ‚Selbstkompetenz' bezeichnet, ‚Fachkompetenz' entspricht Roths ‚Sachkompetenz' und ‚gesellschaftlich-politische Kompetenz' der ‚Sozialkompetenz'.

Zur Erreichung von humaner und gesellschaftlich-politischer Kompetenz wird ausgeführt:

„Durch eine abgewogene Abstimmung der Lernprozesse auf die Bereiche sprachlichen, instrumentalen und spielerischen Handelns soll die Erlangung humaner Kompetenz gefördert werden" (Deutscher Bildungsrat 1974, 50).

Gesellschaftlich-politische Kompetenz soll erreicht werden „durch Thematisierung der in allen wissenschaftlichen, technischen, wissenschaftlichen, sozialen und kulturellen Sachzusammenhängen enthaltenen politischen Strukturen" sowie durch die Förderung eines verantworteten Handelns (ebda.).

Dieter Baacke hat (1973) in einer umfassenden Studie das Verhältnis von Kommunikation und Kompetenz bestimmt[18](5). Er geht dabei aus von Chomskys Begriff der *linguistischen Kompetenz* und dem von Habermas bestimmten Begriff der *kommunikativen Kompetenz*. Entsprechend der Bestimmung von Kommunikation, bestehend aus den Komponenten Sprache, Wahrnehmung und Verhalten beziehungsweise Handeln, bestimmt er kommunikative Kompetenz als Oberbegriff für Sprachkompetenz, kognitive Kompetenz sowie Verhaltenskompetenz und Handlungskompetenz.

Zwischen Verhaltenskompetenz und Handlungskompetenz wird leider keine genauere Unterscheidung vorgenommen, obwohl der von Baacke entwickelte Kom-

---

[18] Der 1971/72 erschienene Aufsatz von Baacke ‚Kommunikation als System und Kompetenz' enthält einige Gedanken dieser Studie in Kurzform; (Baacke 1971).

petenzbegriff mit seiner Akzentuierung auf der Fähigkeit zu kritischer Distanz dies unmittelbar nahelegt.

In der Bestimmung von *Verhaltenskompetenz* wird deutlich, dass Kompetenz mehr meint als Fähigkeit:

„Der Mensch besitzt (...) nicht nur die Fähigkeit, sich zu verhalten, sondern *Verhaltenskompetenz:* als Möglichkeit, sein Verhalten selbst zu bestimmen, also nicht allein durch den Einfluss seines soziokulturellen und gesellschaftlichen Milieus festgelegt sein zu lassen" (Baacke 1973, 104).

Das Zentrum von Baackes Kompetenzbegriff besteht in der Fähigkeit zur Verfügung über einen Freiraum:

In diesem Kompetenzbegriff ist eine Entscheidung enthalten: „gegen eine allein pragmatisch-behavioristische Interpretation menschlicher Kommunikation, die dann aus vorhandenen Zuständen abgeleitet und auf sie hin gedacht werden muss; für eine Interpretation, die die Verfügung des Menschen über sich selbst aus seiner Kompetenz voraussetzt – und damit etwa die Fähigkeit, sich von gesellschaftlichen Zuständen prinzipiell kritisch zu distanzieren; zu lernen nicht nur durch die vom Lebens-Milieu gewährten Stimuli, also festgelegt auf präsentierte Objekte und Erfahrungen, sondern durch die Verfügung über den Kompetenzspielraum mit seinen universellen Mustern" ebda.

„,Kompetenz' soll dabei meinen die Verfügbarkeit über Strategien zur Lösung von Problemen aus eigener Kraft und Kalkulation" (Baacke 1973: 238).

Mit dieser Bestimmung lässt sich Kompetenz als Voraussetzung sowie als Verwirklichung von Emanzipation denken:

„Die kommunikative Kompetenz des Menschen ist nun insofern mit de Emanzipationsziel Selbstbestimmung verbunden, als sie die Voraussetzung zu deren Ausarbeitung ist: Selbstbestimmte Kommunikation ist also eine, die dem Menschen erlaubt, seine kommunikative Kompetenz unbeschränkt (...) zu entfalten, und zwar so, dass die eigenen Interessen und Bedürfnisse wie die der Kommunikationspartner den Spielraum wie das Bestimmungsziel abgeben, auf die hin kommunikative Kompetenz jeweils aktualisiert wird" (Baacke 1973, 326).

Zusätzlich definiert Baacke einen nicht auf Personen, sondern auf (soziale) Systeme bezogenen Begriff von Kompetenz, der es ihm erlaubt, personunabhängige Aussagen über die Kompetenz der Erziehungswissenschaft sowie der Erziehungspraxis als Systeme zu machen:

Systemkompetenz ist die „Kompetenz der Systeme, das Problem der Komplexitätsreduktion zu lösen" (Baacke 1973, 238). „In der Systemkompetenz liegt es, durch Selektion dort Sinn zu setzen, wo individuelles Bewusstsein nicht mehr ausreicht und auch die Vernunft der wenigen Vernünftigen nicht mehr unbedingt für vernünftige Resultate garantieren kann" (Baacke 1973, 240).

„Das theoretische System der Pädagogik als Erziehungswissenschaft und die von ihm reflektierte und inspirierte Praxis haben also eine Auswertung ihrer Systemkompetenz vorzunehmen (das Ethos der Erzieher-Zögling-Beziehung ist ohne Gesellschaftstheorie, Bildungsplanung, Bildungsverwaltung und Bildungsökonomie nicht denkbar und verkommt zur idyllisch-ideologischen Romanze)" (Baacke 1973: 344).

Karlheinz Geissler entwickelt im Zusammenhang einer auf Interaktionismus und kritischer Theorie basierenden Theorie der Berufserziehung den Begriff der *Kritikkompetenz*. Den Begriff der Kompetenz übernimmt er von Habermas (1971):

„Habermas nennt ,kommunikative Kompetenz' das, was *Chomsky* als ,linguistische Kompetenz' bezeichnet, erweitert um die Fähigkeit des Sprechers, die allgemeinen Strukturen potentieller empirischer Redesituationen zu beeinflussen und hervorzubringen. Eine analog konstruierte ,*Kritikkompetenz*' impliziert dann die Fähigkeiten, kritikrelevante linguistische Kompetenz in sozialen Interaktionssystemen so einzusetzen und zur Geltung zu bringen, dass der kritische Impuls gewährleistet wird und die Bedingungen für Kritik erweitert und/oder zumindest nicht eingeschränkt werden.

Kritikkompetenz ist demnach mehr als nur das Wissen um Verfahrensweisen (wie es z. B. die linguistische Kompetenz im *Chomsky'schen* Sinne darstellt) des Kritisierens. Sie ist gleichsam auch die Fähigkeit zu kritischer Praxis unter der Maßgabe, den eigenen Bedingungsrahmen für Kritik hervorzubringen. Kritik strukturiert die situativen Bedingungen von Kritik und hat damit Bezug zur Handlungsebene" (Geissler 1974, 34).

Kritikkompetenz ist für Geissler so etwas wie ein anthropologisches konstituierendes Moment:

„Aufgabe dieser Arbeit nun ist es, nachzuweisen, dass das Subjekt (hier eingeschränkt auf das Subjekt im Felde berufserziehlicher Interaktion) ohne Kritikkompetenz nicht auskommt, wenn es diese eigenaktive Leistung von Identitätserfahrung (berufliche Identitätserfahrung) immer wieder erfolgreich bestehen will" (Geissler 1974, 9 f.).

Die so bestimmte Kritikkompetenz wird in kritisch-reflexive, kritisch-soziale und kritisch-instrumentelle Kompetenz differenziert. Die kritisch-reflexive Kompetenz bezieht sich auf Identität, Sprache und Rollenhandeln. Die Kompetenz, der Aufklärung über die eigene Lebensgeschichte fähig zu sein, könne als die auf Identität bezogene kritisch-reflexive Kompetenz bestimmt werden (Geissler 1974, 48). Die auf Sprache bezogene kritisch-reflexive Kompetenz richte sich darauf, „dass der Umgang mit Sprache soweit problematisiert werden muss, dass selbst die Modalitäten des Sprechens über Sprache der Kritik eröffnet werden" (Geissler 1974, 55). Diese auf Sprache bezogene kritisch-reflexive Kompetenz ist Voraussetzung für die auf

Identität bezogene kritisch-reflexive Kompetenz „als Fähigkeit zur Rekonstruktion und zur interpretatorischen Aufarbeitung biographischer" Erfahrungen (Geissler 1974, 57). Ihre notwendige Erweiterung erfahren diese beiden kritisch-reflexiven Kompetenzen in einer dritten auf die eigene Sozialisation bezogenen.

Während sich die kritisch-reflexive Kompetenz auf die personale Identität beziehe, richte sich die kritisch-soziale Kompetenz auf die Aufklärung der sozialen Identität. Die Unterscheidung von personaler und sozialer Identität wird von Goffman (1967) übernommen.

„Kritisch-soziale Kompetenz kann durch die Ebene des

a) kritisch-historischen,
b) des kritisch-funktionalen und des
c) kritisch-innovativen Verhaltens

beschrieben werden" (Geissler 1974, 67).

Diese Ebenen werden für die berufliche Situation konkretisiert:

„Kritisch-historisches Handeln" meint die Aufklärung über die historische Bedingtheit der sozialen Verhältnisse, besonders der Berufsrollen.

„Kritisch-funktionales Handeln" richtet sich auf die „Analyse vorhandener, angebotener und potentieller Funktionsrollen als Möglichkeit der kritischen Auswahl vor der Übernahme einer oder mehrerer Berufsrollen" (ebda.). Ein Beispiel notwendigen kritisch-funktionalen Handelns sei die berufliche Mobilität von Arbeitnehmern.

„Die Befähigung (...) zu kritisch-innovativem Verhalten soll die Verhaltensbereitschaft zu neuartiger, situations-adäquater Orientierung in den beruflichen Interaktionszusammenhängen ermöglichen, um diese kommunikativen Handlungsprozesse zu verändern" (Geissler 1974, 68).

Geissler konstruiert ein Interdependenzverhältnis von Kritikkompetenz und Identität:

„Kritisch-reflexive und kritisch-soziale Kompetenz sind maßgeblich für persönliche und soziale Identität im beruflichen Umfeld, wie aber auch reziprok der Grad der Identitätsrealisation bedingend für Qualität und Quantität kritischer Kompetenz ist" (1974, 72).

Die dritte Form der Kritikkompetenz, die kritisch-instrumentelle Kompetenz, wird folgendermaßen bestimmt:

„Berufliche Fertigkeiten und Handlungsqualifikationen sowie die Aneignung technisch verwertbaren Wissens und dessen Konkretisierung in Zweck-Mittel Relationen machen die von der Berufserziehung beeinflusste und beeinflussbare instrumentelle Kompetenz der Berufstätigen aus" (1974, 73).

Instrumentelle Kompetenz bestehe im Bereich des Berufs in Fachkönnen, Fachwissen, praktischer Verhaltensorientierung und Sozialroutine. Instrumentelle Kompetenz als „Handhabung des zweckrationalen Handlungsmusters" (1974, 76) bedarf der Kritik, um der Gefahr des halbierten Rationalismus zu entgehen.

Geissler weitet den Begriff der Kritikkompetenz, der zunächst nur eine Kompetenz für Reflexion meint, aus zu einer *Handlungskompetenz:*

„Konstitutiv für die Erfahrung persönlicher Identität im beruflichen Umfeld sind kritisch-reflexive, für soziale Identität kritisch-soziale Reflexions- und Handlungskompetenzen" (1974, 80).

Kritisch-instrumentelle Kompetenz ist per se Handlungskompetenz, da sie „realitätsgerechtes, zweckrationales Handeln ermöglicht" (1974, 80). Diese Bestimmung von Kritikkompetenz als Handlungskompetenz erklärt sich aus dem zugrundeliegenden Paradigma des Interaktionismus: danach konstituiert sich Identität, auf die sich Kritikkompetenz bezieht, durch Interaktion, und diese ist Handeln.

In einem Aufsatz über ‚ökonomische Kompetenz' (Geissler/Müller 1977) greift Geissler nicht auf diesen Kompetenzbegriff zurück (wie etwa in Geissler/ Hege 1978, 242–248), sondern entwickelt einen neuen anderen, der auf den drei anthropologischen Konstanten Sprache, Erkenntnis und Interaktion aufbaut, ohne dass die Bestimmung dieser Konstanten begründet würde.

Ökonomische Kompetenz ist danach „die subjektive Fähigkeit zur Bewältigung ökonomisch relevanter Problemstellungen auf der Basis einer reflektierten Integration der sowohl ontogenetisch fundierten, als auch in Lernprozessen sich entwickelnden Strukturen (kognitiv, sprachlich, interaktiv) mit den jeweils prägenden Notwendigkeiten und Möglichkeiten realer und potentieller Umwelterfahrungen" (Geissler/Müller 1977, 414).

2.2.5 Bedeutungen des Begriffs der Handlungskompetenz

Auf Grund der begriffsgeschichtlichen und semantischen Analyse können vier Bedeutungsdimensionen von *Handlungskompetenz* unterschieden werden:

(1) Kompetenz: Fähigkeit *und* Zuständigkeit
Die Analyse der Kontexte der Verwendung von ‚Kompetenz' zeigt an manchen Stellen eine weitgehende Identität der Bedeutungen von Kompetenz und Fähigkeit. Aber diese Identität ist nicht durchgängig oder auch nur überwiegend; zumeist meint *Kompetenz* anderes und mehr als Fähigkeit. Ganz entsprechend der Bedeutungsgeschichte von Kompetenz unterscheidet sich die Bedeutung die-

ses Begriffs in den analysierten Kontexten von der Bedeutung *Fähigkeit* durch das Zusammenfallen der Bedeutungen von einerseits *Fähigkeit* und andererseits *Zuständigkeit, Befugnis, Verfügen über die Fähigkeit.* Durch dieses Zusammenfallen wird die Bedeutung von *Kompetenz* von der psychischen Dimension des individuellen Vermögens erweitert in die soziale Dimension der Anerkennung, Zuschreibung dieses Vermögens durch die soziale Umwelt und der Aufforderung, Verpflichtung zu ihrem Gebrauch.

(2) Kompetenz statt Qualifikation

Der Unterschied von *Kompetenz* und *Qualifikation* wird in der Bestimm des Bildungsrates besonders deutlich: Qualifikation bezeichnet den *Lerner* „im Hinblick auf seine Verwertbarkeit" (Deutscher Bildungsrat 1974, 16), Kompetenz dagegen im Hinblick auf die Person des Lernenden.

(3) Verfügung, über Handlungsmuster: Handlungskompetenz und Handlungsperformanz.

Handlungskompetenz bedeutet das Verfügen über Handlungsmuster. Damit sind regelhafte kognitive und konative Strukturen zur Erzeugung von Handlungen gemeint. Die in der soziologischen Ethnotheorie vorgenommene Unterscheidung von Handlungsperformanz und Handlungskompetenz ist eine ganz analoge Begriffsbildung zu Chomskys Unterscheidung von Sprachperformanz und Sprachkompetenz. Dementsprechend meint Handlungskompetenz hier das Verfügen über ein System von endlichen Regeln zur Erzeugung von unendlich variierbaren konkreten einzelnen Handlungen.

(4) Kompetenz für Handeln: Wissen *und* Können.

Handlungskompetenz meint eine Verhaltenssicherheit, die zum Handeln befähigt (in Anlehnung an Roth 1971, 595). Dies spricht den Umstand an, dass das meiste menschliche Verhalten nicht ohne weiteres erzeugt werden kann, sondern dass ein spezifisches Vermögen zu seiner Erzeugung durch Lernen – und das heißt durch Erziehung und Bildung – erworben werden muss. Ein solches Vermögen wird im Rahmen psychologischer Theoriebildung *Disposition* oder *skill* genannt. Handlungskompetenz schließt also das Verfügen über Dispositionen und skills ein. Nur wenn über ein bestimmtes Verhalten sicher verfügt werden kann, kann es intentional erzeugt werden, und Handeln ist intentionales Verhalten.

(5) Professionelle und nichtprofessionelle pädagogische Handlungskompetenz.

Auf der Grundlage der vorgenommenen Analyse und Systematisierung der Bedeutung von *Handlungskompetenz* kann der Begriff der pädagogischen Handlungskompetenz bestimmt werden. Das leitende Interesse dabei ist auf die Problemlage zu richten, die sich aus den derzeitigen Schwierigkeiten bei der Befähigung zu pädagogischem Handeln ergeben.

Handeln ist pädagogisches Handeln, insoweit es sich auf Erziehungs- und Bildungsprozesse richtet, und ein solcherart bestimmtes pädagogisches Handeln reicht vom Erziehungshandeln der Eltern über das berufliche Handeln von Pädagogen – Lehrern, Sozialpädagogen, aber auch Sozialarbeitern und Berufsausbildern – bis hin zu Hochschullehrern. Derzeit besteht Einigkeit darüber, dass es zu solchem pädagogischen Handeln einer besonderer Befähigung bedarf; das gilt nicht nur für die berufsmäßigen Pädagogen, sondern auch für die anderen Personengruppen, für welche Erziehung und Bildung nur eine Aufgabe neben anderen ist – wie die Ausbreitung etwa von Elternbildung oder Hochschuldidaktik zeigt. Die Art und Weise, das Ausmaß einer solchen Befähigung für pädagogisches Handeln ist dagegen derzeit umstritten. Die Skala der Positionen reicht von Forderungen nach Quasi-Verberuflichung pädagogischer Freizeitrollen (z. B. Nachbarschaftshilfe zu „Tagesmüttern", „Elternführerschein") bis zur Ablehnung einer befürchteten „Pädagogisierung" aller Lebensbereiche.

Pädagogische Handlungskompetenz ist also nicht nur Voraussetzung für berufsmäßiges pädagogisches Handeln, sondern für jedes verantwortliche pädagogische Handeln. Die künftige Diskussion über die inhaltliche Bestimmung pädagogischer Handlungskompetenz sollte sich deshalb nicht ausschließlich an beruflichem und professionellem pädagogischen Handeln orientieren. Die durch eine solche veränderte Perspektive veränderten Einsichten in das, was pädagogische Handlungskompetenz sein kann und soll, können auch zur vernünftigen Weiterentwicklung der professionalisierten Form dieser Handlungskompetenz beitragen (einschließlich einer verantworteten Zurücknahme von übermäßigen Formen der Verberuflichung pädagogischen Handelns).

Expliziert wurde jedoch bisher nur ein Begriff *professioneller* pädagogischer Handlungskompetenz als „professionelle Handlungskompetenz für das außerschulische Erziehungs- und Sozialwesen" (vgl. Nieke 1981) im Rahmen von Überlegungen zur Studienreform. Dieser Begriff und die darauf aufbauende Konzeption professioneller (pädagogischer) Handlungskompetenz akzentuiert die Überlegungen zur Reform der Studiengänge für das außerschulische Erziehungs- und Sozialwesen auf drei Reformintentionen:

(1) Die Beschäftigung mit erziehungswissenschaftlichen, sozialwissenschaftlichen, psychologischen und philosophischen Theorie-, Wissens- und Argumentationsbeständen in erziehungswissenschaftlichen Studiengängen soll stärker als bisher darauf ausgerichtet werden, fähig und damit zuständig, und das heißt kompetent für pädagogisches *Handeln* zu werden.

(2) Professionelle Handlungskompetenz ist nicht allein durch die (kognitive) Beschäftigung mit Wissen zu erreichen, sondern umfasst außerdem das Verfügenkönnen über Handlungsmuster und eine Haltung der Selbstreflexion.
(3) Professionelle Handlungskompetenz ist nicht identisch mit Handlungsqualifikation: Qualifikation bezeichnet den Studienerfolg im Hinblick auf seine Verwertbarkeit, Kompetenz hingegen im Hinblick auf die Person. Professionelle pädagogische Handlungskompetenz erfasst sowohl die Qualifizierungswirkung als auch die Sozialisations- und Personalisationswirkung des im Studium stattfindenden Bildungsprozesses.

2.2.6   Perspektiven für die weitere Diskussion des Begriffs

In der bisherigen Diskussion des Begriffs professioneller pädagogischer Handlungskompetenz dominiert das Interesse an möglichst systematisch fundierter Studienreform für die Hochschulausbildung von Pädagogen und Sozialarbeitern. Dementsprechend sind die aus diesem Kontext hervorgegangenen Explikationen

- heuristisch, d. h. ohne Anspruch auf theoretische Fundierung und Ableitung, sondern beanspruchen lediglich Plausibilität in Bezug auf den Diskussionsstand in den Sozialwissenschaften;
- durch Kompromiss zwischen unterschiedlichen Auffassungen zustande gekommen, was unvermeidlich Inkonsistenzen zur Folge hat.

Wenn der Begriff auch für die Diskussion über die Handlungsrelevanz erziehungs- und sozialwissenschaftlicher Theorien fruchtbar gemacht werden soll, bedarf er einer theoretisch fundierteren Explikation als sie bisher vorliegt.

2.3   Ein Strukturkonzept für professionelle pädagogische Handlungskompetenz (2002)

2.3.1   Gibt es eine allgemeine Basis für die pädagogischen Professionen?

Die Erziehungswissenschaft an Hochschulen ist für professionelle Ausbildungsgänge (Fachstudiengänge mit den Abschlüssen bisher Diplom und nun Bachelor of Arts und Master of Arts) zuständig und an professionellen Ausbildungen maßgeblich beteiligt (in den verschiedenen Studiengängen für die Lehrämter), die hochspezialisiert auf ein breites Spektrum von professioneller Berufstätigkeit in pädagogischen Institutionen und Handlungsfeldern vorbereiten. Angesichts dieser Sachlage wird immer wieder einmal die Frage gestellt, ob es überhaupt noch ein einigendes Band gebe, das es rechtfertige, diese verschiedenen Ausbildungsgänge und Ausprägungen von entsprechender Theoriebildung unter einer einheitlichen Disziplinbezeichnung – Erziehungswissenschaft – zusammenzufassen.

So wird dann etwa reklamiert, dass die Grundschulpädagogik von ihrer Aufgabenstellung in Ausbildung und Forschung kategorial so verschieden von der übrigen Schulpädagogik sei, dass sie sich weder organisatorisch noch fachlich unter diese subsumieren lasse. Oder die Fachvertreter eines Wissenschafts- und Praxisbereichs, der sich mit den beiden parallel verwendeten Bezeichnungen *Erwachsenenbildung* und *Weiterbildung* etikettiert, monieren, dass die Oberkategorie *Erziehungs*wissenschaft für sie deshalb unzutreffend sein müsse, weil Erwachsene nicht mehr erzogen werden wollen und sollen. Diese Argumente sind begründet und innerfachlich ohne weiteres nachvollziehbar.

Dennoch ist bis heute an der formalen und institutionellen Einheit einer Wissenschaftsdisziplin Erziehungswissenschaft – manchmal auch Pädagogik und neuerdings öfter Bildungswissenschaft genannt – festgehalten worden. Ist dies einfach der Trägheit einer institutionellen Realität und Tradition zuzuschreiben, oder drückt sich darin implizit das Bewusstsein davon aus, dass es trotz aller Ausdifferenzierungen für die professionelle Institutionalisierung und Praxis in den Einzelbereichen der Erziehungswissenschaft irgend etwas Allgemeines, Fundamentales, Verbindendes gebe und geben müsse?

Diese Frage ist im Kontext der Allgemeinen Pädagogik immer wieder erörtert worden. Die bisher vorgelegten Antworten argumentieren von sehr verschiedenen wissenschaftstheoretischen Positionen aus und kommen von daher zu unterschiedlichen Schlussfolgerungen und Thesen. Die bekannteste Diskussionslinie dürfte diejenige sein, die an eine Denkfigur von Wilhelm Flitner anschließt und die Frage thematisiert, ob es unter den gegenwärtigen Bedingungen noch so etwas wie einen *pädagogischen Grundgedankengang* gebe (Peukert/Scheuerl 1991).

Bemerkenswerterweise ist dieser Gedankengang jedoch in den ausdifferenzierten Teilbereichen der Erziehungswissenschaft kaum oder gar nicht aufgenommen worden. Ein Grund dafür liegt sicher in den inzwischen hochspezialisiert eingegrenzten Rezeptionskanälen für fachwissenschaftliche Publikationen. Angesichts der Fülle des Publizierten kann nur noch ein winziger Ausschnitt zur Kenntnis genommen werden, und zur allgemeinen Orientierung über das Fachspezifische hinaus schauen gegenwärtig die meisten ErziehungswissenschaftlerInnen eher auf soziologische Diskursthemen (etwa die Debatte über die sogenannte Individualisierung oder den Beitrag der Bildungsinstitutionen zur Reproduktion ungerechtfertigter gesellschaftlicher Ungleichheit) als hinüber zur Allgemeinen Pädagogik. Ein weiterer Grund könnte darin liegen, dass die in der Allgemeinen Pädagogik meist erörterten Antworten auf die Frage nach dem Allgemeinen für die Teilbereiche nicht ergiebig und anschlussfähig für ihre eigenen Fragestellungen sein könnten.

Deshalb soll hier der Versuch unternommen werden, eine andere Argumentationslinie aufzugreifen, die von einer basalen Kompetenzstruktur ausgeht, die allen institutionen- und handlungsfeldspezifischen Fachkompetenzen unterliegt. Diese Argumentationslinie hat sich über die Rahmenordnung der Kultusministerkonferenz für die Diplomstudiengänge in Erziehungswissenschaft an Universitäten in die Ausgestaltung der örtlichen Prüfungs- und Studienordnungen hinein manifestiert. Die durch die Hochschulreformen für die Vereinheitlichung des europäischen Hochschulraumes aufgehobene bundesweite Verbindlichkeit der Rahmenordnung über vierzig Jahre hinweg hat dazu geführt, dass auch die Stellenbezeichnungen für das akademische Personal der Erziehungswissenschaft dieser Strukturvorgabe folgte, dass also die Lehranforderungen die Ausdifferenzierung der Disziplin determiniert haben und nicht – wie vielleicht in anderen akademischen Disziplinen – die interne Ausfaltung von Wissensbeständen und Forschungsmethoden.

In dieser lange einheitlich regulierend wirkenden Rahmenordnung ist fast überall von der Ausbildung in basalen und speziellen professionellen Handlungskompetenzen die Rede, wenngleich naturgemäß darunter an verschiedenen Orten jeweils sehr Verschiedenes verstanden und subsumiert wird. Wenn sich erweisen sollte, dass es eine solche Basis für die verschiedenen Ausdifferenzierungen in einer Weise gibt oder geben kann, dass ihr die Fachvertreter der verschiedenen Teilbereiche zustimmen können, dann wäre dies ein akzeptiertes und bestimmbares Allgemeines in der Vielfalt der Spezialisierungen. Aufgabe der Allgemeinen Pädagogik könnte es dann sein, dieses Allgemeine theoretisch zu analysieren und begriffsanalytisch sowie theoretisch weiter zu fundieren.

So soll denn hier die These aufgestellt werden, dass es eine basale Struktur pädagogischer Kompetenz gebe, die sich in allen Ausdifferenzierungen pädagogischer Professionen findet und in ihrer Spezifik auch eine Abgrenzung zu anderen Professionen ermöglicht.

2.3.2   Verwendung des Kompetenzbegriffs in der Erziehungswissenschaft

Der Begriff der Kompetenz wird in verschiedenen Teilbereichen der Erziehungswissenschaft zunehmend und in unterschiedlicher Weise verwendet, besonders im

Bereich der Erwachsenenbildung bzw. Weiterbildung und der Berufsbildung. Dort wird meist in vier Kompetenzbereiche ausdifferenziert:

- Sach- oder Fachkompetenz,
- Methodenkompetenz,
- Sozialkompetenz,
- Selbstkompetenz.[19]

Würde man die Entstehungsgeschichte dieser Begrifflichkeit wissenschaftshistorisch zurückverfolgen, käme man vermutlich auf die Übernahme einer Begriffstrias, die Heinrich Roth im zweiten Band seiner Pädagogischen Anthropologie eingeführt hat. Er unterscheidet:

- Sachkompetenz,
- Sozialkompetenz,
- Selbstkompetenz.

Es ist unschwer zu sehen, dass die Verwendung im Kontext von Berufsbildung und Weiterbildung die Sachkompetenz ausdifferenziert hat in eine im engeren Sinne fachliche Kompetenz im Blick auf Inhalte und eine inhaltsübergreifende Methoden-kompetenz, die oft zweierlei umfasst:

(1) die Sachstrukturen aufschließende Denkmethode für Inhaltsbereiche;
(2) und die seit Mertens (1973) so genannten Schlüsselqualifikationen, mit denen sich jeder Inhaltsbereich selbsttätig erschließen und aneignen lässt.

Heinrich Roth erwähnt, dass er seine Vorstellung von den drei grundlegenden Kompetenzen, die jeder Mensch im Wege seiner Bildung und Erziehung auszubilden habe, von dem amerikanischen Psychologen White übernommen habe. White verwendet den Terminus *competence* zur Bezeichnung der Fähigkeit eines Individuums, die gegebenen Anforderungen zur Weltbewältigung durch entsprechende Herausbildung von bemeisternden Fähigkeiten des psychischen Apparates zu bewältigen. In dieser Bedeutung findet sich der Begriff in vielfältigen Bedeutungsnuancierungen in der englischsprachigen pädagogischen Psychologie und daran eng

---

[19] Inzwischen muss eine Inflation des Kompetenzbegriffs in diesem Bereich konstatiert werden: es werden beliebige Qualifikationen und Teile derselben als Kompetenzen bezeichnet. Dadurch verliert der Begriff seine Bedeutung zur Bezeichnung von inhaltlich klar gegeneinander abgrenzbaren Qualifikationskomplexen.

orientierten Erziehungswissenschaft, etwa in Konzepten von *competency based education and training* (vgl etwa Burke 1989).

Der Begriff der Kompetenz hat in seiner fachsprachlichen Verwendung zwei Dimensionen, eine eher psychologische und erziehungswissenschaftliche sowie eine zweite juristische: Außer der eben angesprochene Bedeutung von Kompetenz als Fähigkeit bedeutet Kompetenz in der juristischen Sphäre Zuständigkeit. Dieser Vorstellung ist natürlich eine Prämisse implizit, dass nämlich diejenigen, denen eine formale Zuständigkeit für Entscheidungen zugesprochen wird, diese Zuständigkeit auch verständig und verantwortlich ausfüllen werden, dass sie mit anderen Worten sachlich und moralisch fähig sind, diese Zuständigkeit wahrzunehmen.

Wenn nun der Begriff der Kompetenz in die Basis der erziehungswissenschaftlichen Fundierung pädagogischer Professionen und in die oft strittigen Prozesse der Professionalisierung eingefügt werden soll, dann müssen die drei soeben deutlich gewordenen Komponenten von Kompetenz expliziert werden: Kompetenz ist

1. **Fähigkeit**, gegebene Aufgaben sachgerecht zu bewältigen;
2. Bewusstsein von der **Verantwortung**, die gegebenen Aufgaben nach geltenden Maßstäben korrekt und bestmöglich zu erfüllen;
3. die auf der Grundlage der beiden ersten Komponenten zu beanspruchende **Zuständigkeit** für die Erfüllung bestimmter Aufgaben, die sich aus der spezifischen Fähigkeit und Berufsethik definieren lassen.

Bezogen auf pädagogische Kompetenz bedeutet dies, dass eine Person dann für kompetent erachtet werden kann, wenn sie

1. fähig ist, die gegebene Aufgabe auf der Basis des hierfür grundsätzlich zur Verfügung stehenden Weltwissens, bezogen auf professionelle Kompetenz des **Fachwissens**, das in der Erziehungswissenschaft und deren Bezugsdisziplinen aufbereitet ist, zu bewältigen;[20]
2. auf der Basis einer speziellen **Berufsethik** begründet weiß und entscheiden kann, was im jeweiligen Fall im wohlverstandenen Interesse der anvertrauten Klientel zu tun und zu unterlassen ist.

Wenn diese beiden Bedingungen erfüllt sind, kann und muss der jeweiligen Person die **Zuständigkeit** für das erforderliche pädagogische Handeln zugesprochen werden.

---

[20] In den Ingenieursprofessionen gilt hier das Maßstab, eine Aufgabe nach „state of the art", d. h. nach dem neuesten Stand der Wissenschaft und Technik zu lösen.

Nur als Anmerkung sei hier auf den Umstand verwiesen, dass es hierzulande für pädagogisches Handeln keine professionelle Exklusivität gibt. Zu pädagogischen Fragen äußern sich in erstaunlicher Selbstverständlichkeit auch Kinderärzte und Psychologen. Ob dies unter kompetenztheoretischen Erwägungen auf Dauer gerechtfertigt ist, müsste eine Analyse der tatsächlichen und beanspruchten Kompetenz dieser Berufsgruppen für die von ihnen thematisierten pädagogischen Fragen erweisen – ich vermute, mit offenem Ausgang.

Das bisher Ausgeführte gilt grundsätzlich für alles pädagogische Handeln, also auch für das alltägliche, nicht berufsmäßig organisierte. Das heißt, auch Eltern bedürfen einer pädagogischen Kompetenz, die bisher weitgehend unhinterfragt als gegeben unterstellt wird. Ob diese Annahme empirisch zutreffend ist, muss hier unerörtert bleiben. Im Folgenden beschränke ich mich auf Überlegung zur professionellen pädagogischen Kompetenz.

Angesichts notorisch knapper Ressourcen muss überlegt werden, ob es definierbare Untergrenzen für mindestens erforderliche pädagogische Kompetenz geben soll und kann. Derlei konkretisiert sich etwa in Bestimmungen für Regelstudienzeiten. Angesichts des Umstandes, dass die Aufgabe für pädagogisches Handeln die bestmögliche Herausbildung von Persönlichkeitsdimensionen der Klientel ist, dass es also um Menschen geht, kann die Antwort nur sein: *Das Beste ist gerade gut genug* (Nieke 1989). Ökonomische Überlegungen zur Rationierung und Effizienz sind also in diesem Bereich kategorial fehl am Platze. Wenn sie trotzdem verwendet werden – und wohl auch werden müssen –, dann sollte dies in dem Bewusstsein geschehen, dass dies dem Gegenstand grundsätzlich unangemessen ist, dass es sich dabei also nur um so etwas wie einen Notbehelf handeln darf.

2.3.3 Vier Komponenten professioneller pädagogischer Kompetenz und ihr Zusammenhang

Nun ist der Frage nachzugehen, welche Wissensbestände und Handlungsregulationen erforderlich sind, um die bisher bestimmte pädagogische Kompetenz unter den Bedingungen professioneller Realisierung zu ermöglichen. Das hier vorzustellende Strukturschema sei als heuristischer Ansatz verstanden, in dem die aus der bisherigen Diskussion entnommenen Komponenten so zusammengefügt werden, dass sie die ihr zugedachten Aufgaben erfüllen können. Die meisten Diskussionsbeiträge machen jeweils einzelne dieser Komponenten zum Thema, so dass der notwendige Zusammenhang bisher noch nicht genügend deutlich gemacht worden ist.

Pädagogische Kompetenz

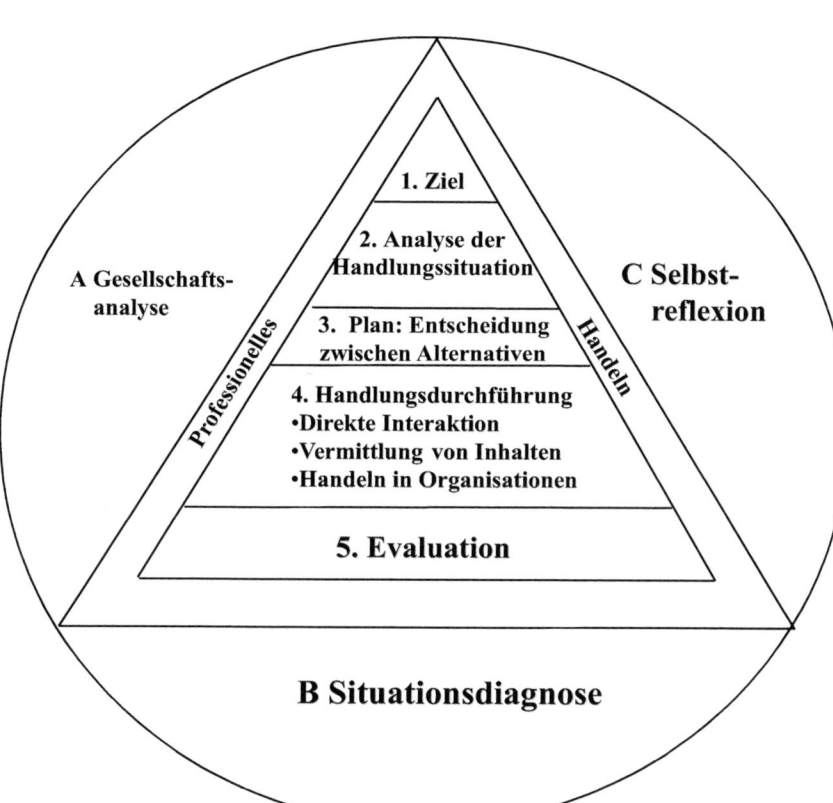

Abb. 2.3 Struktur der professionellen pädagogischen Handlungskompetenz

Professionelle pädagogische Kompetenz kann sich nur realisieren, wenn folgende vier Komponenten zusammenwirken:

1. Gesellschaftsanalyse,
2. Situationsdiagnose,
3. Selbstreflexion,
4. professionelles Handeln.

Diese vier Komponenten enthalten kognitive, emotive und konative (handlungs-regulierende) Anteile. Das ist für die Herausbildung von pädagogischer Kompetenz unter den Bedingungen professioneller Realisierung von Bedeutung, weil jede dieser Anteilsdimensionen des psychischen Apparates andere Erarbeitungs- und Modifikationsformen erfordert. Darauf soll hier jedoch nur verwiesen werden.

Erste Komponente: Gesellschaftsanalyse

Pädagogische Aufgaben entstehen im gesellschaftlichen Kontext. Sie werden durch gesellschaftliche Institutionen definiert (z. B. der staatliche Bildungsauftrag für die Schule) oder durch gesellschaftliche Entwicklungen erzeugt (z. B. das Erfordernis nach spezifischer Medienerziehung durch die Liberalisierung und Kommerzialisierung von Fernsehen und Radio, mit dem Effekt der Häufung vermutlich negativer Wirkungen auf Kinder und Jugendliche, gegen welche sie immunisiert werden sollen).

Pädagogische Aufgaben sind nicht isoliert in Bildungs- und Hilfeeinrichtungen zu bewältigen, sondern nur im jeweiligen gesellschaftlichen, und das heißt auch meist politischen Kontext (Beispiele: Die Gewaltneigung von männlichen Jugendlichen erfordert nicht nur Gewaltprävention in der Schule und durch aufsuchende Sozialarbeit, sondern auch kriminalpräventive Räte auf kommunalpolitischer Ebene; die Aufgabenstellungen für Interkulturelle Pädagogik hängen von den Migrationsbewegungen und der Einwanderungs- und Ausländerpolitik ab). Die Bezugsdisziplinen für eine erziehungswissenschaftliche Analyse solcher Problemlagen sind vor allem die Soziologie und die Politologie, aber auch die Kriminologie und Jurisprudenz sowie weitere Einzeldisziplinen je nach Problemlage, etwa Medienwirkungsforschung oder Sprachwissenschaft. ErziehungswissenschaftlerInnen können und dürfen sich also nicht auf ihren innerdisziplinären Kontext beschränken, sie sind zum Aufbau und Erhalt ihrer professionellen Kompetenz notwendig auf fachliche Grenzüberschreitungen angewiesen. Hierin liegt eine Chance und eine Gefahr: ErziehungswissenschaftlerInnen müssen das interdisziplinäre Denken und Informationserschließen realisieren, das überall und für alle beschworen wird. Das bewahrt sie vor einer beengenden Einzelfachperspektive. Aber oft sind die Rezeptionen aus Bezugsdisziplinen auch defizitär: es wird nur auf Teilbereiche der dortigen Fachdiskussion zurückgegriffen; die Rezeption hinkt hinter der aktuellen Fachdiskussion um Jahre hinterher; die Rezeption zeigt fachlichen Dilettantismus.

Zweite Komponente: Situationsdiagnose

Eine Situationsdiagnose ist erforderlich, um in einer konkreten Situation direkt mit Personen oder indirekt im Blick auf sie professionell pädagogisch handeln zu können. Gegen diese Begriffsverwendung kann der Einwand erhoben werden, *Dia-*

gnose klinge zu medizinisch und psychologisch. Andererseits wird dieser Terminus von einigen Autoren gerade deshalb verwendet, um die professionstheoretisch konstatierte Nähe pädagogischen Handelns zu dem von Ärzten und Psychologen deutlich werden zu lassen. Was im Rahmen pädagogischer Kompetenz hier erwartet wird und zu leisten ist, zeigt jedenfalls eine Strukturaffinität zur Diagnostik in Medizin und Psychologie: relevante Bedingungen einer gegebenen Situation sollen unter Verwendung wissenschaftlicher Erkenntnisse und Erhebungsverfahren intersubjektiv überprüfbar identifiziert und in ihrer Bedeutung für das Handlungskonzept eingeordnet werden. Deshalb folge ich hier dem Argument, wegen dieser Strukturaffinität auch im pädagogischen Kontext von Diagnose zu sprechen.

Eine Situationsdiagnose im pädagogischen Kontext geschieht oft unsystematisch und intuitiv, so dass die Qualität des darauf einsetzenden Handelns dann von den spontan aktualisierten Wissensbeständen und dem Einfühlungsvermögen in die Interaktionssituation abhängt. Solches Handeln ist deshalb nicht falsch oder schlecht; oft gelingt es solcherart intuitiv Handelnden sogar besser, situationsadäquat zu wirken, als wissenschaftlich Ausgebildeten und entsprechend Reflektierenden. Die Rede von den „geborenen Erziehern" (Spranger) hat hier ihren Ort. In vielen Fällen jedoch erweist sich ein wissensbasiertes und reflektiertes Handeln gegenüber einem solchen intuitiven Handeln als angemessener und wirkungsvoller, und eben darin liegt die Begründung der Forderung nach pädagogischer Kompetenz angesichts der Verantwortung, dass in solchen Situation stets das Beste gerade gut genug sei.

Für das Verfahren einer angemessenen Diagnose der pädagogischen Handlungssituation werden naturgemäß viele verschiedene Vorschläge gemacht. Über den Bereich der Schulpädagogik hinaus bekannt geworden sind die Analysekategorien der sogenannten Berliner Schule einer lerntheoretischen Didaktik, in denen für Unterrichtsplanung jeweils nach den „soziogenen" und „anthropogenen" Voraussetzungen zu fragen ist (Heimann/Otto/Schulz 1965). Mit den soziogenen Voraussetzungen sind solche Bedingungen angesprochen, die aus der umgebenden Gesellschaft in die Handlungssituation hineinwirken; das ist ein Teilaspekt dessen, was zuvor unter Gesellschaftsanalyse erörtert wurde, da diese ja eine umfassendere Aufgabe zur Fundierung pädagogischer Kompetenz erhalten hat. Die anthropogenen Voraussetzungen haben seinerzeit vor allem die entwicklungspsychologisch festgestellten Bedingungen thematisieren sollen, unter denen Kinder und Jugendliche zu unterrichten waren. Die neuere Theoriekonstruktion in der Entwicklungspsychologie sowie die Theoriediskurse in Schulpädagogik und Allgemeiner Didaktik haben gezeigt, dass solche einfachen Quasi-Gesetzmäßigkeiten weder existieren noch für das Unterrichtshandeln leitend sein können. Wie dieses Beispiel zeigen soll, wird sich ein kategoriales Muster für eine Situationsdiagnose, das für alle pädagogischen Handlungssituationen anwendbar sein soll, auf sehr fundamentale Bedingungen pädagogischen Handelns beziehen müssen, während die bisher gemachten Vorschläge meist von einer bestimmten Handlungsklasse ausgingen: etwa dem Unterricht, dem Kursgeschehen in der Weiterbildung, der Beratungssituation in der Sozialpädagogik etc.

Diese fundamentalen Bedingungen pädagogischen Handelns lassen sich – nach dem gegenwärtigen Stand der darauf bezogenen Überlegungen, die zumeist noch nicht den Status der Theoriebildung erreicht haben – zweckmäßigerweise in folgenden vier Dimensionen analysieren:

1. Körper,
2. Seele,
3. Raum,
4. Interaktion.

Die Zweckmäßigkeit erweist sich durch den Rekurs auf jeweils verschieden strukturierte Wissensbestände und dahinter stehende Wissenschaftsdisziplinen. Einteilungen wie diese sind als heuristische Vorschläge zur *denkenden Ordnung von Tatsachen* zu verstehen, wie Max Weber die Aufgabe von theoretisch verfahrender Wissenschaft bestimmt hat.

(1) Körper.

Die Leiblichkeit der in pädagogisches Handeln Einbezogenen – die der sogenannten Ekukanden (Adressaten, Klienten) ebenso wie die der professionell Handelnden – bleibt in den üblichen Theoriebildungen zumeist unberücksichtigt und bei praktischem pädagogischem Handeln unberücksichtigt. Sie wirkt aber stets und ständig mit und in die Handlungssituationen hinein, nicht nur in so dramatischen Formen wie der unglücklichen Verliebtheit einer Schülerin in ihren Lehrer. Wenn etwa eine Sonderschule für Verhaltensschwierige für Schulsozialarbeit einen männlichen Pädagogen von kräftiger Statur anfordert, dann hat dies nichts mit seiner Ausbildung und Professionalität zu tun, wohl aber mit der Akzeptanz im alltäglichen Umgang mit aggressiven und schwierigen Schülern.

Bezugsdisziplinen sind hier die Biologie und die Medizin in ihrem physiologischen und diagnostischen Teil; dies wird neuerdings in Ansätzen einer interdisziplinären Gesundheitsforschung ja auch in Bezug auf die Erziehungswissenschaft deutlich gemacht (Hurrelmann/Laaser 1993).

Unter dieser Kategorie dürfte künftig auch die auch in Deutschland zu erwartende neuerliche Diskussion über die genetische Präfixierung von menschlichen Verhaltensdispositionen zu verorten sein. Diese Diskussion ist im angelsächsischen Sprachraum schon in vollem Gange. In der Psychologie mit ihrer engen Inklination an diesen Sprachraum wurde sie längst aufgenommen, etwa unter dem Terminus einer evolutionären Psychologie. Hier werden eben solche, bisher eher vermuteten als bewiesenen, biontischen Präfixierungen menschlichen Verhaltens erneut thematisiert, nachdem die Forschungen der sechziger Jahre die offensichtliche Unhaltbarkeit solcher, damals üblicher Vorstellungen – etwa von der Erblichkeit von Intelligenz – erwiesen zu haben schienen (vgl. statt anderer Keller 1997; kritische Auseinandersetzung im Themenheft Pädobiologie von *Bildung und Erziehung* 4/1994)

(2) Seele, psychischer Apparat.

Dieser Teil des Edukanden steht seit jeher als der zu bildende und bildbare im Vordergrund der theoretischen Analysen und Konzeptionen sowie praktischen Bemühungen pädagogischen Handelns. Ihn terminologisch beanstandungsarm zu fassen, ist gegenwärtig schwierig, weil die aktuelle Diskussion über das Verhältnis von Leib und Seele zwischen Philosophie einerseits und Biologie und Neurophysiologie andererseits die lange mit guten Gründen aufrechterhaltende Vorstellung, man könne und müsse so etwas sie Seele oder Psyche kategorial von Körper, Leib trennen, immer stärker in Frage gestellt wird. Wenn die Seele oder Psyche als unselbständiges Epiphänomen der Funktion des Zentralnervensystems – vielleicht einschließlich des daran angekoppelten endokrinen Systems, um die Emotionen genauer zu verstehen – aufgefasst wird, muss in der Konsequenz das, was bisher in eigenständigen Kategorien der Psychologie analysiert und theoretisch rekonstruiert wurde, über kurz oder lang auf der Basis von biologischen und neurophysiologischen Paradigmen konzeptualisiert werden. Ansätze dazu finden sich in der zeitgenössischen Psychologie bereits.

Solange indessen noch keine ausgearbeiteten und mehrheitlich akzeptierten Theorien vorliegen, soll einstweilen von der Vorstellung ausgegangen werden, dass man mindestens heuristisch von so etwas wie einem psychischen Apparat ausgehen kann, der sich mit den methodischen Verfahren und theoretischen Rekonstruktionen der Psychologie angemessen erfassen und beschreiben lässt.

Bezugsdisziplinen für eine Analyse dieser Dimension sind

- differentielle Psychologie (früher Persönlichkeitspsychologie),
- Entwicklungspsychologie,
- Lernpsychologie,
- Selbstkonzepttheorien der kognitiven Psychologie.

Den altbekannten genuinen Begriffen der Allgemeinen Pädagogik zur Beschreibung dieser Dimension – Subjekt, Person, Individuum – korrespondieren Konzepte von Identität und Selbstkonzept. Diese haben den Vorteil, theoretisch so konstruiert zu sein, dass sie einer empirischen Auffüllung zugänglich sind, während die zuvor genannten Begriffe dazu tauglich sind, grundlegende philosophische Überlegungen, etwa zu den Bedingungen der Möglichkeit von Erziehung und Bildung, zu konkretisieren.

(3) Raum

Die Einwirkung der räumlichen Umgebung auf pädagogisches Handeln sind bisher noch kaum untersucht und nur selten thematisiert worden. Für die Sozialisationsforschung gibt es die Dimension des Sozialraums (in sogenannten sozialökologischen Betrachtungsweisen, die sich auf Bronfenbrenner zurückbeziehen), womit die geografische Positionierbarkeit von sozialen Interaktionen und Strukturen angesprochen ist. Aber auch der physische Raum, etwa als umbauter, ist von unterschätzter Relevanz: Wie Klassenräume gestaltet sind, in welchen Farben sie gestrichen sind, hat merklichen Einfluss auf die Stimmung, wie jeder Praktiker weiß. Dies ist genauer zu untersuchen.

Bezugsdisziplin kann hier die ökologische Psychologie sein, die Umwelteinflüsse auf den psychischen Apparat untersucht (aber keinen Bezug auf die politische Umweltbewegung hat).

(4) Interaktion

Das damit Angesprochene, die ständige Abfolge von Handlungen und Gegenhandlungen mit symbolischer Bedeutung, ist seit jeher in pädagogischer Theoriebildung genau beachtet worden, etwa in dem durch Herman Nohl eingeführten Topos vom „pädagogischen Bezug". Lange stand die dyadische Interaktion zwischen einem einzigen Edukanden und einem Erzieher nach dem Paradigma der Hauslehrererziehung im Vordergrund der Überlegungen. Gegenwärtig hat sich die Analyse der Interaktionen insbesondere auf die sozialen Netzwerke der Edukanden bzw. Adressaten erweitert. Der dort ständig thematisierte Gehalt von relevanten Symbolen wird im Begriff der Lebenswelt gefasst, in manchen theoretischen Annäherungen auch mit dem Konstrukt des sozialen Milieus.

Bezugsdisziplinen sind die Sozialpsychologie sowie der Symbolische Interaktionismus und die Milieutheorien aus der Soziologie.

Dritte Komponente: Selbstreflexion

Die dritte Komponente pädagogischer Kompetenz wird als Selbstreflexion bezeichnet. Sie besteht aus zwei Dimensionen:

1. dem beruflichen Selbstkonzept,
2. der Selbstbetroffenheit.

(1) Ein **berufliches Selbstkonzept** einschließlich einer Berufsethik ist konstitutiv für jede professionelle Kompetenz. Das berufliche Selbstkonzept integriert Antworten auf Fragen wie:

- Wer bin ich als PädagogIn?
- Was möchte ich in meinem Beruf erreichen?
- Warum habe ich gerade diesen Beruf gewählt?
- Wie schätzen andere die Bedeutung meines Berufs ein, und warum tun sie das?
- An welchen Maximen orientiere ich mich, wenn ich professionell handele?
- Wie kann ich die Wirkung meines Tuns ermessen?
- Welche Relevanz hat mein Handeln für die Betroffenen und für die gesamte Gesellschaft und Menschheit?

Dieser Teil der Selbstreflexion ist für LehrerInnen relativ umfänglich untersucht, meist bezogen auf die Fragen von Berufszufriedenheit, Engagement im Beruf und von Differenzen in der Wirkung und Wirksamkeit sowie Akzeptanz bei SchülerInnen. Für andere Berufsbereiche, etwa für SozialpädagogInnen und WeiterbildnerInnen liegen nur einzelne, meist ältere Studien vor.

(2) Für pädagogische Berufe kommt hier ein Spezifikum hinzu, das für viele Berufe nicht gilt: In direkter Interaktion als professionellem pädagogischen Handeln ist unvermeidlich
die Person der PädagogIn unmittelbar in das professionelle Handeln einbezogen. Die Persönlichkeit kann geradezu das Werkzeug dieses Handelns sein kann, wenn etwa auf die Vorbildwirkung gesetzt oder die Autorität als Grundbedingung für Akzeptanz beschworen wird. Dies kann als **Selbstbetroffenheit** bezeichnet werden.[21] Hier kommt es auf so etwas an, was in der psychologischen Selbstkonzeptforschung als permanente Selbstaufmerksamkeit (self monitoring) konzeptualisiert wird.

Hier ist die Erziehungswissenschaft genuin und selbstbezüglich, wenngleich Anleihen bei der psychologischen Selbstkonzeptforschung gemacht werden können. Insbesondere die reflexive Bestimmung der professionellen Berufsethik war seit jeher umfänglicher Bestandteil des pädagogischen Schrifttums, vor allem auch der grundlegenden Überlegungen in der Allgemeinen Pädagogik mit ihren überwiegend praktizierten Anschlüssen an die philosophischen Anthropologien und die diversen Strömungen in der Ethik.

---

[21] Und zwar in einem etwas anderen Sinn, als Schülein (1977) diesen Terminus in die Hochschuldidaktik der Sozialwissenschaften eingeführt hat.

Vierte Komponente: Professionelles Handeln

Professionellen Handeln macht das eigentliche Zentrum der pädagogischen Kompetenz aus, das quasi von den drei zuvor beschriebenen eingerahmt wird. Bemerkenswerterweise wird sie im erziehungswissenschaftlichen Schrifttum vergleichsweise selten und wenig ausführlich thematisiert. Im Vordergrund stehen die Rahmenkomponenten, und Vertreter dieses analytisch-theoretischen Schrifttums gehen zuweilen so weit, dass sie es sich versagen möchten, überhaupt zum pädagogischen Handeln Aussagen zu machen. In der Konsequenz dieser handlungstheoretischen Enthaltungsattitüde sind in das Zentrum, das ja in der Praxis gleichwohl täglich gefüllt werden muss, unversehens Handlungskonzepte psychologischer Provenienz eingesickert, nicht selten aus den Randbereichen der Psychotherapie. Das wird besonders deutlich an der älteren Methodik für die Sozialarbeit und Sozialpädagogik mit ihren der Psychoanalyse entlehnten Handlungskonzepten von *case work* und *group work*.[22] Solche Konzepte entsprechen jedoch dem pädagogischen Charakter der Handlungssituation in der Regel nicht. Die Zielbestimmung, oft auch der methodische Grundansatz für solche pädagogischen Handlungssituationen unterscheiden sich kategorial von Situationen psychologisch fundierter Verhaltensmodifikation und Psychotherapie. Es ist deshalb zu fordern, dass sich die erziehungswissenschaftliche Theoriebildung – sowohl auf der generellen Ebene der Allgemeinen Pädagogik als auch in den institutionen- und handlungsfeldspezifischen Teildisziplinen und Querschnittsthematiken (Beispiel: Medienpädagogik) wieder entschieden dieses Zentrums der Konzeptualisierung von pädagogischen Handlungen annimmt.

(1) Fünf Phasen professionellen pädagogischen Handelns

Professionelles Handeln aktualisiert das mögliche und situativ erforderliche Weltwissen und die Handlungsmuster, die zur Realisation von systematisch erarbeiteten Handlungsplänen erforderlich sind. Professionelles Handeln unterscheidet sich von Alltagshandeln durch seine wissenschaftliche, d. h. intersubjektiv überprüfbare Fundierung und methodische Kontrolle. Die meisten Handlungstheorien enthalten folgende fünf Phasen[23]:

---

[22] Diese Situation kann jedoch mit dem Werk von Galuske (1998) inzwischen als überwunden gelten.
[23] Bemerkenswerterweise enthält das vielgelesene Werk von Giesecke (1996) die zentrale Phase der Handlungsdurchführung nicht. Das lässt sich nur so verstehen, dass er diese Phase in seiner Darstellung quasi auskoppelt – wenngleich er das nirgendwo explizit sagt –, um sie einer besonderten Betrachtung zu unterziehen, indem anschließend fünf Handlungsformen – Unterrichten, Informieren, Beraten, Arrangieren, Animieren – erörtert werden.

1. Bestimmung des Ziels;
2. Diagnose der Handlungssituation;
3. Festlegung eines Handlungsplans, durch virtuelles Durchspielen mehrere Alternativen und begründete Entscheidung für eine von ihnen;
4. Aktion, Tun, Durchführung der Handlung durch Aktualisierung eingeübter Handlungsmuster;
5. Evaluation, Überprüfung des Handlungserfolgs.

Diese Phasen sind formal in jedem professionellen Handeln zu realisieren. Die inhaltliche Ausfüllung ist jeweils bereichsspezifisch. Das könnte für professionelles pädagogisches Handeln grundsätzlich für jede Phase im Detail gezeigt werden, an dieser Stelle möchte ich mich jedoch auf die vierte Phase, die Durchführungsphase, beschränken.

(2) Drei Modalitäten professionellen pädagogischen Handelns

Die Differenzierung in drei grundlegende Handlungsmodalitäten ist geleitet von der Einsicht, dass einige fundamentale Handlungselemente in allen konkreten Tätigkeiten von professionellen PädagogInnen herausgearbeitet werden können. Diese Handlungselemente lassen sich nach Merkmalen struktureller Ähnlichkeit in folgenden drei Komplexen zusammenfassen:

1. Direkte Interaktion
2. Vermittlung von Inhalten
3. Handeln in Organisationen

Professionelles pädagogisches **Handeln in direkter Interaktion** meint die Fähigkeit, jemanden Hilfe, Stütze, Orientierung und Ähnliches geben zu können sowie in besonderen Situationen auch lenken und intervenieren zu können. Diese Fähigkeit differenziert sich aus für den Umgang mit einzelnen, etwa in institutionellen und informellen Formen einer pädagogischen Beratung, und für den Umgang mit Gruppen, etwa in methodischen Handlungsformen der Gruppenpädagogik.

Die Kompetenz zur **Vermittlung von Inhalten** besteht aus einer allgemeinen didaktischen sowie gegebenenfalls einer zusätzlichen spezifischen fachdidaktischen Komponente und einer speziellen Sachkompetenz für die Inhalte des Lehrens und Unterrichtens.

Handeln in Organisationen richtet sich auf den Umgang mit den organisatorisch-institutionellen und den politischen Rahmenbedingungen für das professionelle pädagogische Handeln. Diese Kompetenz umfasst sowohl die Fähigkeit, Spielräume innerhalb gegebener institutioneller Handlungsfelder nutzen zu können, als auch eine solche, Wege zur Änderung der gegebenen Handlungsregulative von innen oder von außen, d. h. etwa auf politischem Wege, ausfindig zu machen und realisieren zu können.

Der berufliche Arbeitsalltag von professionellen PädagogInnen wird zumeist die Realisation aller drei Handlungsformen erfordern. Wer in etwa in einer Erziehungsberatungsstelle arbeitet, muss sich in den institutionellen Gegebenheiten des Trägers einrichten, im Kontakt mit den Ratsuchenden sowohl direkt interagieren als auch Informationen geben, Wege zur Lösung von Problemen aufweisen.

(3) richtungsspezifische Ausdifferenzierung

Diese drei Handlungsmodalitäten bedürfen einer richtungsspezifischen Ausdifferenzierung. Mit Richtungen sollen hier übergreifende institutionsbasierte Handlungsfelder (etwa Schule, Sozialpädagogik, Sonderpädagogik, Erwachsenenbildung) sowie spezielle Handlungsfelder (z. B. Medienpädagogik, Interkulturelle Pädagogik) gemeint sein.

Das Handeln in direkter Interaktion mit Gruppen realisiert sich etwa im Handlungsfeld von Schule als Gruppenunterricht, in der offenen Jugendarbeit etwa als Angebot und Durchführung einer Freizeitgestaltung in einer zu organisierenden und zu moderierenden frei und vorübergehend zusammengestellten Reisegruppe.

Verhältnis der vier Komponenten zueinander

Das Strukturbild soll etwas von dem Verhältnis der vier Komponenten pädagogischer Kompetenz andeuten.

Im Zentrum steht das **professionelle Handeln**. Es wird umschlossen von Gesellschaftsanalyse, Situationsdiagnose und Selbstreflexion. Diese drei Komponenten liefern die gedankliche und reflektierte Basis für die Handlungsplanung und Handlungsdurchführung.

Die **Gesellschaftsanalyse** liefert den Hintergrund für die Zielbestimmung. Sie reicht dafür jedoch nicht aus. Hinzutreten muss eine explizite Reflexion über das Gesollte und Gewollte, und dies wird nicht einer sich analytisch verstehenden Sozialwissenschaft zugesprochen, sondern der Philosophie, sei es als Sozialphilosophie oder als Ethik. Hier muss nun als notwendiges Verbindungsstück zwischen der Philosophie und der Zielbestimmung für professionelles pädagogisches Handeln die **Bildungsphilosophie** hinzutreten, die im Englischen als *philosophy of education* bezeichnet wird.

Die **Selbstreflexion** integriert die so vorgenommene allgemeine Zielbestimmung für das Handeln in die eigene Person, in die persönliche Verantwortung und in die Abschätzung der eigenen Möglichkeiten, das Ziel durch das persönlich verantwortete und realisierte Handeln zu befördern.

Die **Situationsdiagnose** hat drei Bezüge zum professionellen Handeln: zunächst naheliegenderweise für die Diagnose der Handlungssituation, sodann aber auch als Monitoring für die Handlungsdurchführung und als Basis für die Evaluation.

Professionspolitische Perspektive

Wenn mit dieser Strukturskizze pädagogischer Kompetenz die gegenwärtige Selbstauffassung der professionellen PädagogInnen und der sie ausbildenden Erziehungswissenschaft im Wesentlichen erfasst worden sein sollte, dann bedeutet dies: Es gibt eine einheitliche Basis und eine verbindende Kernstruktur für die verschiedenen Ausprägungen der pädagogischen Professionen, und diese Basis und Kernstruktur rechtfertigen und erfordern die Orientierung an einer einheitlichen Fachwissenschaft – heiße sie nun Erziehungswissenschaft, Pädagogik oder Edukatologie. Die skizzierte verbindende Struktur erlaubt den Anspruch auf Zuständigkeit, d. h. Kompetenz dieser Fachwissenschaft und der in ihr Ausgebildeten für die von ihr in professionellem Handeln bearbeiten Aufgaben und Problembereiche von Erziehung, Bildung und psychosozialer Hilfe innerhalb einer arbeitsteilig organisierten Gesellschaft; denn das damit deutlich werdende und begründbare Kompetenzprofil unterscheidet sich hinreichend von dem anderer Professionen. Dieser Gedankengang und Anspruch sollte zunächst intern auf seine Tragfähigkeit überprüft und sodann gegebenenfalls offensiv nach außen getragen werden.

2.4 Professionelle didaktische Kompetenz als Kernkompetenz der LehrerIn

2.4.1 Ursachen und Gründe für die neuerliche Diskussion

Inhalte und Formen der Ausbildung von LehrerInnen[24] standen und stehen in Deutschland ständig in der Kritik, und stets gab und gibt es Reformforderungen

---

[24] Es kann bei bestimmten Aspekten von wesentlicher Bedeutung sein, ob eine Lehrperson männlichen oder weiblichen Geschlechts ist. Deshalb wird hier die – zwar umstrittene, aber praktische – Schreibweise mit dem großen Binnen-I verwendet, um die Gesamtheit der Personengruppe zu bezeichnen und damit zugleich deutlich zu machen, dass die Zugehörigkeit zu beiden Geschlechtern inhaltlich von Bedeutung ist – also nicht nur eine Floskel politischer Korrektheit ist. Wenn die Personengruppe nur weiblich oder nur männlich angesprochen wird, soll dies ausdrücken, dass die jeweilige Geschlechtszugehörigkeit von inhaltlicher Bedeutung ist – etwa in dem Umstand, dass die meisten Lehrpersonen in der Grundschule weiblich sind, die Schulleiter jedoch männlich.

und Vorschläge zur Verbesserung und grundlegenden Revision, die aber bemerkenswerterweise immer so gut wie folgenlos blieben und bleiben (vgl. statt vieler anderer Nieke 1980). Das hat seinen Grund in der staatlichen Regulierung der Lehrerbildung durch staatliche Prüfungen, die in alleiniger Zuständigkeit der Kultusministerien erlassen und relativ selten grundlegend verändert werden. Hier wirkt sich der Immobilismus der föderativen Staatsverfassung der Bundesrepublik Deutschland aus: Um die gegenseitige Anerkennung der Staatsprüfungen zwischen den sechzehn Bundesländern zu gewährleisten, müssen die Regulierungen auf der Ebene der Ständigen Konferenz der Kultusminister abgestimmt werden. Das führt unvermeidlich zum Ausbremsen aller Innovationen, die etwa in einem einzigen Bundesland überlegt werden. Auch aus diesem Grund kann es sinnvoll sein, eine Rahmenkompetenz des Bundes für Fragen der Bildung und der Lehrerbildung ernsthaft zu erörtern, so wie sich eine solche gesamtstaatliche Zuständigkeit ja auch für die Hochschulen und die Berufsbildung als durchaus zweckmäßig erwiesen hat.

Die aktuelle Diskussion über eine wieder einmal für erforderliche gehaltene grundlegende Reform der Lehrerbildung speist sich aus zwei Diskursen über den Reformbedarf:

(1) Zum einen werden Verbesserungen im Aufbau von professioneller Handlungskompetenz der LehrerInnen als Konsequenz aus den Ergebnissen der internationalen Leistungsvergleichsstudien TIMSS und PISA gezogen. Da die grundsätzliche Lernfähigkeit der SchülerInnen und die sozialen und institutionellen Rahmenbedingungen für die Leistungserbringung in den verglichenen Staaten als gleich oder vergleichbar angenommen werden, bleibt als Prädiktorvariable für die Differenz der Leistungsergebnisse naheliegenderweise nur die Qualität von Unterricht, und diese hängt wesentlich von der professionellen Handlungskompetenz der LehrerInnen ab.

(2) Im Zuge der als „Bologna-Prozess" bezeichneten Anforderung an die Hochschulsysteme der EU-Staaten, ihre akademischen Grade zu vereinheitlichen, wie es die Wissenschaftsminister der EU-Mitgliedstaaten 1999 in Bologna beschlossen haben, steht die deutsche Lehrerbildung mit ihrer Parallelität von Studien in zwei Unterrichtsfächern, Fachdidaktik und im engeren Sinne berufswissenschaftlichen Studien, meist als „Erziehungswissenschaft" bezeichnet, vor der Aufgabe, die bisherige Studienstruktur an die vereinbarte angelsächsisch geprägte Form eines konsekutiven Aufbaus mit zwei akademischen Graden – Bachelor und Master – anzupassen, ohne die spezifischen Aufgaben beim Aufbau einer didaktischen Kompetenz dabei zu vernachlässigen.

In Deutschland wird diese Anforderung mit der Überlegung verbunden, eine Berufsentscheidung der Studierenden möglichst lange offen zu halten: Die Studiengänge und die Abschlüsse sollen eine „Polyvalenz" ermöglichen, d. h. eine möglichst breite und vielfältige Anwendung des Studierten in verschiedenen Berufsfeldern. Das ist eine Antwort auf den Befund, dass im Laufe der Studien nicht wenige Studierende von Diplomstudiengängen in die Lehrerbildung wechseln und umgekehrt, und dies zum einen wegen der spezifischen Anforderungen in den Berufsfeldern und zum anderen als Reaktion auf die nervös ausgerufenen Konjunkturen von Lehrermangel und Lehrerüberfluss in einzelnen Schulformen und Unterrichtsfächern.

2.4.2   Überlegungen zu Strukturveränderungen

2.4.2.1   Privatisierung von Bildungskosten

Diese Anforderungen an einen behaupteten Reformbedarf der LehrerInnenbildung werden verbunden mit Bestrebungen, die Grundprinzipien der deutschen LehrerInnenbildung in Frage zu stellen, weil sie nicht mehr in das Bild einer als modern behaupteten akademischen Ausbildung passen und weil sie als zu kostenträchtig gelten: die staatlichen Abschlussprüfungen des Ersten und Zweiten Staatsexamens und das Referendariat von zwei Jahren mit einer aus dem Verfassungsgrundsatz der Berufsfreiheit abgeleiteten Ausbildungsgarantie des Staates. Diese Bestrebungen zielen nicht auf Qualitätsverbesserungen, sondern auf Kosteneffektivität und auf eine Einpassung der Lehrerbildung in eine auch privatwirtschaftlich organisierbare akademische Bildung.

2.4.2.2   Erziehungswissenschaftlicher Diskurs zur Evaluation und Effektivierung des Aufbaus professioneller didaktischer Kompetenz

Die Erziehungswissenschaft als die akademische Bezugsdisziplin der LehrerInnenbildung thematisiert gegenwärtig verstärkt die Frage, auf welchen Wegen die Qualität des Lehrerhandelns in Abhängigkeit von den Strategien des Kompetenzaufbaus – und d. h. wesentlich auch in Abhängigkeit von der Organisation der LehrerInnenbildung – evaluiert und gegebenenfalls verbessert werden kann (vgl. Koch-Priewe 2002).

Da es bisher keine ausgearbeitete Theorie professionellen pädagogischen Handelns gibt (vgl. Abschn. 2.3), greifen diese Überlegungen auf vorliegende Partialansätze zurück, die sich etwa wissenssoziologisch und kognitionspsychologisch mit den geläufigen unterschiedlichen Wissensformen theoretischen Orientierungswissens und praktischen Handlungswissens beschäftigen, um das nicht nur im Lehrer-

Innenberuf beklagte Problem einer Diskrepanz von Theorie und Praxis theoretisch bearbeitbar zu machen.

Von der Struktur der akademischen Disziplin Erziehungswissenschaft her argumentiert der Vorschlag der Deutschen Gesellschaft für Erziehungswissenschaft, für alle erziehungswissenschaftlichen Studiengänge – und damit auch für das obligatorische Prüfungsfach Erziehungswissenschaft in allen Lehramtsstudiengängen – ein gemeinsames Kerncurriculum einzuführen und verbindlich zu machen (DGfE 2001). Das ist eine Antwort auf den von außen erhobenen Vorwurf einer inhaltlichen Beliebigkeit des bisherigen Studiums der Erziehungswissenschaft im Rahmen der Lehramtsstudiengänge.

2.4.3 Vorschlag für eine modifizierte LehrerInnenbildung: Stärkung der Kernkompetenz professionellen didaktischen Handelns als Voraussetzung für eine Verbesserung von Unterrichtsqualität

Ausgangspunkt des hier vorgelegten Vorschlags zur Reform der LehrerInnenbildung ist die Anforderung einer verbesserten Unterrichtsqualität auf breiter Basis. Mangels verallgemeinerbarer Evaluationsstudien über den Einfluss der LehrerInnenbildung auf die Qualität von Unterricht können hier lediglich begründete Vermutungen vorgetragen werden, die eigentlich in Wirkungsstudien im Längsschnittdesign überprüft werden müssten – aber dazu fehlen in Deutschland einstweilen die forschungsstrukturellen Voraussetzungen: vor allem die innerfachliche Anerkennung empirischer Verfahren in der Erziehungswissenschaft und ein hinreichend problemloser Zugang der ForscherInnen zum Forschungsfeld, d. h. in den Unterricht.

2.4.3.1 Stärkung der pädagogischen Kernkompetenz als Konsequenz aus den internationalen Leistungsvergleichsstudien

Die fachlichen Debatten über die Ergebnisse der internationalen Leistungsvergleichsstudien, vor allem PISA (2000), haben bisher zu zwei Einsichten und Forderungen geführt:

LehrerInnen in Deutschland müssen in zwei Dimensionen ihrer professionellen pädagogischen Kernkompetenz besser werden:

(1) in ihrem Interesse für den Bildungsgang und Erfolg ihrer SchülerInnen: professionelles Selbstkonzept;

(2) in ihrer Kompetenz in Diagnose der Lernvoraussetzungen und der Weckung und Stabilisierung von Schülerinteressen an den Lerninhalten und Lernprozessen.

2.4.3.1.1 Zu (1)

Im internationalen Vergleich schneiden besonders solche Schulsysteme besonders gut ab, in denen den LehrerInnen die Verantwortung für die Leistung aller ihrer SchülerInnen, gerade auch der leistungsschwächeren, zugeschrieben wird. In Deutschland hingegen herrscht oft noch eine Mentalität, nach welcher die LehrerIn den Unterricht „erteilt" und die Verantwortung für die Aufnahme des Dargebotenen allein bei den SchülerInnen und ihren Eltern liege. Hier ist ein Umdenken und Umsteuern angezeigt: Wenn LehrerInnen in die Verantwortung für den Leistungserfolg der ihnen anvertrauten SchülerInnen einbezogen werden, entwickelt sich auch ein stärkeres und anhaltendes Engagement für den Bildungsgang der einzelnen SchülerIn.

2.4.3.1.2 Zu (2)

Bei den deutschen Befunden zur Lesekompetenz hat überrascht, dass deutsche LehrerInnen zu einem großen Teil keine Kenntnis und keine Einsicht in den ganz unzureichenden Leistungsstand ihrer darin schwächeren SchülerInnen hatten. Daraus wird eine mangelhaft ausgebildete Kompetenz zur Diagnose von Lernleistungsständen gefolgert, verbunden mit der Forderung, dass dies in einer zu reformierenden LehrerInnenbildung korrigiert werden müsse.

Diese beiden Kompetenzbereiche gehören zur pädagogischen Kernkompetenz von LehrerInnen, und diese wird in der ersten Ausbildungsphase, d. h. im Universitätsstudium, im Studienbereich Erziehungswissenschaft (einschließlich der Pädagogischen Psychologie) sowie der Fachdidaktik grundgelegt.

Die Ausbildung in den fachwissenschaftlichen Grundlagen für die Unterrichtsfächer ist für deutsche LehrerInnen im internationalen Vergleich entschieden überdimensioniert und erklärt sich in ihrem Umfang aus der Geschichte der LehrerInnenbildung, die im neunzehnten Jahrhundert in ihren heutigen Strukturen grundgelegt wurde.

Dementsprechend wird der Anteil zwischen einerseits dem Fachstudium zweier akademischer Disziplinen für den Aufbau von didaktischer Kompetenz zur Unterrichtung zweier affiner Unterrichtsfächer und andererseits dem Studium der pädagogischen Kernkompetenz, bestehend aus Erziehungswissenschaft und den beiden Fachdidaktiken, neu zu kalibrieren sein. Folgt man dem Vorschlag der DGfE für ein Kerncurriculum (2001, 26), so sind dafür 18 SWS vorzusehen, die sich inhaltlich wie folgt aufgliedern:

SWS	Modul 1: Erziehungswissenschaftliche Grundbegriffe und Forschungsmethoden
4	Erziehungswissenschaftliche Grundbegriffe, insbesondere Erziehung, Bildung, Sozialisation, Lehren, Lernen, Unterricht/Didaktik
2	Einführung in Forschungsmethoden, insbesondere erziehungswissenschaftlich relevante Ansätze
	Modul 2: Pädagogisches Denken und Handeln
2	Geschichte der Erziehung und Bildung
2	Grundformen pädagogischen Handelns, insbesondere Erziehen, Unterrichten, Beraten, Planen, Organisieren
2	Einführung in die pädagogischen Handlungs- und Berufsfelder
	Modul 3: Gesellschaftliche, politische und rechtliche Bedingungen von Bildung, Ausbildung und Erziehung unter Einschluss internationaler Aspekte
2	Geschichte und Theorien institutionalisierter Bildung und Erziehung
2	Bildungspolitik, Bildungsrecht und Bildungsorganisation, inklusive der internationalen Perspektive
2	Interkulturelle Bildung und Erziehung

Je nach Umfang weiterer Aufgaben für LehrerInnen allgemeinbildender Schulen – Wahrnehmung eines Erziehungsauftrages der Schulen, Integration von Lern- und Verhaltensschwierigen, Integration von SchülerInnen mit Migrationshintergrund – muss dieser Anteil wesentlich um sozialpädagogische, sonderpädagogische und migrantenpädagogische Studieninhalte erweitert werden. Dabei kann es zu einem Gesamtumfang für Erziehungswissenschaft und Fachdidaktik von bis zu 60 Semesterwochenstunden kommen. Entsprechend müssen die Anteile der Fachstudien reduziert werden, da eine Verlängerung des Studiums über die politische vorgegebene Regelstudienzeit von maximal vier Studienjahren nicht in Frage kommt.

2.4.3.2 Vorschlag für ein Strukturmodell professioneller didaktischer Kompetenz als Kernkompetenz von LehrerInnen

LehrerInnen sind nicht in erster Linie ExpertInnen für bestimmte akademisch disziplinierte Wissensbereiche, sondern für die Vermittlung von bildungstheoretisch begründeten und politisch definierten Wissensbereichen, die in Unterrichtsfächern zusammengefasst werden. Dabei sind diese Wissensbereiche nur in Ausnahmefällen identisch mit akademischen Disziplinen. Das gilt auch – entgegen dem Selbstverständnis vieler „Philologen" – für den Bildungsauftrag des Gymnasiums. Die Kernkompetenz der LehrerIn besteht also im Bereich der Vermittlung von Wissensbereichen, und diese Vermittlung greift erst sekundär auf die dafür relevanten akademischen Disziplinen zu. Die zu vermittelnden Wissensbereiche können sich im Laufe einer Berufsbiographie mehrfach ändern, und zwar weniger durch den Fortschritt der akademischen Bezugsdisziplinen als vielmehr durch Änderungen im bildungstheoretischen Diskurs und in den bildungspolitischen Festlegungen der für notwendig erachteten Wissensbereiche einer stets zu aktualisierenden Allgemeinbildung. Dabei kann sich auch der Zugriff auf die relevanten akademischen Disziplinen ändern. Dies wird dann möglich, wenn sich dieser Zugriff durch eine didaktische Kernkompetenz organisiert und die Fachsozialisation der LehrerInnen nicht primär in den studierten akademischen Bezugsdisziplinen geschieht.

Eine solche didaktische Kernkompetenz unterscheidet sich erheblich von den bisher üblichen Studien im Prüfungsfach Erziehungswissenschaft der Lehrämter, das seinerseits bisher zu traditionell an den internen Fachstrukturen der akademischen Disziplin Erziehungswissenschaft orientiert ist. Gegen diesen Traditionalismus richtet sich der – zutreffende – Vorwurf der inhaltlichen Beliebigkeit, der gelegentlich von außen erhoben wird.

Im folgenden Strukturmodell werden zwei Dimensionen von Teilkompetenzen unterschieden, aus der sich die professionelle didaktische Kernkompetenz zusammensetzt:

I. die im engeren Sinne didaktische Handlungskompetenz,
II. eine umgreifende Reflexionskompetenz.

Die unterschiedenen Teilkompetenzen grenzen sich nach Differenzen der internen Repräsentation zum Aufbau, zur Reorganisation und zur Aktivierung der einzelnen Teilkompetenz gegeneinander ab. Damit beansprucht das Strukturmodell, einen Ordnungsvorschlag zu machen, der sich nicht beliebig verändern lässt. Ausdifferenzierungen, Aggregationen oder Ergänzungen müssen sich auf dieses Kriterium beziehen lassen. [25]

Den Dimensionen und Teilkompetenzen sind differente Wissensformen zugeordnet worden, durch welche sich die Teilkompetenzen voneinander unterscheiden. Diese Wissensformen haben unterschiedliche

---

[25] Darin unterscheidet sich dieses Strukturmodell von dem vor allem in der Erwachsenenbildung zu konstatierenden inflationärem Gebrauch des Begriffs der Kompetenz, wo jede beliebige Einzel- und Teilfähigkeit zu einer Bindestrich-Kompetenz erklärt wird, was dem ursprünglichen Ansatz widerspricht, mit Kompetenzen – anders als mit dem Begriff der Qualifikation – inhaltlich zusammenhängende Bündel von Fähigkeiten beschreiben und gegeneinander abgrenzen zu können.

Tab. 2.1 Strukturmodell professioneller didaktischer Kompetenz

I. didaktische Hand-lungskompetenz	Teilkompetenzen	Wissensformen
1. Planung	• Auswahl von Inhalten • didaktische Reduktion	didaktische Entschei-dungsverfahren
2. direkte Interaktion	(1) Vermittlung an Einzel-ne (2) Umgang mit Gruppen (lehramtsübergreifend, allgemeinpädagogisch relevant)	tacit knowledge Psychologie des Lernens und Lehrens Sozialpsychologie, Grup-penpädagogik
3. Handlungskontrolle	• Evaluation • Selbstevaluation • Self monitoring; die Per-son als Werkzeug • Selbstreflexivität	erziehungswissenschaftli-che Forschungsmethoden reflexive Erziehungswis-senschaft
4. indirekte Instruktion	• Arrangement • Medienverwendung	Antizipation, Planung, Management, Medienpäd-agogik
II. Reflexionskompetenz Einbettung in:	1. Gesellschaftsanalyse: 2. Situationsanalyse: 3. Selbstreflexion: Sinn Engagement	1 Bildungstheorie 2 Diagnostik, Fallmethode, Theorie der Schule und des Unterrichts 3 Bildungsphilosophie

1. Funktionen,
2. Formen der internen Repräsentanz und erfordern
3. differente Wege des Erlernens, Vertiefens und Transformierens in systematischer Ausbildung oder reflektierender Berufserfahrung.

2.4.3.2.1 Erläuterungen
I. Didaktische Handlungskompetenz

1. **Planung.** Die Vermittlung von Inhalten bedarf stets einer vorlaufenden und vor-bereitenden Planung, selbst in didaktischen Konzepten situativer Einbeziehung von SchülerInneninteresse.
   Diese Teilkompetenz beschreibt den Kern geläufiger Expertise von Lehrer-Innen, nämlich die Vorbereitung und Planung von Unterricht durch syste-matische, begründete Entscheidungen für die Auswahl von Inhalten, bezogen

auf festliegende oder festgelegte Lernziele, und die didaktische Reduktion von komplexen Inhalten auf die anzunehmende Lern- und Aufnahmefähigkeit der SchülerInnen, ohne dass eine solche Reduktion die Struktur des zu Vermittelnden simplifizierend verändern darf. Die meisten didaktischen Ansätze und Konzeptionen haben ihren Schwerpunkt auf dieser Entscheidungsaufgabe.

2. **Direkte Interaktion.** Das Unterrichten geschieht überwiegend in direkter Interaktion in Lerngruppen, auch wenn idealerweise jede einzelne Lernende als Individuum im Blickfeld stehen sollte. Im Blick auf die Anforderungen dieses Hauptfalls unterrichtlicher Praxis wird eine Diskrepanz zwischen der Theorie erziehungswissenschaftlicher Ausbildung und pädagogischer Praxis konstatiert und diskutiert. Dabei scheint der neuerdings ins Gespräch gebrachte Ansatz von tacit knowledge (vgl. Neuweg 2002) das Problem besonders aussichtsreich theoretisch zu rekonstruieren. Ein solches implizites Wissen ist für das spontane Handeln ohne vorherige Reflexionsmöglichkeit in Unterrichtssituationen erforderlich, und ein solches Wissen wird nur indirekt durch vorlaufende theoretische Beschäftigung aufgebaut und modifiziert. Deshalb wird in diesem Zusammenhang Formen direkter praktischer Unterweisung nach dem Vorbild der Ausbildung in klinischer Medizin das Wort geredet und dabei auf die Expertise-Forschung Bezug genommen, die einen Kompetenzaufbau in tacit knowledge besonders nach dem Modell der Meisterlehre empfiehlt. Dies ist jedoch nur ein Weg unter vielen möglichen anderen, um das erforderliche implizite Wissen zur Bewältigung von Handlungsaufgaben der beruflichen direkten Interaktion aufzubauen oder professionell zu modifizieren. Jedenfalls lässt sich das in der Lehrerbildung seit jeher beschworene Theorie-Praxis-Problem auf diesen Kompetenzbereich der direkten Interaktion eingrenzen und mit dem Konzept des tacit knowledge zu einer weiterführenden Lösung bringen.

Im Blick auf das Lernen der einzelnen SchülerIn bedarf es fundierter Kenntnisse der Psychologie des Lernens und Lehrens.

Systematisch unterschätzt wird in der Theorie von Schule und Unterricht, in den allgemeinen Didaktiken und den Fachdidaktiken und in der bisherigen LehrerInnenbildung der Umstand, dass – vorwiegend aus Kostengründen – in Gruppen unterrichtet wird, obwohl die einzelnen LernerInnen je individuelle und spezifische Interessen, Lernausgangslagen und lebensgeschichtliche Bedingungen für das Lernen haben. Das erzeugt im Unterrichtsalltag nicht geringe Störungen, auf die sich BerufsanfängerInnen unzureichend vorbereitet sehen. Der Umgang mit Gruppen ist also eine wichtige, aber oft unthematisierte Kernkompetenz für professionelles didaktisches Handeln und bedarf außer dem Aufbau einer entsprechenden Verfügung über Handlungsmuster (tacit knowledge) Kenntnisse aus Sozialpsychologie und Gruppenpädagogik. Diese Kernkompetenz ist im Übrigen für alle Lehrämter gleichermaßen relevant und weitgehend strukturaffin und darüber hinaus Bestandteil professioneller pädagogischer Handlungskompetenz auch für außerschulische Handlungsfelder wie Erwachsenenbildung oder Jugendhilfe.

3. **Handlungskontrolle.** In der deutschen Pädagogik (zusammenfassend für Erziehungswissenschaft und professionelle pädagogische Praxis) ist diese Teilkompetenz bisher wenig beachtet worden, vielleicht aus der Einstellung heraus, pädagogisches Handeln wirke in eine so komplexe Situation hinein, dass seine Wirkung stets ungewiss bleiben müsse. Aber auch für solche Situationskonstellationen gibt es Verfahren der Evaluation, der systematischen, intersubjektiv nachprüfbaren Überprüfung der Wirkungen, Auswirkungen und Nebenwirkungen von pädagogischen Treatments. LehrerInnen sollten solche Verfahren kennen und anwenden können, und zwar insbesondere solche, bei denen mit einfachen Mitteln die Wirkung des eigenen Unterrichtshandelns überprüft werden kann. Verfahren der Evaluation unterrichtlicher Treatments gehören in den Bereich spezifisch erziehungswissenschaftlicher Forschungsmethoden – sind also nicht einfach nur Anwendungen von Forschungsmethoden aus den Nachbardisziplinen Psychologie oder Soziologie, weil hier inhaltsbezogene Wirkungen von didaktischen Settings untersucht und gemessen werden. Die zu reformierende LehrerInnenbildung muss also die Einführung in und die Anwendung von erziehungswissenschaftlichen Forschungsmethoden enthalten, wobei es auch darauf ankommt, vorhandene Verfahren für die je eigene Praxis inhaltsbezogen zu modifizieren und gegebenenfalls weiterzuentwickeln. Das ist – nebenbei bemerkt – der Grund dafür, Ingenieure auch an Universitäten und nicht nur an Fachhochschulen auszubilden. Entsprechendes gilt gleichermaßen und uneingeschränkt für die gesamte LehrerInnenbildung aller Lehrämter.[26]

Zur Handlungskontrolle gehört auch ein *self monitoring*, eine Haltung kontinuierlicher Selbstaufmerksamkeit zur Überprüfung der Wirkung der eigenen Person quasi als Werkzeug in der unterrichtlichen und pädagogischen Kommunikation. Im Bereich der Teilkompetenz direkter Interaktion läuft das gesamte professionelle Handeln über Kommunikation und Interaktion, und das involviert die Person der LehrerIn einschließlich ihrer Leiblichkeit und Leibgebundenheit. Eine solche Selbstaufmerksamkeit muss verbunden werden mit einer Selbstreflexivität des eigenen Handelns und seiner Wirkungen, Auswirkungen und Nebenwirkungen, wofür der methodische Zugang der reflexiven Erziehungswissenschaft Denkwerkzeuge bereitstellen kann. Soweit diese Selbst-

---

[26] Vorschläge mancher fachfremder Gremien, Teile der LehrerInnenbildung an Fachhochschulen zu verlagern, müssen mit eben diesem Argument zurückgewiesen werden.

aufmerksamkeit nicht allein retrospektiv angelegt ist, sondern in der Handlungssituation selbst ausgeübt werden soll, erfordert sie ein spezifisches tacit knowledge, das sich in berufsspezifischen Formen von Selbsterfahrungstrainings einüben und professionell modifizieren ließe.

4. **Indirekte Interaktion.** Lehren geschieht nicht nur in Form der direkten Kommunikation und Interaktion zwischen LehrerIn und SchülerIn, sondern zunehmend mehr in Verfahren indirekter Arrangements, zumeist durch Verwendung
so genannter Medien, vom Schulbuch bis zur dynamisch interagierenden Lern-
software. Solche Arrangements müssen antizipierend geplant und organisiert
werden, wozu umfangreiche Kenntnisse über Arten und Besonderheiten der
Lernmedien herangezogen werden müssen.

Auch die Lerngruppe kann in bestimmten Fällen als Lernmedium eingesetzt
werden, aber das soll in der Teilkompetenz der direkten Interaktion mitbedacht
werden.

II. Reflexionskompetenz

Für eine professionellen Maßstäben genügende Entscheidung der Auswahl von Inhalten und Verfahren zur Anregung von Lernen bei der einzelnen SchülerIn bedarf
es eines Reflexionshintergrundes, der solche Entscheidungen auch dann ermöglicht, wenn eingespielte Routinen versagen und offensichtlich unzureichend sind.
Für die produktive Ausgestaltung der Entscheidungsspielräume bedarf es einer Reflexionsfähigkeit in den drei Dimensionen der

- Gesellschaftsanalyse,
- Situationsanalyse
- Selbstreflexion

(vgl. dazu näher Abschn. 2.3).

Eine reflektierende Analyse der aktuellen gesellschaftlichen Entwicklungen soll
nicht losgelöst geschehen – als solche wäre sie eine lebenslange Aufgabe eines jeden
Gebildeten –, sondern bezogen auf den jeweils aktuellen Bildungsauftrag. Sie muss
also auf die möglichen Bildungstheorien bezogen werden, mit denen der politisch
definierte Bildungsauftrag begründet – und gegebenenfalls auch kritisiert – werden
kann.

Die Situationsanalyse bezieht sich auf die mikrodidaktischen Situationen, die
zahlreichen einzelnen Sequenzen einer Unterrichtsstunde oder eines Schultages.
Hier hat die eingangs besprochene Forderung nach verstärkter diagnostischer Kompetenz der LehrerInnen ihren Ort. Gefordert ist eine pädagogische Diagnostik, die
durchaus etwas anderes ist als psychologische Diagnostik: Ihr geht es um den Lern-

zuwachs einzelner Lernender, nicht um die Einordnung Einzelner in eine standardisierte Normgruppe. Der Lernzuwachs lässt sich nur inhaltsspezifisch ermitteln; formale Indikatoren – etwa nach Art der standardisierten Intelligenzmessung – haben keine zuverlässige Prädiktionsfähigkeit für den Lernzuwachs in einzelnen Sachgebieten oder Kompetenzdimensionen. Das erfordert die Konstruktion jeweils spezifischer Messverfahren für die einzelnen Lerndimensionen, die bildungstheoretisch und bildungspolitisch für relevant erklärt worden sind. – Zur Anwendung allgemeiner erziehungswissenschaftlicher, psychologischer und soziologischer Theorien auf eine Situation bedarf es eines spezifischen gedanklichen Arrangements, und zwar der erziehungswissenschaftlichen Kasuistik als Fallanalyse, die stets mehr ist als die einfache Subsumtion einer Gegebenheit unter allgemeine theoretische Aussagen. Vielmehr erhellen die herangezogenen Theorien die Gegebenheit unter ihrer je spezifischen Perspektive und erzeugen eine Multiperspektivität, die einen vielfältigen Möglichkeitsraum aufspannt für unterschiedliche Richtungen pädagogischer Entscheidungen darüber, was jetzt und hier zu tun sei. – Da Situationen in Institutionen nicht kontextunabhängig zu verstehen sind, muss die Situationsanalyse gerahmt werden durch ein Verständnis der Bildungsinstitution, in der die Situation entsteht. Hier ist der Ort für den aus der bisherigen LehrerInnenbildung geläufigen Bestandteil der Theorien von Schule und Unterricht.

Da die eigene Person der LehrerIn unvermeidlich in die professionelle pädagogische Handlung involviert ist und bleibt, ist eine distanzierende Selbstreflexion unverzichtbarer Bestandteil der Reflexionskompetenz. Die Denkwerkzeuge hierfür kann die Bildungsphilosophie liefern, indem sie durch die Auseinandersetzung mit den zentralen und exemplarischen Fragen und Problemen von Bildung und Erziehung zum Zweifel ermutigt, das Aushalten von Ungewissheit bestärkt, zu präzisem Denken anleitet und Verfahren der intersubjektiven Begründbarkeit von Argumentationen einübt.[27]

2.4.4 Organisationsformen für die LehrerInnenbildung

2.4.4.1 Unbehagen an der bisherigen gesäulten Form

Die bisher in Deutschland übliche LehrerInnenbildung mit einem parallelen Studium von zwei Unterrichtsfächern, den entsprechenden beiden Fachdidaktiken und einem begleitenden Fach Erziehungswissenschaft, das auch psychologische Inhalte umfasst, wurde damit begründet, dass nur dadurch von Anfang gewährleistet sei,

---

[27] Eben diese reflexiven Kompetenzen sieht Neuweg als Effekt der akademischen Erstausbildung von LehrerInnen (2002, 22).

dass die LehramtsstudentIn ihr Fachstudium unter der Perspektive ihres späteren Lehrberufs betreiben könne und solle und etwa bei der Auswahl in Wahlpflichtbereichen eher zu solchen Angeboten zu tendiere, die mit der Vermittlung des Faches zu tun haben, anstelle von solchen, welche auf Forschungsfähigkeit oder Anwendung in außerschulischen Bereichen vorbereiten. Ob dies faktisch so geschieht, liegt mangels entsprechender Untersuchungen ziemlich im Dunkeln.

Festeht jedoch als Nachteil, dass bei dieser Konstellation das Fach Erziehungswissenschaft zwischen den Anforderungen der Fächer und Fachdidaktiken in eine Nische der Bedeutungslosigkeit und Lästigkeit gedrückt wird und nicht in der Intensität studiert wird und studiert werden kann, wie es für die Ausbildung einer didaktischen Kernkompetenz als Basis für eine LehrerInnenprofessionalität erforderlich wäre.

Ob die zweite Phase der LehrerInnenbildung in Form des Referendariats dies nachholen kann, ist ebenfalls eine ungeklärte, weil empirisch offene Frage. Jedenfalls hat sie weder die Ausstattung noch den Selbstanspruch einer wissenschaftlichen Ausbildung, so dass von ihr nur eine Einführung in das tacit knowledge der pädagogischen Praxis nach dem Modell der Experten-Novizen-Interaktion erwartet werden kann. Eine solcher Kompetenzaufbau reicht grundsätzlich nicht aus, um ein Praxis innovierendes Element zur Verfügung zu stellen, wie es von wissenschaftlicher Ausbildung begründetermaßen erwartet werden kann und konstitutiver Bestandteil der zuvor skizzierten professionellen didaktischen Kompetenz ist. Deshalb ist zu vermuten, dass ein erziehungswissenschaftlicher Studienanteil in der ersten Ausbildungsphase unerlässlich ist und grundsätzlich nicht durch eine Modifikation der zweiten Phase substituiert werden kann.

2.4.4.2 Aktuelle Reformvorschläge

Gegenwärtig werden vier Reformvorschläge erörtert:

1. modifizierte einphasige Ausbildung statt der bisherigen zweiphasigen Ausbildung;
2. konsekutiver Studienaufbau nach dem angelsächsischen Modell mit Erziehungswissenschaft in grundständiger Form;
3. konsekutiver Studienaufbau mit Erziehungswissenschaft als Aufbaustudium in der Master-Phase;
4. konsekutiver Studienaufbau mit einem Basisstudium Erziehungswissenschaft nach dem finnischen Vorbild.

2.4.4.2.1   (1) Modifizierte Einphasigkeit

Vorgeschlagen wird die Einführung eines Praxissemesters in die erste Ausbildungsphase und eine entsprechende Verkürzung der zweiten Referendariatsphase um ein halbes Jahr auf anderthalb Jahre Dauer. Dafür werden drei Begründungen vorgebracht:

1. **Kosteneinsparung.** Dieses Modell verkürzt bei unveränderter Regelstudienzeit für das Erststudium die Gesamtausbildungsdauer um ein halbes Jahr, und die zu vergütende Zeit der zweiten Ausbildungsphase verkürzt sich um ein Viertel, was insgesamt zu beträchtlichen Einsparungen der Öffentlichen Hand bei den Ausbildungskosten für LehrerInnen führt.
2. **Frühzeitige Berufsbewährung.** Nicht alle Studierenden, die ein Lehramtsstudium beginnen, haben hinreichend genaue Vorstellungen von den spezifischen Anforderungen dieses Berufs vor allem in den im Studium kaum tangierten Persönlichkeitsdimensionen mentaler Präsenz und Stressresistenz. Die bisherigen Praktika scheinen hier kein effektives Erfahrungsfeld zu bieten, so dass nicht wenige Studierende erst am Ende des Lehramtsstudiums bemerken, dass sie sich für einen für sie falschen Beruf entschieden haben. Von einem früh platzierten Praxissemester wird eine entsprechend realistische Selbsterfahrung in den Anforderungen des LehrerInnenberufs erwartet, so dass sich Zweitstudien auf Grund von zu spät erfahrener Unfähigkeit reduzieren sollten.
3. **Lösung des Theorie-Praxis-Problems.** Seit langem wird von den Lehramtsstudierenden beklagt, dass die erziehungswissenschaftliche Vorbereitung auf den Lehrerberuf, also vor allem auf die Durchführung von Unterricht, nicht problemlos auf die Berufspraxis vorbereite, so dass ein Praxisschock zu durchleiden sei. Auch das Studium der akademischen Bezugsdisziplinen für die Unterrichtsfächer steht zumeist nur in losem, großenteils in gar keinem Zusammenhang zu den praktischen Anforderungen des Unterrichtens, aber das wird weitgehend klaglos als Erwerb überschießenden Orientierungswissens für den Inhaltsbereich akzeptiert, für den die angehende FachlehrerIn zuständig werden soll. Von einer Organisation des Lehramtsstudiums nach dem Vorbild der klinischen Medizinerausbildung wird die Lösung dieses Problems erwartet: Die erste theoretische und die zweite praktische Ausbildungsphase sollen zu einer einheitlichen Ausbildung zusammengezogen werden. Auch aus der Erziehungswissenschaft selbst kommen Argumente für eine solche einheitliche, einphasige Ausbildung: So argumentiert etwa Nölle (2002) auf der Basis eines Systemvergleichs von Auswirkungen ein- und zweiphasiger Ausbildung auf die fachliche Interpretation von Unterrichtssituationen dafür, und zwar auf der theoretischen Basis von der erforderlichen *anchored instruction* für Handeln orientierendes Wissen: Ein sol-

ches Wissen brauche mentale Anker in Form von Bildern, Fallgeschichten und episodischen Erinnerungen, um sich hinreichend genau, Situationen aufschließend und untereinander vernetzt dauerhaft im Gedächtnis einzulagern.

Diese drei Argumentationen haben eine unterschiedliche Dignität.

Zu 1

Unzweifelhaft sind öffentliche Mittel (bei privatem Reichtum) immer zu knapp, so auf den sparsamsten Einsatz in allen Bereichen geachtet werden muss. Wenn mit der verkürzten Gesamtausbildung durch eine modifizierte Einphasigkeit das Ausbildungsziel ebenso erreicht werden könnte wie mit der bisherigen Organisationsform, dann wäre nichts dagegen einzuwenden. Bei konstanter Regelstudienzeit der ersten Phase liefe jedoch die Einführung eines Praxissemesters faktisch auf eine Studienzeitverkürzung in den theoretischen Anteilen um eben dieses eine Semester hinaus, und das ist unzweifelhaft eine Qualitätsverschlechterung, die zwar politisch gewollt sein kann (etwa um finanzielle Mittel einzusparen), dann aber auch so begründet werden müsste. Da für die pädagogischen Berufe insgesamt und uneingeschränkt gelten muss, dass das Beste gerade gut genug ist, sollte nicht ohne Not am Umfang der dafür erforderlichen Mindestausbildung gespart werden, so dass diese Argumentation für eine modifizierte Einphasigkeit zurückgewiesen werden muss.

Zu 2

Das Anliegen frühzeitiger Praxisselbsterfahrung lässt sich weitaus weniger aufwendig mit entsprechend gestalteten Schulpraktika realisieren; dazu bedarf es nicht des vorgeschlagenen Praxissemesters, sondern lediglich einiger organisatorischer Umgestaltungen der bisherigen Schulpraktika im Grundstudium.

Zu 3

Die unzweifelhaft wichtige Verankerung theoretischen Wissens im Blick auf Welterschließungen in berufspraktischen Handlungssituationen lässt sich weitaus weniger aufwendig in Kasuistikseminaren zu Beginn des Studiums erreichen. Dazu bedarf es nicht der Ausbildungsform nach dem klinischen Modell. Dieses ist nur dort erforderlich, wo es um die Einübung von tacit knowledge für Situationen geht, in denen keine Zeit zur Überlegung bleibt, also am Krankenbett oder im Operationssaal – oder für den Lehrberuf in der Kompetenzdimension der direkten Interaktion mit Einzelnen und vor allem mit und in Gruppen. Dies allerdings ist nicht rein theoretisch vorzubereiten und muss eingeübt werden – aber auch nur dies; alle anderen Kompetenzdimensionen lassen sich ohne weiteres in einem distanziert-reflektierenden Studienmodus aufbauen. So erfordert also auch diese Argumentation keineswegs ein ganzes Praxissemester. Zwei Lösungen sind denkbar: entsprechende Trainingsseminare während des Erststudiums oder die klare Aufgabentrennung zwischen erster und zweiter Phase der LehrerInnenbildung mit unterschiedlichen ausbildungsdidaktischen Verfahren, so wie es bisher aus offenbar nicht so schlechten Gründen vorgesehen ist.

Die vorgetragenen Argumentationen für eine Einphasigkeit sind also offenbar zu schwach, um die bisherige Praxis der funktionalen Ausdifferenzierung verschiedener Formen des Kompetenzaufbaus als die schlechtere oder unzureichendere zu erweisen. Im Sinne des von Paschen (1992) entwickelten Prüfkriteriums für pädagogische Argumente muss die Reformvorstellung der einphasigen Ausbildung einstweilen – vielleicht bis zum Vorliegen besserer Gründe und Stützungen – zurückgewiesen werden; denn Reformvorschläge müssen stets auch erweisen, dass der neue Weg besser ist als die bisherigen Aufgabenlösungen.

Jedenfalls kann hier nebenbei auch konstatiert werden, dass die vor langer Zeit (1973) in das Hochschulrahmengesetz eingesickerte und seitdem trotz langjähriger Kritik der Deutschen Gesellschaft für Erziehungswissenschaft dort hartnäckig verbliebene Alltagsvorstellung, nur wer selbst Lehrer gewesen sei, könne und solle auch Lehrer ausbilden dürfen, ganz falsch ist. Das kann sich nur auf die Kompetenzdimension des tacit knowledge im Bereich der direkten Interaktion beziehen, keineswegs auf alle Bereiche der pädagogischen Kompetenz, und der Bereich des impliziten Wissens macht nur einen kleinen Teil der im Studium aufzubauenden pädagogischen Kompetenz auf.

2.4.4.2.2 (2) Konsekutiver Studienaufbau nach dem angelsächsischen Modell mit Erziehungswissenschaft in grundständiger Form.

Vorschläge dieser Art sind allgemein formuliert und halten an der dreifachen Säulung des bisherigen Lehramtsstudiums mit zwei Unterrichtsfächern, ihren Fachdidaktiken und Erziehungswissenschaft als bewährt fest und versuchen diese Struktur in den durch den Bologna-Prozess geforderten konsekutiven Studienaufbau zu übertragen. Dabei entstehen schwer lösbare Probleme mit dem nun vorzusehenden verkürzten Ausstieg nach drei Studienjahren mit dem neu einzuführenden akademischen Grad des Bachelor. Dieser Grad soll einen berufsqualifizierenden Studienabschluss bescheinigen, so dass entweder das bisherige Studienziel nun schon nach drei Jahren erreicht werden muss, um im Aufbaustudium bis zum Master neue und neuartige Qualifikationen aufsetzen zu können, oder es müssen neue Berufsqualifikationen unterhalb der bisherigen erfunden werden. Für die LehrerInnenbildung sind hier noch keine überzeugenden Konzepte vorgelegt worden.

2.4.4.2.3 (3) Konsekutiver Studienaufbau mit Erziehungswissenschaft als Aufbaustudium in der Master-Phase.

Dieses Modell kann auf Vorbilder in der angelsächsisch geprägten akademischen Welt verweisen und beanspruchen, eine Lösung für die Polyvalenz-Aufgabe vorzuschlagen. Bis zum ersten Studienabschluss nach drei Jahren und dem akademischen Grad des Bachelor werden zwei Fächer studiert, die als Bezugsdisziplinen für Unterrichtsfächer dienen können. Im Aufbaustudium zum akademischen Grad des Masters im Umfang von zwei weiteren Jahren wird dann ausschließlich Fachdidaktik und Erziehungswissenschaft studiert.

Da in vielen Staaten, die bei den internationalen Leistungsvergleichen sehr gut abgeschnitten haben, nach diesem Modell LehrerInnen ausgebildet werden, ist dies ein starkes Argument dafür, dass diese Organisationsform so falsch und so schlecht nicht sein kann.

Dieses Modell widerspricht allerdings der hierzulande verbreiteten Überzeugung, dass auch die Fachstudien bereits von Anfang an unter der künftigen Berufsperspektive der LehrerIn zu studieren seien, um einen erforderlichen durchgängigen fachdidaktischen Bezug der Fachstudien zu erreichen.

Da die Entscheidung für ein Lehramtsstudium erst im Übergang in die zweite Studienphase zu treffen ist, stehen den Studierenden der ersten Phase nach dem Bachelor-Examen außer dem Lehramt alle anderen Berufsmöglichkeiten offen, die mit einem solchen Examen in zwei Studienfächern möglich gemacht werden. Eine solche Studienorganisation sei also polyvalent und enge die Berufsperspektive nicht von Anfang an auf den Lehrberuf ein.

Oft wird mit diesem Argument der Hinweis verbunden, in das Master-Studium zum Lehramt müsse nun nicht mehr jede Studieninteressierte zugelassen werden, sondern hier könne und dürfe durch Aufnahmeprüfungen steuernd eingegriffen werden. Das ist genauso falsch wie es eine Eingangsprüfung zu Beginn eines grundständigen Studiums wäre, da solche Prüfungen nur eine relativ geringe Prädiktionsgenauigkeit über erfolgreichen Studienabschluss und Berufsfähigkeit haben und deshalb zu einer grundgesetzwidrigen Einschränkung der Berufsfreiheit führen würden.

Fragwürdige Fehlformen dieses Modells werden dadurch erzeugt, dass vom Modell des insgesamt fünfjährigen Studiums abgewichen wird und die Master-Phase auf ein Jahr verkürzt konzeptualisiert wird, um der bisherigen Regelung für die maximale Regelstudienzeit von vier Jahren genügen zu können. Diese Begrenzung gilt jedoch nur für grundständige Studiengänge – und enthält viele Ausnahmen, etwa für Medizin oder Psychologie – und kann deshalb auf das konsekutive System gar nicht angewendet werden.

Das Modell lässt sich ohne weiteres auf das bisherige Lehramt für Gymnasien übertragen. Für die Lehrämter für Sekundarschulen, Grundschule und Sonderschulen sollten bereits bis zum BA fachdidaktische und erziehungswissenschaftliche Anteile einbeziehbar sein, was jedoch zu dem ungelösten Problem führt, den neuen Grad des Bachelor nun als berufsqualifizierend zu definieren – aber für was?. Denn nach dem bisher Ausgeführten dürfte klar sein, dass die LehrerInnenbildung für alle Lehrämter fünf Jahre erfordert, da für pädagogische Aufgaben das Beste soeben gut genug ist.

2.4.4.2.4 (4) Konsekutiver Studienaufbau mit einem Basisstudium Erziehungswissenschaft nach dem finnischen Vorbild.

Gewissermaßen umgekehrt wie das zuvor beschriebene Modell fungiert die finnische LehrerInnenbildung, darin an Modellen der Sowjetunion angelehnt. Auf ein Basisstudium der Erziehungswissenschaft folgen aufbauende und vertiefende Fachstudien. Die Entscheidung für den LehrerInnenberuf erfolgt somit zu Beginn der Studienwahl und ist später nur noch aufwendig korrigierbar. Durch die Konfrontation mit der schulischen Praxis in diesem Basisstudium kann aber die persönliche Eignung schon früh erprobt werden. Bei diesem Modell ist gewährleistet, dass die Fachstudien unter der Perspektive der Vermittlung des Faches betrieben werden, wie es in der gesäulte Ausbildung angestrebt, aber offensichtlich nur unzureichend realisiert werden kann.

Die aktuelle Aufmerksamkeit auf dieses Modell verdankt sich dem außerordentlich guten Abschneiden Finnlands im internationalen Leistungsvergleich von PISA, wobei der Qualität des LehrerInnenhandelns eine wichtige Prädiktionswirkung auf die guten SchülerInnenleistungen zugeschrieben wird und diese Qualität als Folge einer effektiven LehrInnenbildung angesehen wird.

2.4.4.3 Konsequenz: Gestufter Aufbau, fünfjährige Ausbildung und inhaltliche Neuorganisation durch Orientierung am Kompetenzkonzept

Aus dem bisher Ausgeführten dürfte deutlich geworden sein, dass ein gestufter Aufbau des Lehramtsstudiums – unabhängig von der Frage der weiterhin erforderlichen drei Phasen und der Frage, ob eine Staatsprüfung einer akademischen vorzuziehen sei, was hier nicht weiter erörtert wird – aussichtsreicher ist als die bisherige gesäulte Form aus dem Nebeneinander von zwei Bezugsdisziplinen, Fachdidaktiken und Erziehungswissenschaft. Dabei muss einstweilen offen bleiben, ob der erziehungswissenschaftliche Teil als Master-Studium einem Fachstudium bis zum Bachelor-Grad folgt oder ob das umgekehrte Modell eines erziehungswissenschaftlichen Basisstudiums mit nachfolgenden Fachstudien besser ist. Notwendig ist in beiden Fällen eine insgesamt fünfjährige Ausbildungsdauer für alle Lehrämter. Der Anteil der professionellen pädagogischen Kernkompetenz, nämlich Erziehungswissenschaft und Fachdidaktiken, muss auf den Umfang von zwei Studienjahren oder 80 Semesterwochenstunden ausgeweitet werden – so wie es im internationalen Vergleich oft schon anzutreffen ist. Damit eine pädagogische Berufstätigkeit auf dem Niveau einer akademischen Profession möglich wird, ist das Curriculum der pädagogischen Studien nicht an der internen Struktur der Bezugsdisziplinen Erziehungswissenschaft, Psychologie und Soziologie zu orientieren, sondern an einem von der Analyse des Handlungsfeldes her zu bestimmenden Strukturmodells von professioneller pädagogischer Kompetenz, wie es hier skizziert und zur Diskussion gestellt wurde.

Nur mit einer solcherart umgestalteten LehrerInnenbildung können die gegenwärtigen Aufgaben von Unterricht und erziehender Begleitung von SchülerInnen in der Institution Schule auf dem Niveau und orientiert an den Standards der entsprechenden Fachwissenschaften bewältigt werden.

2.5 Ausdifferenzierung und Kapazitätsprobleme in den neuen Hauptfachstudiengängen der Erziehungswissenschaft (2007)

2.5.1 Fortschritt durch Innovation

Wenn gegenwärtig Innovationen in irgendeinem Entscheidungsfeld eingefordert werden, dann geht das stets mit der Suggestion einher, dass die damit angesprochene Veränderung fraglos besser sei als der bisherige Zustand. Das drückt sich in dem dann oft gehörten Slogan aus, Stillstand sei Rückschritt.

Nun haben jedoch für die Bildungswissenschaft Harm Paschen und Lothar Wigger in ihren Analysen pädagogischer Argumente und Argumentationen (1992) deutlich gemacht, dass in der Rhetorik über pädagogische Innovationen jeweils genau geprüft werden müsse, ob durch den vorgeschlagenen neuen Weg zur Lösung eines pädagogischen Problems dieses besser als durch die bisherige Praxis geschehe und welche unbeabsichtigten Nebenfolgen dabei auftreten können und voraussichtlich werden. Es kann hilfreich sein, sich daran auch bei dem hier in Rede stehenden Thema zu erinnern.

Der den Hochschulen durch den so genannten Bologna-Prozess, also die staatliche Vorgabe der Umstellung des Studiengangsystems in Deutschland auf ein dreistufiges System mit international geläufigen Abschlüssen nach angelsächsischem Vorbild, verordnete Reformprozess ist eine solche pädagogische Innovation; denn das Studium ist ein organisierter und didaktisierter Lehr-Lernprozess, der von einer Hochschuldidaktik analysiert wird, die systematisch der Erziehungs- oder Bildungswissenschaft zuzuordnen ist.

2.5.2   Die Ausgangslage: zwei Typen von Hauptfachstudiengängen mit den Abschlüssen Diplom und Magister Artium

Bisher hat es zwei Typen von Hauptfachstudiengängen in der Erziehungswissenschaft mit folgenden Abschlüssen gegeben:

(1) den **Diplom**-Studiengang mit den beiden Pflichtnebenfächern Psychologie und Soziologie, einer institutionsbezogenen Schwerpunktrichtung – Sozialpädagogik, Erwachsenenbildung, Sonderpädagogik (und weiteren, quantitativ gering ausgeprägten örtlichen Sonderentwicklungen wie Berufspädagogik, Interkulturelle Pädagogik, Frühpädagogik) und Wahlpflichtfächern entweder aus Subdisziplinen der Erziehungswissenschaft oder aus relevanten Bezugsdisziplinen wie Politologie, Philosophie, Kriminologie etc.;

(2) den Studiengang mit dem Abschluss **Magister Artium** mit Pädagogik als Hauptfach, kombinierbar mit zwei aus dem Kanon der philosophischen oder der sozialwissenschaftlichen Fakultäten frei wählbaren Nebenfächer oder mit einem zweiten Hauptfach.

Der Diplomstudiengang hat sich in der Praxis bewährt, wie die empirischen Befunde dazu überzeugend ausweisen (Krüger/Rauschenbach 2003; Tippelt u. a. 2004; Kraul u. a. 2006). Die Berufseinmündung ist eher erfolgreicher als in vergleichbaren Studiengängen, die Zufriedenheit der AbsolventInnen mit dem Studium hoch, die Quote der Promotionen liegt im Durchschnitt vergleichbarer Fächer. Die Bekanntheit und Akzeptanz des Berufsbildes in der Öffentlichkeit und bei den potentiellen Anstellungsträgern ist hoch. – Deshalb muss genau geprüft werden, wie diese gute Ausbildungspraxis im neuen Studiengangsystem bewahrt werden kann, um keine Verschlechterung der Ausbildungslage für die außerschulischen pädagogischen Tätigkeitsfelder zu riskieren.

Der Magisterstudiengang unterliegt den Problemen aller Magisterstudiengänge: Es gibt eine hohe Abbruchquote aus ungeklärten Gründen, da die Studienverlaufsstatistik in diesem Punkt nicht aussagekräftig ist und aktuelle tiefergehende Studien zu dieser Fragen fehlen. Die Absorption auf dem Arbeitsmarkt

gelingt nur zögerlich und hängt oft von Zufällen und außerfunktionalen Qualifikationen ab. Deshalb kann im Blick auf diesen Magisterstudiengang mit den-
selben Vermutungen durch die Einführung eines gestuften Systems eine Verbesserung erwartet werden wie für die Magisterstudiengänge insgesamt.

2.5.3 Der Bologna-Prozess in Deutschland

2.5.3.1 Die Einführung eines dreistufigen Studiensystems

Der schon angesprochene **Bologna-Prozess** zielt auf eine Vereinheitlichung der
Hochschulabschlüsse für den europäischen Binnenmarkt und auf eine Erleichte-
rung des Studienortwechsels innerhalb Europas ohne Studienzeitverluste. Das dafür
zwischen den Bildungsministern der Europäischen Union verabredete Instrument
ist die Einführung von drei einheitlich ausgestalteten Studienabschlüssen, die aufeinander aufbauen, so dass also die Studien konsekutiv durchlaufen werden sollen:

1. Die erste Stufe soll nach drei oder vier Jahren mit einem ersten, grundsätzlich
   berufsqualifizierenden Abschluss abgeschlossen werden, der in Übernahme
   der angelsächsischen Tradition als *Bachelor* bezeichnet wird, für die Geistes-
   und einen Teil der Sozialwissenschaften als *Bachelor of Arts*. Die Bachelor-
   Studiengänge können grundsätzlich aus nur einem Fach bestehen, kombiniert
   mit Studienanteilen aus Bezugsdisziplinen – so etwa in den Naturwissenschaften, aber auch in der Psychologie – oder aus einer Kombination von einem
   Haupt- und einem oder auch mehreren Nebenfächern. Meist werden diese
   Fachstudien noch ergänzt durch *general studies*, die entweder aus anderen
   Disziplinen genommen werden können (und damit dem auch in Deutschland lange Zeit geläufigen studium generale entsprechen und so etwas wie
   eine Bildungsperspektive von Interdisziplinarität anstreben) oder berufsbe-
   zogene Fähigkeiten grundlegen sollen (Fremdsprachen, Informations- und
   Kommunikations-Technologie, aber auch so etwas wie Sozialkompetenz und
   Kreativität etc.).
2. Darauf baut eine zweite Stufe auf, die nicht selbstverständlich eine Fortsetzung
   der Studien aus der ersten Stufe ermöglicht, sondern durch definierte und ge-
   prüfte Eingangsbedingungen nur einem Teil der Bachelor-Absolventen das Wei-
   terstudium ermöglichen soll. Diese zweite Stufe mit einem Abschluss als *Master*
   – für die Erziehungswissenschaft als *Master of Arts* oder als *Master of Education*
   in der Lehrerausbildung – vertieft entweder das Hauptfach aus dem Bachelor-
   Studium in Richtung auf den Aufbau von Forschungskompetenz in diesem Fach
   oder bietet eine neue Fächerkombination an, die das Kompetenzprofil eher ins

Interdisziplinäre erweitert, und dies entweder forschungsorientiert oder für anspruchsvolle Anwendungen in der Berufspraxis für innovative Entwicklungsaufgaben dort. Oft liegt das Kompetenzprofil für diese beiden Anwendungsfelder so eng beieinander, dass dafür keine studienorganisatorische Differenzierung benötigt wird.

3. Die dritte Stufe soll aus einem formalisierten **Promotionsstudium** bestehen, das an die Stelle der auch in der Erziehungswissenschaft bisher praktizierten informellen Betreuung von oft berufstätigen Doktoranden treten soll.

Zur erleichterten Anerkennung von Studienleistungen in Ländern der Europäischen Union wurde ein Beschreibungssystem für erbrachte Studien- und Prüfungsleistungen verabredet, das *European Credit Transfer System* (ECTS), das sich in den Grundkategorien ebenfalls am angelsächsischen Vorbild orientiert.

2.5.3.2 Die Modularisierung nach dem Vorbild der britischen Berufsbildung

Aus der britischen Berufsbildung – die dort in großen Teilen mit Bachelor-Abschlüssen an Hochschulen erworben wird, die eher den deutschen Berufsfachschulen als Fachhochschulen entsprechen – wurde in Deutschland zusätzlich das Verfahren der Modularisierung übernommen, mit dem einzelne Studienteile in geschlossenen Formationen so gestaltet und geprüft werden sollen, dass sich aus der Kombination dieser Module beliebig neue Kompetenzprofile bilden lassen. Überdies soll auch diese Form der Standardisierung die internationale Anerkennung erleichtern. – Dieses Studienorganisationssystem ist für deutsche Universitäten systemfremd, und deshalb richtet sich der Widerstand gegen den Bologna-Prozess auch hauptsächlich hiergegen (Terhart 2007).

2.5.3.3 Die Akteure im Hintergrund mit partikularen Interessen

Die Rahmenvorgaben für den Bologna-Prozess an die Hochschulen kommen von der Kultusministerkonferenz und treten damit an die Stelle der bisherigen Rahmenprüfungsordnungen, die von Studienreformkommissionen bei der KMK ausgearbeitet wurden. Die Hochschulrektorenkonferenz unterstützt den Reformprozess, wenngleich sie in manchen Detailfragen andere Positionen vertritt als die KMK. Deutlich spürbar ist bei beiden Akteuren der Einfluss des im Hintergrund wirkenden Centrums für Hochschulentwicklung der Bertelmann-Stiftung, das zum Teil von den beiden Akteuren mit der Ausarbeitung von Vorschlägen direkt beauftragt wird, zum Teil aber auch eigenständig Reformvorschläge entwickelt und über Berater direkt an den Hochschulen umzusetzen versucht.

In diesem Dreieck wirken Interessen in den Umstellungsprozess hinein, die grundsätzlich nichts mit dem zuvor skizzierten Bologna-Prozess zu tun haben. Davon sollen hier nur auszugsweise drei angesprochen werden:

- Verkürzung der Studienzeit für die Mehrzahl der Studierenden mit entsprechender Einsparung von Ausbildungskapazität und staatlicher Studienförderung, und dies durch die Selektionsverfahren im Übertritt von der Bachelor- und die Master-Stufe; erhofft wird die Verkürzung auch durch die konkretere Studiengestaltung in Modulen mit abschichtendem Prüfungsverfahren, also durch Ersatz der Endprüfung durch ständige abschlussnotenrelevante Teilprüfungen am Ende der Modulstudien:
- Verlagerung von Ausbildungskapazität auf die preiswerter ausbildenden Fachhochschulen durch eine Angleichung des Bachelor-Profils;
- Aushebelung des Rechtsanspruchs auf einen Studienplatz in einem Langzeitstudiengang durch konkurrierende Bewerbungen um zu knappe Studienplätze im Masterteil.

2.5.4 Probleme für die Erziehungswissenschaft bei der Umstellung

Bei dieser Umstellung treten einige, bisher ungelöste Probleme auf, deren Auswirkungen auf die disziplinäre Identität und damit auf die Position der Erziehungswissenschaft als Fach im Spektrum der Universitätsfächer gravierend werden können, wenn es nicht gelingt, Lösungen zu präsentieren und durchzusetzen, die den durch die Einführung des Diplomstudienganges erreichten Grad an Professionalität und Akzeptanz erhält.

(1) Der von der KMK geforderte Berufsbezog eines BA-Abschlusses in der Erziehungswissenschaft steht im Widerspruch zur Theorie- und Forschungsorientierung der Universität.
Diese Forderung ist keineswegs zwingend und unumstritten, ist nicht in den Bologna-Dokumenten festgelegt und entspricht durchaus **nicht** der Referenzpraxis in Großbritannien und in den USA, wo es viele BA-Programme mit **allgemeinbildenden** Zielsetzungen gibt, die eher den Zielsetzungen des zentraleuropäischen Abiturs entsprechen als einem Universitätsabschluss. Sie werden ja auch in *colleges* vergeben, die zwar oft Bestandteil von *universities* sein können, aber innerhalb dieser ihren eigenen Bildungscharakter haben.

Wofür könnte ein Kurzstudium der Erziehungswissenschaft, kombiniert mit einem Nebenfach, beruflich qualifizieren? Diese Frage stellte sich schon beim alten Magister-Studiengang und konnte nicht zufriedenstellend beantwortet werden. Eben deshalb wurde ja in den sechziger Jahren nach dem Vorbild von Psychologie, Soziologie und Politologie das Diplom in Erziehungswissenschaft eingeführt.

Klar ist, dass der im bisherigen Diplomstudiengang – auch durch lange Praxisphasen und Praxissemester – erreichte Berufsbezug in den Studienrichtungen in einem dreijährigen Studium eines auf die Hälfte des Gesamtumfangs der drei Studienjahre geschrumpften Studienvolumens nicht erreicht werden kann, wenn man die Kompetenzstruktur des Diplomstudienganges zu Grunde legt. Diese Struktur hat sich in den Verbleibsuntersuchungen als offensichtlich praxistauglich erwiesen, ist also weder zu anspruchsvoll noch zu theoretisch angelegt gewesen.

Denkbar wäre eine Reduktion des Kompetenzniveaus auf institutionenbezogene Fähigkeiten, wie sie bisher auf dem Niveau von Berufsfachschulen (Erzieher, Heilpädagoge) oder Fachhochschulen (Sozialarbeiter) erworben werden, aber das wäre nicht die Aufgabe von Universitäten, die forschungsbezogen ausbilden sollen. Hier liegt ein nicht auflösbarer Widerspruch der eigenwilligen Konkretisierungen der Bologna-Dokumente durch die KMK.

Eine manchmal geäußerte Konsequenz aus diesem Befund ist die Überlegung, die Bachelor-Ausbildung in Erziehungswissenschaft ganz an die Fachhochschulen zu delegieren. Das ist derzeit aber etwa für Erwachsenenbildung und Sonderpädagogik gar nicht realisierbar und sinnvoll, weil es entsprechende Fächerstrukturen dort gar nicht gibt.

(2) Wegen der Kapazitätsbeschränkung und -konkurrenz gerät die Erziehungswissenschaft in Gefahr, in der Bachelor-Stufe auf das Zweitfach abgedrängt zu werden.

Wegen der Kapazitätsprobleme in Konkurrenz zu den Verpflichtungen in der Lehrerbildung und wegen der oben beschriebenen Problemlage lässt sich gegenwärtig an vielen Universitäten beobachten, dass Erziehungswissenschaft nur noch als Zweitfach auf der Bachelor-Stufe realisiert wird oder werden soll, um den eindeutig bisher gar nicht berufsqualifizierend ausgerichteten Fächern des historisch-philologischen Spektrums durch eine Kombination in Richtung auf Erwachsenen- und Jugendbildung und Mediendidaktik eingeengtes Zweitfach Erziehungswissenschaft eben diesen Berufsbezug zu ermöglichen.

Hinzu kommt die Gefahr eines vollständigen Verschwindens des Hauptfaches auf der Bachelor-Stufe, weil in Fachbereichen, die von den Philologien dominiert werden, ein Modell von Haupt- und Nebenfach präferiert wird, so dass

Studiengänge, die nur in einem einzigen Fach betrieben werden, wie das für Psychologie und Pädagogik bisher üblich gewesen ist, in die Not der Inkompatibilität mit solchen formalen Vorgaben geraten.

(3) Der staatlich gelenkte Übergang von der Bachelor-Stufe auf die Master-Stufe durch Selektion

Die KMK gibt vor, dass nicht alle AbsolventInnen aus der Bachelor-Stufe auf die Master-Stufe übergehen sollen. Die Kapazitäten und der neu einzuführende Selektionsmodus sollen diesen Übergang auf etwa ein Drittel begrenzen. Die grundgesetzlich garantierte Berufsfreiheit wird also auf den Bachelor-Abschluss begrenzt, und die Weiterführung zu höherwertigen Abschlüssen nur scheinbar von höheren Leistungsansprüchen, faktisch jedoch von Kapazitätsbeschränkungen abhängig gemacht.

Die Universitäten müssen deshalb den Eintritt in einen Master-Studiengang durch definierte Zugangsvoraussetzungen definieren. Das kann ein Notendurchschnitt der geeigneten Bachelor-Abschlüsse sein oder eine selbst gestaltete Eingangsprüfung unter Berücksichtigung fachspezifischer Erfordernisse des Master-Studiengangs.

Damit finden sich die Betreiber der Master-Studiengänge in Erziehungs- und Bildungswissenschaft in der gleichen Situation wieder wie schon lange die Anbieter von zulassungsbeschränkten Studiengängen – Medizin, Psychologie, Architektur, Kunst, Biologie. Die bisherigen Erfahrungen mit Eingangsprüfungen sind eher negativ, weil die Ergebnisse solcher punktuellen Prüfungen zu einem frühen Zeitpunkt der Lebensgeschichte eine nur geringe prognostische Validität für den Studienerfolg und den späteren Berufserfolg aufweisen. Da die Korrelationen zwischen Abiturnotendurchschnitt und Zwischenprüfungs-Notendurchschnitt mit den Examensnoten bisher zwar schwach, aber immerhin positiv sind – auch in der Erziehungswissenschaft – es ist es also nicht falsch, weiterhin auf den Notendurchschnitt zu setzen und von selbst gebastelten Eignungsverfahren ohne systematische Prüfung der prognostischen Validität Abstand zu nehmen.

In einigen Fächern – etwa in der Physik und Chemie, der Psychologie und in den Ingenieurwissenschaften – mehren sich die Widerstände gegen diese verordnete Selektion. Es wird argumentiert, dass der Arbeitsmarkt ganz überwiegend die ganz über beide Stufen hinweg aufgebaute Fachkompetenz benötige, so dass diese Selektion unzweckmäßig und dysfunktional sei. Es ist zu überlegen, ob dieses Argument nicht auch für die AbsolventInnen der Erziehungswissenschaft für bestimmte Tätigkeitsfelder gelten muss.

(4) Master of Arts in Educational Science: disziplinäre Identität oder Hybridqualifikationen?

Für die Master-Studiengänge bilden sich derzeit zwei Konzepte heraus:

- zum einen eine Orientierung an der disziplinären Identität mit Berücksichtigung aller wesentlichen Disziplinstrukturen, oft realisiert als Hauptfachstudium ohne Nebenfächer. Damit ist die von der KMK für diese Studienphase vorgeschriebene Forschungsorientierung zu gewährleisten und eine Reproduktion des disziplinären Nachwuchses zu ermöglichen; eine Qualifizierung für eine künftige Berufspraxis außerhalb der Universität bieten solche Programme explizit nicht;
- zum anderen phantasievolle neue Fächer – und vor allem Modulkombinationen im Blick auf praktische Anwendungen. Damit kann unter Umständen auch eine Forschungsfähigkeit verbunden sein; oft jedoch ergibt sich daraus nur so etwas wie eine akademische Weiterbildung der Bachelor-AbsolventInnen für ein weiteres Anwendungsfeld. Jedenfalls zeigt sich in diesen Konzepten fast immer ein Verlust der disziplinären Identität: Erziehungswissenschaft ist nur noch eine Disziplin unter anderem, die auch quantitativ nicht mehr dominiert. Gerade von Vertretern der Wirtschaft und der Anstellungsträger wird jedoch eine klare professionelle Identität für die AbsolventInnen eingefordert, die sich bisher immer an einer akademischen Disziplin orientiert hat. Dies sei für die interdisziplinäre Kooperation in Arbeitsteams unerlässlich.

In diesem Zusammenhang muss angemerkt werden, dass die englische Bezeichnung des neuen Abschlusses noch nicht genau geklärt ist: Eindeutig ist, dass die Bezeichnung *Master of Education* exklusiv für die Lehramtsstudiengänge reserviert werden soll. In den angelsächsischen Ländern variiert die Bezeichnung erziehungswissenschaftlicher Studiengänge, so dass man sich hier nicht an einer einheitlichen Disziplinbezeichnung orientieren kann. Für Deutschland vorgeschlagen wird die Bezeichnung *Master of Arts in Educational Science*. Das betont den empirischen, d. h. sozialwissenschaftlichen Charakter des entsprechenden Master-Studienganges.

(5) Wo bleiben die bisherigen Nebenfächer im Kampf um Kapazitäten?
Bei der bisherigen Konstruktion einer bundesweit geltenden Rahmenprüfungsordnung waren die dort bestimmten Pflichtnebenfächer verpflichtet, bei Einrichtung eines Diplomstudienganges der Erziehungswissenschaft die von ihnen eingeforderten Serviceleistungen zu erbringen. Jetzt muss zwischen den Fächern jeweils ein Vertrag über solche Inputs abgeschlossen werden, und vor allem die Erfahrungen mit der Psychologie zeigen, dass diese wegen ihrer Verpflichtungen im stark nachgefragten eigenen Hauptfachstudiengang diese bisherige Serviceleistung verweigert. Es ist also zu befürchten, dass sich dadurch

das bisherige disziplinäre Profil der erziehungswissenschaftlichen Hauptfachstudiengänge verändern wird, sei es in Richtung auf eine zwangsweise einzu-
richtende monodisziplinäre Ausrichtung, sei es in Richtung auf beliebige Kom-
binationen, vor allem mit bisher unausgelasteten Fächern.

(6) Die Kapazitätskonkurrenz mit der Lehrerausbildung
Das derzeit gravierendste Problem bei der Umstellung der bestehenden Hauptfachstudiengänge in das neue gestufte Studiensystem ist die Gleichzeitigkeit einerseits mit einem Stellenabbau in der Erziehungswissenschaft als Folge einer
zurückgenommenen Staatsfinanzierung in den Einrichtungen der öffentlichen
Daseinsvorsorge, wozu die Universitäten bisher gerechnet worden sind, und andererseits mit im Gefolge des PISA-Diskurses über die mangelhafte Qualität des
deutschen Schulsystems erhobenen Forderungen nach einer quantitativen Ausweitung der berufswissenschaftlichen Anteile der Lehrerbildung, also der Fachdidaktik und der Erziehungswissenschaft einschließlich Psychologie. Da hierfür
nun nicht mehr, wie bisher bei der Definition neuer Aufgaben, von den Landes-
regierungen entsprechend erforderliche zusätzliche Stelle zur Verfügung gestellt
werden, weil die Universitäten in eine von ihnen selbst stark gewünschte Haus-
haltsautonomie entlassen worden sind, müssten diese Stellen durch Umwid-
mung aus anderen Bereichen innerhalb einer Hochschule zur Verfügung gestellt werden. Dazu fehlt aber zumeist die Macht und der Wille der Entschei-
dungsgremien. So wird auf das Naheliegende zurückgegriffen und für diese
zusätzlichen Kapazitäten in der Lehrerbildung die Kapazität im Hauptfach der
Erziehungswissenschaft abgewrackt und umgewidmet. Dabei wird die Argumentationslage für die betroffenen Fachvertreter schwierig: Niemand von ihnen
wird mit guten Gründen gegen eine quantitative Auswertung der berufswissenschaftlichen Qualifizierung von LehrerInnen sein können, aber diese Qualitäts-
steigerung auf der einen Seite geht zu Lasten der Hauptfachstudiengänge auf der
anderen, bis hin zur Schließung und zur Reduktion der Erziehungswissenschaft
auf die Servicefunktion in der Lehrerbildung. Die mit dem Hauptfachstudiengang erreichte Forschungsfähigkeit der Erziehungswissenschaft ginge damit an
vielen Universitäten verloren, und das bedeutet einen Rückschritt in die Zeit
vor 1967, vor der Einrichtung und der damit einhergehenden personellen Verstärkung der Erziehungswissenschaft in Deutschland.

(7) Das Promotionsstudium zwischen notwendiger Forschungsqualifikation
und Verlust von berufsbegleitender Qualifizierung
Unzweifelhaft stellt die Einrichtung formalisierter Promotionsstudiengänge für
die Qualität erziehungswissenschaftlicher Dissertationen eine wichtige Quali-
tätsförderung dar; denn die Ausbildung in Forschungsmethoden stand bisher
nicht im Zentrum des Studiums im Diplomstudienganges, da die weitaus meis-

ten AbsolventInnen nicht in der erziehungswissenschaftlichen Forschung tätig geworden sind.

In dem Maße jedoch, in dem die Teilnahme an solchen Präsenzstudienformen zur Voraussetzung für die Zulassung zu einer Promotion gemacht wird, entstehen unlösbare Probleme für die berufsbegleitend Promovierenden – und das sind in vielen Fächern der Erziehungswissenschaft bisher die meisten. Hier wird man also über entsprechende angemessene Studien- und Qualifizierungsformen nachdenken müssen, die diese Gruppe nicht von vornherein ganz von der dritten Studienphase ausschließen.

(8) Die Anerkennung von Studienleistungen zwischen den Universitäten wird durch das neu eingeführte System erschwert statt erleichtert.

Die Einführung eines einheitlichen, dreistufigen Systems sowie die studientechnische Gestalt der Module, die an die Stelle der bisherigen Curricula der Studienordnungen treten, soll eine europaweit erleichterte Anerkennung von Studienabschlüssen und Studienleistungen ermöglichen. In Deutschland wurde die Anerkennbarkeit von Studienleistungen bei einem Hochschulortwechsel bisher durch die von der KMK erlassenen Rahmenordnungen für die Studiengänge ermöglicht. Diese Vereinheitlichung ist nun entfallen. Die Universitäten erfinden phantasievolle neue Studieninhalte und Kombinationsmöglichkeiten derselben und werden dazu mit dem Zauberwort des Alleinstellungsmerkmals von Hochschulpolitikern und ihren Hochschulleitungen auch aufgefordert. Faktisch sind dadurch in der Erziehungswissenschaft nun Studiengänge entstanden, die von Ort zu Ort ziemlich inkompatibel geworden sind, so dass ein Studienortwechsel jetzt sogar innerhalb eines Bundeslandes von einer Universität zur benachbarten faktisch nur mit erheblichem Studienzeitverlust möglich ist. Entsprechendes gilt übrigens auch für die Anerkennung im europäischen Hochschulraum: die Anerkennungsprobleme sind durch das neue Studiensystem keineswegs geringer geworden.

(9) Wer bestimmt über die Standorte der Erziehungswissenschaft in Deutschland?

Sowohl die ausgeweitete Servicefunktion für die modernisierte Lehrerbildung als auch die höhere Lehrintensität eines modularisierten Studiensystems mit abschichtendem Prüfungsverfahren absorbieren so viel Lehrkapazität, dass voraussichtlich nicht mehr an jedem der bisherigen Standorte der Erziehungswissenschaft die erforderliche Mindestausstattung für einen Hauptfachstudiengang erhalten werden kann.

Das hat gravierende Folgen für die Weiterentwicklung der Disziplin in der Forschung. Der Diplomstudiengang wurde 1967 unter anderem mit der Begründung eingeführt, dass nur dadurch die notwendige personelle Infrastruktur für

eine empirische Forschung hergestellt werden könne (Nieke 1978). Die disziplinäre Ausdifferenzierung erfolgte dann tatsächlich genau entlang der in der
Rahmenordnung für diesen neuen Studiengang vorgegebenen Studienrichtungen und Studienabteilungen. Die Entwicklung der Disziplin wurde dadurch also
wesentlich stärker gesteuert als durch die Bildung von Forschungsschwerpunk-
ten auf der Basis örtlicher Kooperation oder Akkumulation von Drittmittel-
projekten. Das ist auch nicht weiter verwunderlich, weil der Aufbau eines For-
schungsschwerpunktes stets eine Infrastruktur von Planstellen für Professoren
voraussetzt und diese bisher ganz überwiegend nach Lehrerfordernissen eingerichtet werden, und dies keineswegs nur in der Erziehungswissenschaft.
Ausgehend von der bisher noch weitgehend konsensuellen Anforderung, dass
eine ProfessorIn an einer Universität nicht nur lehren, sondern immer gleich-
gewichtig auch forschen soll, muss also gewährleistet sein, dass auch an solchen
Hochschulen, an denen ein Hauptfachstudiengang wegen der hohen Service-
verpflichtung für die Lehrerbildung nicht aufrecht zu erhalten oder einzurich-
ten ist, auf jeden Fall die erforderliche Kapazität für die dritte Phase, nämlich
das Graduiertenstudium zur Verfügung stehen muss. Die Studierenden für dieses Studium werden an solchen Standorten dann allerdings nicht mehr aus eigenen Hauptfachstudiengängen kommen können, sondern müssen von anderen Hochschulen angeworben werden. Da die wirksame Förderung des wissenschaftlichen Nachwuchses jedoch erfahrungsgemäß schon während der Haupt-
studienphase beginnt und auch beginnen muss, ist eigentlich auch die Installa-
tion einer Master-Stufe an allen Standorten dringend geboten, an denen Hoch-
schullehrerInnen der Erziehungswissenschaft tätig sind.
Zur Lösung dieses inzwischen an den betroffenen Standorten erkannten Problems werden zwei Wege diskutiert und praktiziert:
Zum einen versuchen die Betroffenen eine Kooperation mit Vertretern benach-
barter Disziplinen in ähnlicher Lage und konstruieren dafür pluridisziplinär
zusammengesetzte neuartige Studiengänge. Hierbei besteht die Gefahr des Ver-
lusts einer disziplinären Perspektive, was weder von der Berufspraxis für för-
derlich erachtet wird noch eine Forschungsfähigkeit ausbilden kann, die unvermeidlich auf eine kompetente disziplinär gebundene Analysefähigkeit angewiesen ist.
Zum anderen wird eine standortübergreifende Zusammenarbeit empfohlen.
Das erfordert ein Reisen von Lehrenden oder Studierenden, was grundsätzlich
einen Zeitaufwand erfordert, welcher der Arbeitszeit abgeht. Die Kooperation mit Neuen Medien ist noch zu unerprobt, als dass hier schon begründete
Bewertungen abgegeben werden könnten (Nieke 2007).

Als besonders misslich erweist sich, dass die Entscheidungen über die Standorte der Hauptfachstudiengänge der Erziehungswissenschaft derzeit in Deutschland ganz und gar unkoordiniert von den einzelnen Hochschulleitungen nach jeweils sehr partikularen Kriterien getroffen werden. Das ist die Folge der Freisetzung der Hochschulen in eine von ihnen selbst sehr gewünschte Autonomie von den bisherigen staatlichen Vorgaben. Jedoch ist das hier zumeist bemühte Marktmodell theoretisch und praktisch ziemlich unzutreffend, weil die Entscheidung über die Einrichtung von Studiengängen, etwa zur Herstellung einer Forschungsinfrastruktur, nicht durch identifizierbare Marktteilnehmer mit ihren jeweiligen Entscheidungen für Angebot und Nachfrage, orientiert an einem Tauschpreis des gehandelten Produkts, getroffen werden kann. Hier geht es um die Bereitstellung einer Infrastruktur der öffentlichen Daseinsvorsorge, und diese lässt sich grundsätzlich marktförmig nur schwer organisieren.

Eigentlich müsste es also eine Entscheidung auf Bundesebene darüber geben, wie viel Kapazität in Erziehungswissenschaft es mindestens geben sollte und in welchen disziplinären Ausrichtungen. Da aber die Zuständigkeit der Bundesebene in solchen Fragen durch den weit getriebenen Föderalismusgedanken in Deutschland derzeit mehr eingeschränkt als ausgeweitet wird, bleibt als mögliche Entscheidungsträgerin die Kultusministerkonferenz. Ihr sollte vielleicht durch die Fachgesellschaft der Erziehungswissenschaft, die Deutsche Gesellschaft für Erziehungswissenschaft, dafür ein nachvollziehbarer Vorschlag unterbreitet werden.

Bildungspolitik und Bildungswissenschaft: Wie reagiert die Fachpolitik auf bildungswissenschaftliche Stellungnahmen? (2003)

3.1 Vorbemerkung

Die folgenden Darlegungen über erfolgte und laufende Maßnahmen der Bildungspolitik als Reaktion auf internationale und nationale Leistungsvergleiche von SchülerInnen basieren weitgehend auf Pressemeldungen. Nur teilweise können solche Meldungen an Primärquellen überprüft werden, wenn dann zumeist über zeitgleich über das Internet zur Verfügung gestellte Informationen der Bildungsministerien. Die mitgeteilten Reaktionen werden also mit diesem Vorbehalt vorgetragen, dass nicht alles ganz zutreffend und genau in den Zeitungsberichten mitgeteilt wird, auf die ich mich hier beziehen muss.

3.2 Reaktionen aus vier institutionellen Kontexten

Die offiziellen und erwarteten Reaktionen auf die veröffentlichten Ergebnisse der internationalen Leistungsvergleiche aus TIMSS (Baumert 2000) und PISA (Baumert 2001) und der nationalen Vergleiche aus PISA E (Baumert 2002) werden im Folgenden nach ihren institutionellen Kontexten getrennt betrachtet. Vier Kontexte werden berücksichtigt: die

1. Bundesebene
2. Kultusministerkonferenz
3. einzelne Länder
4. Deutsche Forschungsgemeinschaft

W. Nieke, *Kompetenz und Kultur*, DOI 10.1007/978-3-531-18663-4_3,
© VS Verlag für Sozialwissenschaften | Springer Fachmedien Wiesbaden GmbH 2012

3.2.1 Bundesbildungsministerium

Die Bundesbildungsministerin Edelgard Bulmahn hat in vielen öffentlichen Erklärungen bundespolitische Konsequenzen aus den Leistungsvergleichen gezogen und den Bundesländern Angebote zur finanziellen Unterstützung und Kooperation bei Reformmaßnahmen gemacht.

(1) **Konsequenzen.** In den meisten der gemessenen Dimensionen schneiden deutsche SchülerInnen nur durchschnittlich ab, in manchen Dimensionen liegen die Ergebnisse im oberen Mittelfeld, nie aber im Spitzenbereich, und in anderen Dimensionen auch deutlich unter dem Durchschnitt aller verglichenen Länder. Nach dem nationalen Selbstverständnis zur Bedeutung und Qualität des deutschen Schulsystems wird jedoch ein Spitzenplatz erwartet und eingefordert. Aus den vom Auswertungskonsortium mitgeteilten Rangreihenergebnissen und einigen wenigen Korrelationen wurden sofort einige bildungspolitische Schlussfolgerungen gezogen.

- Da in Deutschland – anders als in den meisten übrigen Staaten der OECD und insbesondere in denjenigen mit sehr guten Ergebnissen – keine standardisierten Leistungstests für regionale Vergleiche eingesetzt werden, wird als erstes eine kontinuierliche **nationale Berichterstattung** über den Leistungsstand von SchülerInnen in elementaren Kompetenzdimensionen gefordert. Das würde nicht nur der Orientierung darüber dienen können, wo Deutschland im internationalen Vergleich stände, sondern würde zudem dem Gleichheitsgrundsatz des Grundgesetzes entsprechen, der vorschreibt, dass die Bundesregierung und die Länderregierungen verpflichtet sind, in wesentlichen Dimensionen der öffentlichen Daseinsvorsorge für gleiche Lebensbedingungen aller Staatsbürger in allen Regionen zu sorgen. Dazu ist erstens eine bundeseinheitliche Absprache über die für wichtig erachteten elementaren Kompetenzdimensionen erforderlich und zweitens die Einrichtung einer neuen Institution zur einheitlichen Messung von Leistungen bezogen auf die so festgelegten Standards auf Bundesebene, die den Bundesländern als Dienstleistungseinrichtung Hilfestellungen bei der Durchführung der Vergleichsarbeiten und Tests geben könnte und dabei für die gebotene Einheitlichkeit sorgen würde.
- Da die meisten der sehr gut platzierten Länder **Ganztagsschulsysteme** haben und es einen auch erziehungswissenschaftlich gut begründbaren Zusammenhang zwischen dieser Schulform und den SchülerInnenleistungen geben kann, wird ein Umbau des deutschen Schulsystems in diese Richtung

gefordert, und zwar mindestens in der Weise, dass dem schon jetzt bestehenden Elternwunsch nach dieser Schulform durch einen schnellen Teilausbau von Ganztagsschulen als Angebotsschulen entsprochen werde.

- Vor allem im Blick auf das problematisch niedrige Niveau in den unteren Stufen der Lesekompetenz wird von früher als bisher einsetzenden Bildungsbemühungen Abhilfe erwartet. Das wird mit Verweis auf das im internationalen Vergleich späte Einschulungsalter durch eine Einbeziehung des Kindergartens in einen neu zu formulierenden **Bildungsauftrag für die Vorschulerziehung** erwartet. Das wirft die Frage der Trägerschaft und inhaltlichen staatlichen Aufsicht neu auf, da der Kindergarten in Deutschland, in Folge des spezifischen Subsidiaritätsprinzips des Grundgesetzes, Teil der Jugendhilfe und nicht des Bildungssystems ist. [1]

(2) Angebote zur **Kofinanzierung**. Da diese Fragen im Rahmen der grundgesetzlichen Kulturhoheit der Länder von diesen zu entscheiden sind, hat die Bundesbildungsministerin im Rahmen ihrer Zuständigkeit zunächst vor allem Kofinanzierungen in den Bereichen angeboten, in denen zusätzliche finanzielle Mittel eingesetzt werden müssen, nämlich für die nationale Bildungsberichterstattung und den Ausbau von Ganztagsschulen. Für letzteres ist auch im Koalitionsvertrag für die neue Legislaturperiode ab 2002 ein Betrag von vier Milliarden Euro in Aussicht gestellt worden.

(3) In Reaktion auf argumentativ unbegründete und harsche Zurückweisungen dieser Angebote durch die Meinungsführer unter den Länderbildungsministers hat die Bundesbildungsministerin die Forderung nach einer **Bundeszuständigkeit für Allgemeinbildung** erhoben. Entsprechende Überlegungen wurden auch im Bundestag angestellt. Das ist eine politisch und auch verfassungsrechtlich naheliegende Überlegung, wenn abzusehen ist, dass die Länder ihren diesbezüglichen Aufgaben nicht nachkommen wollen. Vergleichbare Kompe-

---

[1] Es sei daran erinnert, dass der Grund für dieses im internationalen Vergleich einmalige Prinzip aus den Erfahrungen mit der totalitären Gleichschaltung des Schulsystems während des nationalsozialistischen Regimes heraus formuliert und in die Staatskonstitution der Bundesrepublik Deutschland bei ihrer Gründung nach dem Zweiten Weltkrieg eingelassen wurde. Danach sollte gegen die latente Gefahr einer ideologisch einseitigen Staatserziehung eine Pluralität weltanschaulich differenter freier Träger für Erziehungs- und Jugendeinrichtungen gesetzt werden. Nur wenn es jeweils nicht genügend Angebote von solchen freien Trägern geben sollte, darf und muss der Staat ersatzweise tätig werden. Die Vielfalt freier Träger ist also kein lediglich historisches Relikt aus einer früheren, stärker weltanschaulich geprägten Orientierung von Erziehung und Sozialer Arbeit, sondern Konstitutivum der Staatskonstruktion der Bundesrepublik Deutschland. Für den Bereich der Sozialen Arbeit vgl. dazu Olk 2001.

tenzentscheidungen hat es in der Geschichte der Bundesrepublik Deutschland schon früher zugunsten der Bundesebene gegeben, als mit dem Berufsbildungsgesetz und dem Hochschulrahmengesetzt die Rahmenkompetenz des Bundes für diese Bereiche ausgestaltet wurde. Entsprechendes wäre für die Allgemeinbildung durchaus ebenfalls möglich und auch gut begründbar.

3.2.2 Kultusministerkonferenz

(1) Wie schon erwähnt, reagierten die Länderbildungsminister einhellig abwehrend auf die Angebote der Bundesebene, und dies mit Verweis auf die **Kultushoheit** der Länder durch die bestehende Verfassungskonstruktion und Verfassungsauslegung. Nachdem in den vergangenen Jahrzehnten die eigenständigen Kompetenzen der Länder immer mehr zugunsten des Bundes zurückgedrängt wurden, ist als eigenständiger Kompetenzbereich faktisch nurmehr die Kultur verblieben, und dazu zählt auch die Bildung.

(2) In Reaktion auf die von der Bundesebene formulierten Anforderungen beschloss die Kultusministerkonferenz im Herbst 2002 eine **Verabredung auf Leistungsstandards** und die Einrichtung einer zentralen **Agentur** zur Dienstleistung für Tests und Vergleichsarbeiten.

(3) Des Weiteren wurde ein **Bericht** über die Maßnahmen der einzelnen Länder in Reaktion auf die Ergebnisse der internationalen und nationalen Leistungsvergleiche angekündigt.

(4) Schon vor der aktuellen Debatte über die Leistungsvergleiche ist ein öffentlicher Diskurs zur Verbesserung des in Deutschland relativ geringen **Ansehens des LehrerInnenberufs** begonnen worden. Außer Appellen ist aber bisher nichts von dieser Imagekampagne zu vernehmen gewesen.

3.2.3 Einzelne Länder

Die Reaktionen der einzelnen Bundesländer unterscheiden sich zum Teil von den Verlautbarungen ihres gemeinsamen Forums, der Kultusministerkonferenz. So wiegeln einzelne Bundesländer mit dem Hinweis auf bereits Geleistetes alle Reformanforderungen rundweg ab. Andere weisen alle Anforderungen mit Hinweis auf mangelnde Finanzmittel zurück, so derzeit vor allem Nordrhein-Westfalen. Wieder andere verweisen stolz auf ihr überdurchschnittliches Abschneiden im nationalen Vergleich, so etwa Bayern. Entgegen den Befunden wird von den meisten Ländervertretern die Schulformdebatte als nicht weiterführend abgelehnt, obwohl es starke Gründe dafür gibt, das früh irreversibel selektierende dreigesäulte deutsche System mit Gymnasium, Realschule und Hauptschule als erklärende Variable für das unterdurchschnittliche Abschneiden in bestimmten Leistungsdimensionen heranzuziehen. Eine Ausnahme stellt das Ganztagsschulkonzept dar, das überwiegend akzeptiert wird.

Als erstes und derzeit einziges Bundesland hat Mecklenburg-Vorpommern den allgemeinbildenden Bildungsauftrag für den Kindergarten im Koalitionsvertrag für die neue Legislaturperiode ab 2002 festgeschrieben. Es ist jedoch zu erwarten, dass ähnliche Beschlüsse in anderen Bundesländern in Kürze folgen werden.

In vielen Länderministerien ist offenbar die Parole ausgegeben worden, man solle sich unter dieser Diskussion möglichst geräuschlos wegducken und darauf setzen, dass das Thema – wie alle Politikthemen – schnell an Aktualität verlieren werde.

3.2.4 Deutsche Forschungsgemeinschaft

Die Deutsche Forschungsgemeinschaft hat einen Förderschwerpunkt zur Unterstützung von **Infrastruktur der empirischen Bildungsforschung** ausgelobt und in einem ersten Auswahlverfahren in Bielefeld und Essen zwei solche neuen Förderschwerpunkte eingerichtet. Weitere Schwerpunkte sollen folgen. Ziel dieses Schwerpunktprogramms ist die dauerhafte Einrichtung von international ausstrahlenden Kompetenzzentren zur Weiterentwicklung von Verfahren der quantifizierenden empirischen Bildungsforschung, verbunden mit der Ausbildung eines entsprechenden Nachwuchses, da vor allem in Deutschland die Erziehungswissenschaft, aber auch ein Teil der Fachdidaktiken, nur zu einem geringen Teil quantitativ empirisch arbeiten. Durch das Programm sollen darüber hinaus Forscher und Forschergruppen ermuntert werden, interdisziplinär angelegte längerfristige Forschungsprogramme zu aktuellen Fragen der Bildungsforschung zu konzipieren und zu beantragen.

Obwohl die Ausschreibung forschungsmethodisch offen formuliert ist, wird doch bei dem jetzt begonnenen Auswahlverfahren deutlich, dass vorrangig die konventionelle empirische Bildungsforschung nach dem psychologischen Paradigma der quantifizierten Leistungsmessung gefördert werden soll. Das entspricht jedoch nicht dem internationalen Diskussionsstand über erziehungswissenschaftliche Forschungsmethoden und Evaluationsverfahren für den Bildungsbereich und verdankt sich vermutlich dem dominanten Einfluss einseitig orientierter Fachgutachter.

3.3 Öffentlicher Diskurs

Der öffentliche Diskurs zu Fragen von Erziehung und Bildung hat erstaunlich wenig Kenntnis von diesem Thema genommen. Das ist umso bemerkenswerter, als noch kurz zuvor eine breite Diskussion über Fragen der Erziehung stattgefunden hat. Dafür seien beispielhaft zwei Bestsellerpublikationen genannt, nämlich „Der Erziehungsnotstand" der Fernsehmoderatorin Petra Gerster (zusammen mit ihrem Ehemann Christian Nürnberger 2001) und „Die Erziehungskatastrophe" der ZEIT-Journalistin Susanne Gaschke (2001). Die Bundesvereinigung der Deutschen Arbeitgeberverbände hat sich im August 2002 ebenfalls zur Erziehung, nämlich zur Werterziehung[2], geäußert und nicht zu dem Thema, zu dem sie sich allein kompetent hätte äußern können, nämlich zu Fragen der grundlegenden Allgemeinbildung als Voraussetzung für eine darauf aufbauende Berufsausbildung.

Lediglich die Belletristik-Lobby fordert, wie seit längerem, eine verstärke Förderung der „Leseerziehung". Dies ist aber bei näherem Hinsehen nicht etwa eine Antwort auf die im Gruppenvergleich unzureichende Lesekompetenz deutscher SchülerInnen, sondern die altbekannte Forderung nach einer stärkeren Hinwendung zum „guten Buch", also zu belletristischer und fiktionaler Literatur. Zwar ist unbestritten, dass die Lektüre solcher Texte die Lesekompetenz fördert, aber die Probleme der nicht zufriedenstellenden Lesekompetenz bei 20 bis 40 Prozent der deutschen SchülerInnen liegen weit vor einem solchen Ansatz.

Die Argumentation aller dieser Diskurse streicht die Verantwortung der Eltern für das gelingende Aufwachsen, die geforderte Sozialität – oder in altmodischer Formulierung: Sittlichkeit – und den Aufbau von Basiskompetenzen heraus. Das entlastet zum Teil die staatliche Verpflichtung der Herstellung von Chancengleichheit im Durchlaufen der Bildungseinrichtungen und im Bewältigen der in ihnen gestellten Leistungsanforderungen: *Wer hier versagt, dessen Eltern haben versagt.* Andererseits wird auf das „Aufwachsen in öffentlicher Verantwortung" verwiesen (so die programmatische Formulierung des Elften Jugendberichts der Bundesregierung von 2002), also darauf, dass die Anforderungen an ein gelingendes Aufwachsen unter den gegenwärtigen sozialen und kulturellen Bedingungen von den Eltern bei weitem nicht mehr allein bewältigt werden können, so dass in wesentlichen und in immer mehr Bereichen die gesamtgesellschaftliche Verantwortung in Form von staatlichen Unterstützungsangeboten und auch Interventionen wahrgenommen werden muss.

---

[2] Bundesvereinigung der Deutschen Arbeitgeber: Bildungsauftrag Werterziehung. Selbstständig denken, verantwortlich handeln. www.bda-online.de.

3.4 Konsequenzen für die Schule

Naheliegenderweise werden aus den Leistungsvergleichen Konsequenzen für die Schule gezogen, die auf der Hand liegen:

(1) **Organisatorisch** wird eine engere Kooperation der Grundschule mit der Vorschulerziehung gefordert, um vor allem die vermuteten Bedingungen für die Defizite in der Lesekompetenz bei vielen deutschen SchülerInnen möglichst frühzeitig angehen zu können. Das drückt einen Paradigmenwechsel in der Auffassung von Vorschulerziehung aus, die in Deutschland noch immer stark von der Konzeptualisierung des Kindergartens durch Fröbel als einem Ort des möglichst ungestörten und freien Aufwachsens für Kinder geprägt ist. Alle Ansinnen, in der Vorschulerziehung bereits systematisches Lernen beginnen zu lassen, werden aus dieser Perspektive als Verfrühung kritisiert, und dies mit einem eher philosophisch als entwicklungspsychologisch grundierten Menschenbild, wonach die Kinder erst nach dem zweiten Gestaltwandel zu diszipliniertem und systematischem Lernen fähig seien, wie es typisch für die Schule sei. Die Forderung nach einer solchen Kompetenz ist nicht neu, aber weithin nicht umgesetzt, was vor allem auf die paradigmatischen Differenzen und die damit verbundenen Distanzierungen des Fachpersonals beider Institutionstypen zurückzuführen sein dürfte.

Weithin unbestritten ist die Forderung nach Einführung der Ganztagsschule auf allen Schulstufen und für alle Schulformen mindestens als Angebotsschule. Weniger einheitlich sind die Vorstellungen darüber, was in der zusätzlichen Anwesenheitszeit der SchülerInnen zu geschehen habe. Die Forderungen gehen von einer einfachen Ausweitung der Unterrichtszeit über Konzepte für eine Ausweitung von Förderunterricht und Einführung einer Hausaufgabenbetreuung bis hin zur Ablehnung der Unterrichtsausweitung und Beschränkung der Nachmittagszeit ganz auf unterrichtsergänzende Aktivitäten zur Stärkung des Erziehungsauftrages, dem die Familien nicht genügend nachkämen.

(2) Die **didaktischen** Konsequenzen finden sich in den veröffentlichten Texten eher versteckt und werden weniger von Politikern denn von Experten vorgetragen. Folgende Aspekte seien aus diesem Teil des Diskurses hervorgehoben:

- Es gibt eine neue **Aufmerksamkeit für die Grundschuldidaktik**. Die alarmierenden Leistungsschwächen in der elementaren Lesekompetenz bei überraschend vielen SchülerInnen führen zu der Forderung, hier müsse mehr und Besseres geschehen. Der in der PISA-Auswertung mitgeteilte Befund, viele LehrerInnen hätten von der Leistungsschwäche ihrer Schü-

lerInnen in dieser Kompetenzdimension gar nichts gewusst, führt zu den
beiden Forderungen, erstens den schwächeren SchülerInnen mehr Aufmerksamkeit zuzuwenden und zweitens die Fähigkeit der LehrerInnen zu
verbessern, Kompetenzen der SchülerInnen zuverlässig diagnostizieren zu
können.

- Da die **Lesekompetenz** besonders bei SchülerInnen mit nichtdeutscher
  Muttersprache zu wünschen übrig lässt, ergibt sich die Forderung, hier spezifisch zu fördern. Das betrifft nicht nur SchülerInnen mit **ausländischer
  Staatsangehörigkeit** – also vor allem Kinder von Wanderarbeitnehmern und
  von Flüchtlingen –, sondern auch die Sondergruppe deutscher Staatsan-
  gehöriger, die abgekürzt als **Aussiedler** bezeichnet werden. Die für diese
  Gruppe bisher praktizierte Sprachförderung zu Beginn der Einreise erweist
  sich ganz eindeutig als unzureichend und muss während einer längeren
  Phase durch innerunterrichtliche Differenzierung oder durch zusätzlichen
  Förderunterricht fortgesetzt werden. Für die SchülerInnen aus Familien
  mit ausländischer Staatsangehörigkeit rückt stärker in den Vordergrund der
  Aufmerksamkeit, dass die Dauer des Aufenthalts der Familie in Deutschland
  überhaupt kein Indikator für den Grad der Sprachkompetenz im Deutschen
  ist, weder für die Erwachsenen noch für die zumeist hier geborenen Kinder. Die Sprachkompetenz hängt vielmehr ausschließlich vom Grad der
  Akkulturation der Familien ab, also der freiwillig entschiedenen und ei-
  geninitiativen Bemühung um die Beherrschung der Verkehrssprache des
  Aufenthaltslandes. Die aktuelle Diskussion über Integration verschleiert
  diesen Befund, weil sie zu sozialstrukturell ansetzt und nur die Bedingungen der Möglichkeiten für diese faktisch geforderte Akkulturation erörtert,
  etwa durch Maßnahmen der rechtlichen Gleichstellung mit Einheimischen
  und Ansprüchen auf kostenfreien Deutschunterricht.
- Vor allem durch den international vergleichenden Blick rückt in den Vordergrund der Beachtung, dass die festgestellten außerordentlich großen Leis-
  tungsstreuungen in der deutschen Untersuchungspopulation möglicherweise durch eine entschiedene Steigerung von **Individualförderung** verringert
  werden können. Eine solche ist in deutschen Schulen seltener anzutreffen als
  in den Schulen der verglichenen leistungsstärkeren Länder. Es wird vermutet, dass sie besonders den schwächeren SchülerInnen zugutekommen kann,
  so dass die Leistungsstreuung geringer wird und der Leistungsdurchschnitt
  insgesamt steigt.
- In diesem Zusammenhang wird auch wieder einmal **Kritik am fragend-
  entwickelnden Unterrichtsstil** laut, der an deutschen Schulen vorherr-

schend sei, während der internationale Vergleich überwiegend individualisierenden, problemorientierten Unterricht und das selbständige Arbeiten
in Gruppen zeige. Für den Aufbau der in den internationalen Leistungsvergleichen gemessenen basalen Kompetenzdimensionen dürfte diese
Kritik angemessen sein, wenngleich nicht festgestellt ist, ob der fragend-
entwickelnde Unterrichtsstil nicht für andere Lern- und Bildungsziele,
nämlich für den Aufbau abstrahierender, komplexer Orientierungsmuster
zum Zurechtfinden in der kulturellen Welt, durchaus der geeignete und
vielleicht sogar wirksamste Weg sein könnte.

(3) Neben solchen unmittelbar praktischen Konsequenzen gibt es auch abstrak-
tere Schlussfolgerungen, die man mit guten Gründen als **schultheoretisch** bezeichnen kann. Das soll an zwei solcher Konsequenzen deutlich gemacht werden:
- Eine Schlussfolgerung besagt, dass die Ergebnisse der Leistungsvergleiche
  wieder einmal deutlich gemacht hätten, dass die **Qualität von Unterricht**
  wichtiger sei als die äußere Schulorganisation.
- Das führt zu der Frage, wovon die gute Qualität von Unterricht beeinflusst
  werde. Als Antwort wird gegeben: Die Qualität von Unterricht hänge wesentlich von der **Kompetenz und dem Engagement der LehrerInnen** ab,
  also von personalen Qualitäten und weniger von den äußeren Rahmenbedingungen, um die seit langem der schulpolitische Streit gegangen ist und
  bis heute geht.

3.5   Konsequenzen für die Jugendhilfe

Da die international vergleichenden Leistungsstudien in ihren neueren Fassungen
nicht mehr nur Leistungsmerkmale deskriptiv erfassen und vergleichen, sondern
ansatzweise Kausalmodelle für das Zustandekommen der gemessenen Leistungen
empirisch erproben, sind nun auch die außerschulischen Einflüsse auf die Schulleis-
tungen mit in den Blick gerückt worden. Vor allem für die Lesekompetenz wurde
ein starker Einfluss der vorschulischen literarischen Sozialisation identifiziert, und
dementsprechend richten sich nun die Blicke auch auf die Einrichtungen der vorschulischen Erziehung und Bildung, für welche in Deutschland aus den weiter oben
angesprochenen Gründen die freien Träger der Jugendhilfe zuständig sind.

So werden auch für die Jugendhilfe inzwischen Konsequenzen diskutiert.
Die Konferenz der Landesjugendminister hat 2001 und 2002 in mehreren
Entschließungen dazu Stellung genommen (in Forum Jugendhilfe 3/2002),

und das Bundesjugendkuratorium hat in seinen Leipziger Thesen 2002 (www.bundesjugendkuratorium.de) die entschiedene Umorientierung der Jugendhilfe hin zu der ihr zwar zugeschriebenen, aber kaum wahrgenommenen Aufgabe eines eigenständigen Bildungsauftrages eingefordert. Er solle sich konzeptionell und wesentlich vom schulischen Bildungsauftrag unterscheiden und diesen in jenen Dimensionen ergänzen, für welche die Schule durch ihren gesetzlich

3.5.1 Bildungsauftrag des Kindergartens

Das, was in anderen Ländern vorschulische Erziehung oder Bildung ist, geschieht in Deutschland in einer Einrichtung, die seit ihrem Begründer mit dem romantischen Namen Kindergarten bezeichnet wird, der das behutsame Umhegen eines ansonsten weitgehend aus inneren Antrieben geschehenden Aufwachsens und Reifens programmatisch ausdrücken soll. Damit ist zugleich eine schroffe Entgegensetzung zu den ernsten, anstrengenden Forderungen der Schule gemeint, deren Zumutungen keinesfalls zu früh auf das Kind eindringen sollen. Deshalb liegt die Trägerschaft dieser Kindergärten nicht im Bereich des die Schulen gestaltenden Staates, sondern in einer eigenen Sphäre außerschulischer Erziehungsunterstützungen, in Deutschland durch das Kinder- und Jugendhilfegesetz eigenständig geregelt.

Wenn nun im Blick auf Defizite in der Schulzeit ein die Allgemeinbildung grundlegendes spezifisches Lernen in der Zeit vor der Schule eingefordert wird, fällt dies in die Zuständigkeit der Kultus- und Bildungspolitik, während jedoch die Kindergärten aus weiter oben erwähnten Gründen der Sozialpolitik zugeordnet sind. Hier werden politische Umorientierungen erforderlich: Entweder wird der bisherige Kindergarten in eine Einrichtung der vorschulischen Bildung transformiert und müsste dann konsequenterweise in den Zuständigkeitsbereich der Bildungspolitik und in einem weiteren Sinne der Schulpolitik wechseln, oder er verbleibt im Bereich des KJHG und übernimmt dort einen eigenständigen, aber auf den staatlich vorgegebenen Bildungsauftrag der allgemeinbildenden Schulen abgestimmten Bildungsauftrag. Das würde eine ständige und enge Abstimmung der zuständigen Politikressorts erfordern.

Hierbei entsteht ein finanzielles Problem. Allgemeinbildung ist seit dem neunzehnten Jahrhundert aus guten Gründen für alle kostenfrei. Für den Besuch von Kindergärten werden von den Eltern Gebühren erhoben, und zwar für eine erbrachte Dienstleistung, die eben nicht verpflichtende Bildung für alle ist und sein kann. Würde der Kindergarten eine allgemeinbildende Aufgabe erhalten, müssten die Gebühren entfallen. Im Übrigen wäre das Fachpersonal auf dem gleichen Niveau zu qualifizieren wie für die Grundschulen, nämlich an Universitäten – so wie es in den Staaten selbstverständlich ist, in denen die vorschulische Bildung als Allgemeinbildung konzipiert wird.

Der nun wieder aufgenommene Diskurs über vorschulische Bildung thematisiert einige der Fragen neu, die bereits in den siebziger Jahren des vergangenen Jahrhunderts erörtert wurden, als es schon einmal im Blick auf die Vorschulerziehung in anderen, ökonomisch besonders erfolgreichen Staaten darum ging, elementare Qualifikationen so früh wie möglich und nicht erst in der in Deutschland im internationalen Vergleich spät beginnenden Pflichtschule zu trainieren. Diese Bemühungen stießen auf die Kritik der Vertreter der herrschenden Vorstellung vom angemessenen Aufwachsen von Kindern in der Zeit vor der Schule: Eine solche Vorverlegung von schulischen Anforderungen sei eine pädagogische Verfrühung mit überfordernden und dauerhaft schädigenden Wirkungen auf die Kinder, die in ihren ersten Lebensjahren solchen Anforderungen in ihrer körperlichen und seelischen Entwicklung noch nicht gewachsen seien und einen Schonraum spielerischer Erfahrung ihrer Umwelt benötigen würden. Darin drückte sich das seinerzeit herrschende und für selbstverständlich gültig gehaltene Menschenbild von Fröbel aus, der ja nicht zufällig von einem Garten gesprochen hat, in dem Kinder sich entwickeln sollen, ohne dass die Erzieher zu viel mit ihnen vornehmen sollten. Bereits damals war die Richtigkeit dieses Menschenbildes durch gegenläufige Erfahrungen im Inland und Ausland widerlegt: Kinder können und wollen auch in ihren ersten Lebensjahren systematisch lernen und unterwiesen werden, ohne dass dies irgendwelche erkennbaren Schädigungen nach sich zöge. Selbstverständlich kann dies nicht durch eine einfache Vorverlegung schulischen Lernens im Lebensalter erfolgen. Vielmehr sind spezifische Lernarrangements erforderlich, die nicht einfach intuitiv oder durch praktische Lebenserfahrung ermittelbar sind, sondern eine Ausbildung des Fachpersonals auf erziehungswissenschaftlicher Grundlage erfordern. In der Konsequenz dieser Einsicht wurden seinerzeit Professuren für Vorschulerziehung an Universitäten eingerichtet und eine spezialisierende Studienrichtung in den Diplomstudiengang der Erziehungswissenschaft eingefügt. Da jedoch für die AbsolventInnen dieser Studienrichtung kaum entsprechende Arbeitsplätze in der Konzipierung innovativer vorschulischer Bildungseinrichtungen und deren Leitung entstanden, wurde diese Studienrichtung an den meisten Standorten wieder geschlossen, mit der fatalen Folge, dass auch die Forschung zur Vorschulerziehung weitgehend zum Erliegen kam. Jetzt wird dieses Defizit wieder bewusst, und die ersten Politiker fordern bereits wieder den forcierten Ausbau einer solchen Forschung. Eine solche ist als Basis für eine qualifizierte Ausbildung erforderlich, weil die in der bisherigen Ausbildung an Fachschulen vermittelten Ausbildungsinhalte seit dreißig Jahren weitgehend unverändert geblieben sind und sich in wesentlichen Bestandteilen noch immer an der Gartenidylle von Fröbel orientieren. Damit diese erforderlichen Erneuerungen und Umorientierungen in Richtung auf eine zeitgemäße Vorschuldidaktik schnell in den Vorschuleinrichtungen wirksam werden können, bedarf es einer effektiven Fortbildung, etwa nach dem Vorbild der für die Lehrerfortbildung bewährten Landesinstitute, wobei jedoch ein enger Bezug zu den Forschungseinrichtungen, d. h. denjenigen Universitäten, an denen dieser Forschungsschwerpunkt noch existiert oder wieder neu eingerichtet wird.

Über die Anforderungen an den Bildungsauftrag für die institutionelle vorschulische Erziehung muss diskutiert werden; hier ist noch kein allseits akzeptierter und akzeptierbarer Konsens erkennbar. Jedenfalls gehen die bisher artikulierten Vorstellungen (Elschenbroich 2001) weit über die Vorverlegung des Trainings von Sprachkompetenz hinaus, wie es in schnellen Schlussfolgerungen aus dem relativ schlechten Abschneiden einiger Bundesländer gefordert wird. Der Aufbau von sozialer Kompetenz müsse frühzeitig erfolgen, das Erlernen von zwei Fremdsprachen als Vorbereitung auf ein dreisprachiges Europa (mit den faktischen Verkehrssprachen Englisch, Französisch, Deutsch) könne und müsse frühzeitig beginnen, Bewegungserziehung sei dringend erforderlich, ebenfalls Verkehrserziehung und Elementarwissen über Gesundheit und Ernährung sei zu vermitteln. Das müsse begleitet werden durch eine Erziehung- und Bildungsberatung für die systematisch überforderten und verunsicherten Eltern.

Es ist unübersehbar, dass den Anforderungen, die in diesem Diskurs aufgestellt werden, nicht entsprochen werden kann, wenn die bisherige umfassende Bedeutung von musisch-kreativer Bildung in der Vorschulbildung beibehalten wird. Sie ist in diesem Zusammenhang nicht – mehr – begründbar und müsste gegebenenfalls von einem anderen Bildungsverständnis und Menschenbild her zusätzlich und neu begründet werden.

3.5.2 Ganztagsschule

Im Blick auf das relativ gute Abschneiden von SchülerInnen in Staaten mit Ganztagsschulen (als Ausnahme muss jedoch die Schweiz beachtet werden) wird die Umgestaltung der bisherigen deutschen Schule von der Halbtagsschule zur Ganztagsschule gefordert. Die Ergebnisse der internationalen Leistungsvergleiche liefern dafür nur die indirekte Begründung, dass die gemessenen Leistungsunterschiede mit dieser Schulform korrelieren. Ob und was gegebenenfalls die Wirkfaktoren der ganztägig organisierten Schule sind oder sein könnten, lässt sich den Daten dieser

Studien nicht entnehmen. Dafür muss auf an anderen Stellen unternommene Studien zur Ganztagsschule zurückgegriffen werden, worauf hier jedoch nicht weiter eingegangen werden kann. Vermutet werden kann jedenfalls nach diesen Studien, dass vor allem SchülerInnen mit der Halbtagsschule Probleme haben können, deren Elternhäuser keine kontinuierliche und effektive Unterstützung der nachmittags zu erledigenden Hausaufgaben leisten. Von der Ganztagsschule wird also im Kontext der internationalen Leistungsvergleiche zunächst und vor allem eine schulische Unterstützung desjenigen Lernprozesses erwartet, der in der Halbtagsschule den Hausaufgaben überantwortet wird: vertiefendes Üben, aber auch selbstständige Recherchen und Ausarbeitungen zu gestellten Aufgaben.

Der Diskurs zur Ganztagsschule in Deutschland thematisiert jedoch überwiegend andere Aspekte. Es wird gemahnt, dass eine generell einzuführende Ganztagsschule nicht einfach eine Ausweitung des Unterrichts in den Nachmittag hinein sein dürfe, sondern in der zusätzlichen Zeit in der Schule Übungsstunden und Förderunterricht vorgesehen werden sollen. Auch müsse die außerschulische familienergänzende Jugendbildung, einschließlich ihrer freizeitgestaltenden Angebote wie die Pflege von Leistungssport und Musik, in den räumlichen und zeitlichen Kontext von Schule eingerückt werden, und das sei Aufgabe einer mit der Schule kooperierenden Jugendhilfe.

Zur Realisierung werden zwei Modelle diskutiert:

1. die Ganztagsschule mit integriertem Fachpersonal, das keine Lehraufgaben hat (also vor allem Schulsozialarbeiter, Freizeitpädagogen, Sporttrainer, Musikpädagogen), für die Aufgaben, die bisher von der außerschulischen Jugendhilfe und Jugendbildung und den privaten Sportvereinen und Musikschulen wahrgenommen werden;
2. eine institutionelle Kooperation der im Kern unverändert bleibenden Halbtagsschule mit den Trägern der Jugendhilfe.

Für das erste Modell spricht, dass es dem im internationalen Vergleich Üblichen entspricht. Es würde eine formale Gleichstellung des sozialpädagogischen Fachpersonals mit den LehrerInnen erfordern, was eine universitäre Ausbildung dieser SozialpädagogInnen (statt der bisher auch üblichen Ausbildung an Fachhochschulen) zur Folge haben müsste.

Das zweite Modell entspricht dem Subsidiaritätsprinzips des Grundgesetzes der Bundesrepublik Deutschland mit seiner Zielsetzung einer Wahrung der weltanschaulichen Pluralität von Trägern zur schulergänzenden Erziehung, da die staatliche Schule nur einen Bildungsauftrag, nicht jedoch einen weltanschaulich einheitlichen Erziehungsauftrag haben dürfe, um nicht (wieder) zu indoktrinieren.

3.5.3 Elternunterstützung

Die Befunde von PISA weisen deutlich aus, dass eine empathische und kundige Unterstützung durch die Eltern ein wichtiger Wirkfaktor zur Erklärung von Leistungen in den gemessenen Kompetenzdimensionen ist. Darin sind jedoch offenkundig viele Eltern strukturell überfordert, woraus sich die Aufgabe einer öffentlich verantworteten familienergänzenden Unterstützung in Bildungs- und Erziehungsaufgaben ergibt. Das ist nach dem bisherigen Verständnis weniger eine Aufgabe der Schule, als vielmehr der Träger der Jugendhilfe und außerschulischen Jugendbildung sowie der Erwachsenenbildung oder Weiterbildung.

3.6 Erziehungswissenschaftliche Perspektiven auf den bisherigen Diskurs und erste Konsequenzen für die Bildungspolitik

3.6.1 Bildungspolitik

Weil Bildung ein die Öffentlichkeit stets stark interessierendes Thema ist, greift die Politik aktuelle Themen gern und schnell auf, lässt sie jedoch, wegen der Überfülle der zu bearbeitenden Themen, auch schnell wieder fallen. So kommt es zu kurzen und schnelllebigen Konjunkturzyklen der Bildungspolitik. Die noch offene Frage ist, ob es wegen der sich ständig wiederholenden internationalen Leistungsvergleiche – PISA wird in Abständen wiederholt werden und durch eine Grundschulstudie IGLU ergänzt – hier eine Ausnahme geben wird, was zu kontinuierlicheren und dauerhafteren Anstrengungen in der Bildungspolitik führen würde.

Der Diskurs über die erforderlich werdende Verständigung über nationale Bildungsstandards als politische Antwort auf das schlechte Abschneiden im internationalen Leistungsvergleich wirft erneut die Frage nach dem Sinn und der Funktionalität des föderalen Staatsprinzips auf. Bisher beharren die Bundesländer auf der uneingeschränkten Kulturhoheit, als dem letzten noch verbliebenen Politikfeld, in dem die Kompetenz nicht faktisch weitgehend auf die Bundesebene verschoben wurde. Wenn sich jedoch erweisen sollte, dass es eine gesamtstaatliche Verantwortung für die Bildungsqualität im internationalen Vergleich gibt – was sich unter verfassungsrechtlich mit Rückgriff auf das regionale Gleichheitsgebot des Grundgesetzes und wirtschaftspolitisch im Blick auf die Globalisierungsfolgen für den Binnenmarkt begründen ließe und für die Bereiche Berufsbildung und Hochschulbildung bereits bejaht wurde –, dann müsste die Verantwortung für die Festlegung nationaler Bildungsstandards an die Bundesebene übergehen – mit weitreichenden Folgen für das bisherige föderale Staatsprinzip, das dann wohl grundlegend revidiert werden müsste.

3.6.2 Paradigmenwechsel

Die Befunde der internationalen Leistungsvergleiche legen die Auffassung nahe, dass die Leistungsunterschiede nur zu einem kleinen Teil durch institutionelle Faktoren wie die Schulorganisation, die Schulformen, die materielle Ausstattung etc. erklärt werden können. Offenbar größere Erklärungskraft haben Faktoren wie Interaktion, Qualität von Unterricht, Didaktik, Interesse statt Motivation und Sinn des zu Lernenden. Das führt wieder näher heran an die zentralen Themen der im engeren Sinne erziehungswissenschaftlichen Themen, die in den vergangenen Jahrzehnten zugunsten einer Beschäftigung mit soziologischen und neuerdings auch betriebswirtschaftlichen Paradigmen zurückgetreten waren.

3.7 Erziehungswissenschaftliche Forschungsmethoden

Um diese Themen angemessen wissenschaftlich bearbeiten zu können, bedarf es eines Ensembles darauf genau beziehbarer Forschungsmethoden. Die Beschränkung auf nur einzelne Paradigmen würde eine Verengung der Erklärungsmöglichkeiten zur Folge haben. Der Diskurs über erziehungswissenschaftliche Forschungsmethoden versucht gerade diese Methodenvielfalt offen zu halten, wodurch sich die Erziehungswissenschaft zuweilen den Vorwurf eingehandelt hat, forschungsmethodisch unscharf zu sein. Das aber ist der zu zahlende Preis für die möglichst große Nähe zum Untersuchungsgegenstand.

Der Hauptgegenstand der Erziehungswissenschaft ist der Prozess dessen, was man Erziehung und Bildung nennen kann. Dabei steht im Vordergrund des Erkenntnisinteresses das Handeln der professionellen ErzieherIn. Hier entsteht nun die keineswegs zufriedenstellend beantwortete Frage: Kann man die Leistung pädagogischen Handelns messen? Die bisherige Antwort lautet: Ja, aber nicht so einfach wie bei technischem Handeln. (Nieke 1999). Dementsprechend komplex müssen die Methoden erziehungswissenschaftlicher Evaluationsforschung angelegt sein.

Statt von Bildung wird in den internationalen Vergleichsstudien von Kompetenz als messbarer Zielkategorie für das Ergebnis von Schule, Unterricht und institutionell unterstütztem Aufwachsen gesprochen. Damit ist ein mittleres Abstraktionsniveau zwischen den sehr allgemeinen Bildungsvorstellungen und den zu eng gefassten operationalisierbaren Lernzielen definiert worden. Einige Kritiker argwöhnen darin zugleich eine Engführung auf wirtschaftliche Verwendbarkeit, und dies im Blick auf den Auftraggeber dieser Studien, die OECD, die sich mit Bildungsfragen bisher nur unter bildungsökonomischen Aspekten befasst hat. Tatsächlich fehlt bisher die Einbettung der beschriebenen und für Messungen operationalisierten Kompetenzen in ein übergreifendes Verständnis von Allgemeinbildung. Das wird eine Aufgabe für die erziehungswissenschaftliche Theoriebildung sein.

Zur Erklärung der Leistungsdifferenzen sind in den Auswertungen von PISA Kausalmodelle vorgestellt worden, die noch stark von einer Vorstellung linearer Kausalität geprägt sind (es wurden gängige Pfadmodelle gerechnet). Tatsächlich zeigt jedoch die erziehungswissenschaftliche Erforschung von Erziehungsprozessen, dass diese Prozesse fast ausschließlich interaktiv sind, so dass auch interaktive Kausalmodelle verwendet werden müssen, die retroaktive Effekte mit einbeziehen können.

Viele Befunde sind noch gar nicht kausal analysiert worden, so dass nur Korrelationen von Tatbeständen festgestellt werden können. Forschungsmethodisch Unkundige sind dann schnell geneigt, solche Korrelationen nach Plausibilität kausal zu interpretieren, wie die Beispiele der Schulformdebatte – Gesamtschule – dreigliedriges Schulsystem; Ganztagsschule – Halbtagsschule zeigen. Hier bedarf es jedoch komplexer Kausalmodelle mit relevanten intermittierenden Variablen wie etwa der Qualität des Unterrichts etc.

Die internationalen Leistungsvergleiche erweisen die Relevanz der empirischen Bildungsforschung, die in der deutschsprachigen Erziehungswissenschaft bisher eher ein Randdasein gespielt hat und weitgehend an die Nachbardisziplinen Psychologie und Soziologie abgetreten worden ist und sich auch paradigmatisch eng an ihnen orientiert hat. Der Blick auf die Befunde zeigt jedoch, dass zur Erklärung die in der erziehungswissenschaftlichen Forschungsmethodologie zur Verfügung stehende und begründete Methodenvielfalt erforderlich ist. Da bei der bisherigen Durchführung und Auswertung der Leistungsvergleiche das konventionelle psychologische Paradigma dominiert hat, besteht die Gefahr, dass die vergleichende Bildungsberichterstattung auch künftig davon dominiert werden könnte. Dies ist eine Herausforderung für die Erziehungswissenschaft, konkurrierende Analyse- und Erklärungsmodelle vorzustellen.

3.8 Ausbildung

Unübersehbar sind bereits jetzt gravierende Konsequenzen für die Lehrerausbildung. Die Autoren der internationalen Vergleiche stellen fest, das deutsche Lehrer eine überaus hohe fachliche Ausbildung absolvieren, jedoch eine nur bescheidene bis unzulängliche Kompetenz in Fragen der Didaktik und des individualisierenden Umgangs mit SchülerInnen erwerben können. Die Konsequenz daraus muss in einer Neujustierung der Anteile für die Ausbildung in den Unterrichtsfächern und dem kompetenzgenerierenden Bereich aus Erziehungswissenschaft und Psychologie bestehen. Dabei dürfte dem Bereich der Allgemeinen Didaktik mehr Aufmerksamkeit als bisher zu schenken sein, da die Fachdidaktiken hierauf aufbauen müssen.

Da Innovationen in der universitären Lehrerausbildung nur sehr langsam greifen können, muss die Lehrerbildung konsequenter als bisher parallel in allen ihren drei Phasen modernisiert werden, also auch in der bisherigen zweiten Phase des Referendariats und vor allem in der dritten Phase der Berufseinführung und kontinuierlichen beruflichen Weiterbildung.

Dies erfordert eine nicht unerhebliche personelle Stärkung der Erziehungswissenschaft an den Universitäten. Das ist in Zeiten von Hochschulautonomie innerhalb der Universitäten selbst kaum erreichbar, weil dort nicht die Kraft der Argumente, sondern die faktische Macht der vorhandenen Ausdehnung der Fächer und Fakultäten herrscht. Wenn es ein staatliches Interesse an der hier beschriebenen, für erforderlich gehaltenen Verstärkung erziehungswissenschaftlicher Kapazität in Forschung und PädagogInnenausbildung gibt, dann muss die staatliche Seite – etwa mit dem Instrument der Zielvereinbarungen mit den Universitäten – diese quantitative Verstärkung gegen den Widerstand konkurrierender Interessen entschieden und konsequent durchsetzen.

Kulturelle Identitäten als Bildungsaufgabe **4**

4.1 Das Fremde als Bedrohung des Eigenraumes. Kognitive Überforderung oder Rationalisierung von Vernichtungsphantasien (2002)

4.1.1 Rechtsorientierung

In Deutschland werden gedankliche Orientierungen und praktische und politische Handlungsformen auf dem so genannten rechten Spektrum des politischen Denkens auf Grund der geschichtlichen Belastung mit dem Nationalsozialismus besonders aufmerksam beobachtet und debattiert, und dies unter dem Motto *Wehret den Anfängen*! Dabei werden nicht nur politische Organisationsformen einbezogen, die eindeutig – explizit oder implizit – an die Geschichte des Nationalsozialismus und Faschismus anknüpfen, indem sie Hitler oder seinen Stellvertreter verehren, die Verbrechen dieses Regimes verharmlosen und eine Fortsetzung seiner Reichsidee propagieren.

Als rechts gelten im Weiteren alle gedanklichen Orientierungen, die wesentliche Grundlagen dieser Ideologie vertreten, unabhängig von einer direkten und expliziten Identifikation mit den historischen Ausprägungen von Nationalsozialismus und Faschismus. Dazu gehören

- Ablehnung demokratischer Verfassungen und ihre Ersetzung durch diktatorische Führungen;
- Ablehnung von friedlichen, gewaltfreien Formen der politischen Auseinandersetzung und statt dessen Propagierung eines Kampfes ums Dasein in sozialdarwinistischer Manier;

W. Nieke, *Kompetenz und Kultur*, DOI 10.1007/978-3-531-18663-4_4,
© VS Verlag für Sozialwissenschaften | Springer Fachmedien Wiesbaden GmbH 2012

- Übertragung dieses politischen Kampfes ums Dasein auf den Alltag durch Gewalt gegen Fremde und Fremdes, wobei hier auch „Sozialschädlinge" wie Obdachlose und männliche Homosexuelle in den Kreis der zu vernichtenden Feinde einbezogen werden;
- Einordnung des Einzelnen in eine Gruppe, die hierarchisch-autoritär geführt wird und fraglose Orientierung sowie lebensweltliche Geborgenheit bietet.

Unter Jugendlichen finden solche Orientierungen Zuspruch bei etwa 10 bis 20 Prozent der in Surveys Befragten[1], wobei der Anteil männlicher Jugendlicher wesentlich höher ist als der von weiblichen. Diese Größenordnung findet sich in vielen anderen europäischen Staaten ebenso.

Besondere Aufmerksamkeit findet in der Öffentlichkeit Gewalt, bei welcher als Ursache und Grund eine Rechtsorientierung vermutet werden kann oder muss, also gegen Zuwanderer oder Farbige, aber auch gegen Obdachlose, Behinderte und Schwule. Da die Täter fast ausnahmslos Jungen oder junge männliche Erwachsene sind, wird zunächst und vor allem nach pädagogischen Korrekturen in Elternhaus und schulischen und außerschulischen Bildungseinrichtungen zur Prävention dieser beunruhigenden Formen von Gewalt gerufen.

Deshalb ist die Erziehungswissenschaft aufgerufen, sich dieser Aufgabe zu stellen.

4.1.2 Reflexionsort: Erziehungswissenschaft

Die Erziehungswissenschaft unterscheidet sich methodologisch von benachbarten Disziplinen wie Psychologie, Soziologie oder Philosophie durch ihre genuine Perspektive auf den Forschungsgegenstand und ist darin der Medizin ähnlicher als jenen Disziplinen. So wie die Medizin alle für ihre Aufgabe brauchbaren Anteile aus den Naturwissenschaften unter der Perspektive der Wiederherstellung von Gesundheit bündelt, zieht die Erziehungswissenschaft alle relevanten Erklärungsansätze und Befunde aus den Human-, Sozial- und Kulturwissenschaften heran, um den Prozess von Aufwachsen und Bildung in einer Gesellschaft im Blick auf gegebenenfalls erforderliches institutionalisiertes pädagogisches Handeln unterstützen oder lenken zu können. Dabei geht es nicht nur um dieses Handeln und seine Auf-

---

[1] Es muss angenommen werden, dass die Ergebnisse solcher Befragungen nur sehr ungefähr die tatsächlichen Orientierungen erfassen können, da besonders Befragte mit höherem Bildungsstand im Sinne sozialer Erwünschtheit antworten und rechte Orientierungen kaschieren werden.

klärung und Anleitung im engeren Sinne; erforderlich dazu sind auch umfassendere Analysen der Situationen, in denen dieses Handeln geschieht oder geschehen soll, und Analysen des gesellschaftlichen Umfeldes für dieses Handeln. Solche Analysen können bereits vorliegen – wie etwa Befragungen über rechte Orientierungen bei Jugendlichen und jungen Menschen in der soziologischen Umfrageforschung –; oft jedoch müssen sie für die besondere Interessenlage der Erziehungswissenschaft eigens vorgenommen werden.

Die Erklärungsansätze aus den benachbarten Disziplinen – vor allem aus Psychologie und Soziologie – können oft direkt übernommen werden, so dass manchmal der Eindruck entstehen mag, die Erziehungswissenschaft sei nichts anderes als pädagogische Psychologie oder pädagogische Soziologie, also ein Anwendungsfall der jeweiligen Disziplinen, aber die Erklärung des pädagogischen Grundphänomens erfordert eine Integration verschiedener Erklärungsansätze und gelangt dabei oft zu qualitativ anderen Resultaten als das beim Verbleiben bei nur einer Erklärung möglich wäre.

In diesem Sinn ist der folgende Versuch zu verstehen, die Rechtsorientierung junger Menschen aus erziehungswissenschaftlicher Perspektive zu analysieren, zu erklären und daraus zu begründeten Handlungsstrategien zu gelangen.

4.1.3 Anthropologische Funktion von Differenz-Konstruktionen: Sicherung eines Eigenraumes

Der psychische Apparat[2] des Menschen hat die Aufgabe der variablen, Erfahrung aufbewahrenden und auswertenden Orientierung in lebenslang wechselnden Umwelten. Dazu wird die sensorisch mögliche Komplexität der Außenwahrnehmungen drastisch reduziert auf kognitive Orientierungsschemata, mit denen diese Orientierungsfunktion in schnell wechselnden Situationen problemlos möglich wird. Solche Orientierungsschemata beziehen sich auf alle Umweltbereiche, auf die nichtmenschliche Natur, die anderen Menschen und ihre Beziehungen und auch die Eigenwahrnehmung, das Selbst-Bewusstsein[3] (self awareness), also das Monitoring der eigenen Situation und der Möglichkeiten für Handeln. Diese Orientierungs-

---

[2] Wobei hier offen bleiben kann, ob der psychische Apparat einfaches Epiphänomen der Funktion des Zentralnervensystems, vor allem – aber nicht nur – des Gehirns ist, oder ob er ein Emergenzphänomen des neuronalen Systems darstellt, also in seiner Funktion nicht vollständig auf das neuronale System zurückgeführt werden kann.

[3] Der Terminus Selbstbewusstsein im Deutschen meint etwas anderes, nämlich eine hohe Selbstbewertung, die es erlaubt, anderen Menschen gegenüber mit dem Anspruch der Anerkennung einer hohen oder höheren Bewertung gegenüber zu treten.

schemata operieren überwiegend mit binären Differenzentscheidungen und grenzen damit ein und aus. Für das Selbst-Bewusstsein wird die Entstehung solcher Differenzentscheidungen zur Konstitution von Ich-Identität in der Kleinkindphase mit der Wahrnehmung von Ich und Nicht-Ich angenommen und darin die Basis für die Persönlichkeitsentwicklung gesehen. Die so entstehende Ich-Identität ermöglicht eine stabile Steuerungsfunktion durch Kohärenzwahrnehmungen in der Zeit – also durch wechselnde Umweltsystemzustände hindurch – und in wechselnden sozialen Situationen (vgl. Keupp 1999).

Diese Ich-Identität steht im Vordergrund der Erklärungsansätze aller damit befassten Disziplinen. Das hat seinen Grund im Vorrang der Einzelperson gegenüber Menschengruppen seit der Renaissance, dem Humanismus und der Aufklärung in Europa. Gattungsgeschichtlich und individualgeschichtlich ist jedoch die Wir-Identität ursprünglicher. Vor dem Bewusstsein eines Einzelmenschen als unverwechselbar liegt eine Vorstellung von der Zusammengehörigkeit mit einigen anderen Menschen und damit verbunden einer Abgrenzung gegenüber solchen Menschen, die nicht zu dieser Wir-Gruppe gehören. Diese Wir-Identität ist in den gegenwärtigen Humanwissenschaften nicht ebenso genau und intensiv untersucht worden wie die Ich-Identität, wirkt aber unterschwellig und kann auch Phänomene wie Rechtsorientierungen genauer erklären als die bisher diskutierten Ansätze.

Die Funktion einer solchen Differenz-Kontruktion, wie die Wir-Identität eine darstellt, ist eine Existenz-Vergewisserung und Sicherung in bedrohlicher natürlicher und sozialer Umwelt. Tatsächlich ist ja ein Überleben ohne Bezug auf andere Menschen kaum möglich. Deshalb ist es von elementarer Bedeutung, von anderen akzeptiert zu werden.

Die Wir-Identität konstituiert einen Eigenraum, der Schutz verheißt, und dies durch eine klare Grenze gegen den Rest der Welt, die bedrohlich sein kann, wenngleich sie es nicht immer sein muss, meist jedoch ist. Dieser Eigenraum hat zwei Dimensionen:

(1) Zunächst meint Eigenraum tatsächlich den dreidimensionalen Raum für das eigene Überleben und Leben: die Heimat. Hier ist alles vertraut und gewiss und geschützt. Im unwirtlichen Klima des nördlichen Europas kann das weitgehend auf das eigene Haus, die eigene Wohnung beschränkt sein. Das zu Beginn der Neuzeit gegen Willkürübergriffe des Adels durchgesetzte Grundrecht der Unverletzlichkeit der Wohnung (sanktioniert durch den Straftatbestand des Hausfriedensbruch) drückt die Bedeutung dieses Eigenraums ebenso aus wie das liebevolle Ausgestalten der Wohnung als „gemütlich" oder die dauerhaft traumatische Aufstörung dieser Gewissheit nach einem Einbruch.

(2) Eigenraum meint metaphorisch übertragen alles selbstverständlich Gewisse:

zunächst die Bezugspersonen und den eigenen Besitz, dann aber im Weiteren auch die eigene Sprache, Religion und kulturellen Besonderheiten. Gerade diese drei letzten Bereiche des Eigenraumes sind so etwas wie Heiligkeiten, d. h. unantastbare und nicht weiter begründungsbedürftige, unendlich wertvolle Güter.

4.1.4   Infragestellen des Eigenraumes als Bedrohung

Wenn der so bestimmte Eigenraum von anderen ohne Erlaubnis betreten oder als Eigenraum in Frage gestellt wird, so muss dies als elementare Bedrohung der eigenen Existenzgrundlage und der mühsam konstruierten Identität erlebt werden. Diese Bedrohung hat zwei Ausprägungen:
als Beraubung und als Entweihung der Heiligkeit.

Als Beraubung wird das Infragestellen des Eigenen und Zueigenen erlebt, also das unerlaubte Eindringen in den dreidimensionalen Eigenraum, sei es die eigene Wohnung oder das als Heimat definierte Areal, aber auch die reale oder antizipierte Wegnahme des Eigentums, wozu auch die Erstsprache gehören kann. Das erklärt die irrationalen Widerstände gegen zugemutete Sprachwechsel durch die Wanderung über Grenzen oder die Wanderung von Grenzen über Individuen hinweg.[4] Als Beraubung erleben aber Einheimische auch die Konkurrenz mit Zuwanderern um zu knappe Arbeitsplätze, Wohnungen oder Transferleistungen des Sozialstaates (Sozialhilfe, Renten), wobei eine **illegitime** Konkurrenz der Zuwanderer unterstellt wird: Aus der Perspektive solcher Abwehr dürften diese Zuwanderer eigentlich nicht eingewandert sein oder zumindest nicht an den entsprechenden Gütern zu Lasten der Einheimischen partizipieren.

Als Entweihung der Heiligkeit wird erlebt, dass andere im gleichen Raum die bisher für unantastbar gehaltenen Heiligkeiten nicht richtig finden und widersprechende eigene Heiligkeiten dagegen halten. Dies ist zunächst nur schwer erträglich; denn die Heiligkeiten beanspruchen fraglose Gewissheit, die in der Orientierung im Alltag Handlungssicherheit ermöglicht. Bei einer gedanklichen Auseinandersetzung mit den Heiligkeiten anderer sind Entscheidungen zu treffen: *Habe ich Recht*

---

[4] Als aktuelles Beispiel sei auf den Widerstand der weißen kalifornischen Bevölkerung gegen die Regelung verwiesen, wonach Kinder von Einwanderern aus Mittel- und Südamerika in ihrer Erstsprache Spanisch unterrichtet werden durften auch die Behörden entsprechend zweisprachig arbeiten sollten. Diese Regelung wurde auf Grund dieses Widerstandes inzwischen wieder zurückgenommen.

oder hat er[5] Recht; natürlich habe ich Recht, sonst hätte ich mich schon früher anders entschieden. Also muss er Unrecht haben.

Das Infragestellen des Eigenraumes durch Beraubung und Entweihung der Heiligkeit führt meist zu einer Verstärkung der Grenze zwischen **Wir** und **Die**, um den Eigenraum so weit wie möglich zu schützen. Das geschieht durch Distanzierung, Abwehr und Aggression. Nur eine Minderheit erlebt das Infragestellen des Eigenraumes als gedankliche und emotionale Herausforderung, der sich ihre Angehörigen gerne stellen, um ihren Horizont zu erweitern und neue, bisher unbekannte Elemente in ihre Lebensgestaltung einfügen zu können.

Die stärkeren Formen der Grenzziehung, vor allem gewaltbereite Aggression, sind Ausdruck einer Regression von einer in den hiesigen Kulturen üblichen Persönlichkeitsentwicklung – die Toleranz gegenüber Anderslebenden und die Fähigkeit zum Ertragen von Unsicherheiten im Umgang mit Fremden problemlos und selbstverständlich realisiert – zurück auf elementare affektive Muster (vgl. Wahl u. a. 2001). Sie treten dementsprechend vor allem bei solchen Menschen auf, die auf Grund ihrer Lebensgeschichte eine in diesem Sinne ungefestigte Persönlichkeit haben.

4.1.5 Rechtsorientierung enthält eine übersteigerte Thematisierung des Eigenraumes

Die beschriebenen Reaktionen auf ein Infragestellen des Eigenraumes finden sich in unterschiedlicher Intensität bei der Mehrheit der Bevölkerung in Europa. Bei rechtsorientierten Menschen übersteigern sich diese Reaktionen, da in den als rechts zu klassifizierenden Weltdeutungen der Eigenraum in besonderer Weise thematisiert und als ständig gefährdet und bedroht erklärt wird. Dies geschieht in zwei Deutungsmustern: als Territorialkonkurrenz und als Wahrung von Homogenität. Beiden Mustern liegt implizit ein sozialdarwinistisches Weltbild zu Grunde, das den Menschen in Analogie zu Tieren sieht und von der ausnahmslosen Wirkung der von Charles Darwin beschriebenen Prinzipien der Evolution auch auf den Menschen ausgeht, nämlich einem unausweichlichen Kampf aller gegen alle ums

---

[5] Die männliche Form ist hier Absicht und nicht mangelnde Sorgfalt in der Bezeichnung der Geschlechter, da solche Auseinandersetzungen überwiegend zwischen und mit männlichen Kontrahenten geführt werden; siehe dazu genauer Nieke 2000.

Dasein (survival of the fittest) und dies auch in der Form des Kampfes von eng umschriebenen Populationen derselben Gattung um zu knappe Lebensräume.[6]

Das Deutungsmuster der Territorialkonkurrenz drückt sich in der generellen Ablehnung von Zuwanderung und Zuwandern aus, und zwar unabhängig von ihren Wanderungsgründen und Aufenthaltsberechtigungen, richtet sich also gegen alle Zuwanderer, seien sie illegale Flüchtlinge oder gesellschaftlich willkommene hochqualifizierte Arbeitskräfte, die den rechtsorientierten Aggressoren faktisch nicht die Arbeitsplätze wegnehmen und wegnehmen könnten. Entsprechend dem implizit unterliegenden sozialdarwinistischen Grundansatz darf die Aggression gegen diese Eindringliche mit Gewalt vorgehen bis hin zur Vernichtung der das eigene Überleben gefährdenden Feinde. Dieses Deutungsmuster konkretisiert sich etwa in dem Kampfziel der „national befreiten Zonen", dem nicht nur organisierte Rechtradikale zustimmen, sondern auch viele Rechtsorientierte ohne eine solche organisatorische Einbindung.

Das Deutungsmuster der Wahrung von Homogenität konkretisiert sich zum einen in einem Rassismus, der alle von der phantasierten Wir-Gruppe der Weißen differenten Zuwanderer auszugrenzen sucht. Tatsächlich sind die meisten Opfer rechtsradikaler Gewalt Angehörige sichtbarer Minderheiten. Das hat seinen Grund nicht nur in der leichten Grenzziehung zwischen Wir und Die, sondern tieferliegend auch in dem sozialdarwinistischen Impetus des Kampfes aller gegen Alle, die anders sind als die Wir-Gruppe. Dieses rassistische Grundmuster wird übertragen auf eine Homogenitätsforderung auch im Bereich von Kultur. Abgelehnt werden alle Kulturmanifestationen, die als nicht europäisch klassifiziert werden, und das trifft derzeit überwiegend traditional lebende Muslime, unabhängig von ihrer nationalen Herkunft.

Dieses Ablehnungs- und Abgrenzungsmuster findet sich übrigens nicht nur bei Rechtsorientierten, sondern bis weit in die Mitte des Spektrums politischer Orientierungen hinein. Das verweist darauf, dass kulturelle Differenz die Heiligkeiten des Eigenraumes auch für diesen großen Teil der Bevölkerung weitaus mehr in Frage stellen kann als die legalen und illegalen Zuwanderer mit ihren Ansprüchen auf knappe Ressourcen oder als die äußerliche Fremdheit von sichtbaren Minderheiten.

Die Frage nach den möglichen **Ursachen** dieser Ausprägung von Rechtsorientierung ist derzeit nur mit Vermutungen zu beantworten, da eingehendere Untersu-

---

[6] Ganz ähnliche Beschreibungen finden sich auch in den aktuellen Anthropologien aus der Soziobiologie und neuerdings zunehmend auch in der Psychologie. Auch wenn hier keine politische Rechtsorientierung unterstellt werden kann, so ist doch zu konstatieren, dass sich diese biologistischen Anthropologien unvermeidlich weitgehend mit den sozialdarwinistischen Grundannahmen rechtsorientierter Weltbilder decken. Diese werden dadurch moderner und wissenschaftlicher, was ihre Akzeptanz erhöhen könnte.

chungen dieses Personenkreises weitgehend fehlen. Zwei Linien scheinen für Erklärungen aussichtsreich zu sein und vielleicht erklärungskräftiger als die bisherigen, offensichtlich zu kurz greifenden rein sozialwissenschaftlichen Korrelationsstudien (vgl. dazu Wahl u. a. 2001). Zum einen kann eine **kognitive Überforderung** der rechtsorientierten Jugendlichen angesichts der komplexen Lebensverhältnisse in hochmobilen, multikulturellen Gesellschaften mit sehr hohen Anforderungen an die Bewältigung von Arbeitsaufgaben und gesellschaftlicher Teilhabe vermutet werden. Tatsächlich gehört die ganz überwiegende Mehrheit der auffällig gewordenen rechtsorientierten Jugendlichen zu einer Gruppe mit niedrigen Bildungsabschlüssen und nicht erfolgreich absolvierten Bildungsgängen.

Zum anderen könnte die Gewaltbereitschaft gegen Verletzer des Eigenraumes auch eine grundsätzlich beliebige Bindung und **Rationalisierung** frei flottierender **Vernichtungsphantasien** sein. Im Umgang mit dieser Personengruppe erfahrene Praktiker verweisen gern auf so etwas wie eine lebensaltersbedingte Rauflust, die sich schlagartig verliere, wenn die Täter eine Familie gründen. Tatsächlich sind die meisten auffällig werdenden Täter zwischen 13 und 29 Jahre alt.

Allerdings unterscheidet sich das gegenwärtig vorkommende Muster rechtsorientierter Gewalt gegen Fremde, aber auch gegen Obdachlose grundsätzlich von den bisher bekannten Mustern jugendlicher Rauflust. War bisher ungeschriebenes Gesetz, dass aufzuhören sei, wenn beim unterlegenen Opfer Blut floss, wird nun eine bisher unbekannte, durch nichts gehemmte Grausamkeit bei den Attacken konstatiert, mit entsprechend furchtbaren, dauerhaft entstellenden und behindernden Folgen für die Opfer. Hauptmuster dieser neuen Form von bestialischer Gewalt gegen meist weit unterlegene Opfer ist die gezielte Verletzung von Gesicht und Kopf unter Inkaufnahme des Todes dieses so traktierten Opfers. Die Bewegungsmuster dieser absichtlichen Verletzungen sind offensichtlich medial vorgeprägt, durch meist als Videos verbreitete Filme mit brutalen Kampfszenerien. Derlei ist im realen Alltag ansonsten nicht zu sehen und nachzumachen, allerdings teilweise durchaus auch in Spielfilmen bei kommerziellen Fernsehsendern. Hier ist ein verhängnisvoller, mindestens die Brutalität verstärkender **Einfluss von audiovisuellen Medien** unverkennbar, wenngleich selbstverständlich keine einlinige Kausalität vorliegt.

4.1.6 Strategien für den Umgang mit der Verunsicherung des Eigenraumes

Einzelne und Gruppen haben grundsätzlich drei Strategien zur Verfügung, mit der beschriebenen subjektiven Wahrnehmung einer Verunsicherung und Infragestellung des Eigenraumes umzugehen: Segregation, Homogenisierung oder Flexibilisierung der Grenz-Definition für die Wir-Identität.

(1) **Segregation** führt zum Errichten realer oder virtueller Grenzen zwischen Wir und Die zur Sicherung des Eigenraumes. Das kann sich in einem Verbot der Zuwanderung in einen Staat manifestieren oder in einem Siedlungsverbot für Fremde in bestimmten Arealen einer Stadt oder Gemeinde (in Deutschland bekannt und praktiziert als Zuwanderungsbegrenzung oder Beschränkung der Freizügigkeit für AsylbewerberInnen), aber auch in subtilen Strategien der Lenkung von Mietverhältnissen innerhalb und zwischen Stadtteilen, so dass sich vor allem in Großstädten unsichtbare Gettos bilden, in denen sichtbare Minderheiten zu wohnen haben und deren Grenzen sie nicht ohne informelle Sanktionen überschreiten dürfen. Die Extremform dieser Strategie der Segregation, des Aufbaus einer Grenze zwischen Wir und Die, besteht in Vertreibung und Vernichtung der Anderen, die dann als existenzbedrohend und als Feinde kategorisiert werden, um eine subjektive Legitimierung für die Gewaltanwendung herzustellen.

(2) **Homogenisierung** ist das Bestreben, die verunsichernden Differenzen zu eliminieren. Das geschieht zumeist über die Aufforderung der Anpassung der Fremden an die Orientierungen und den Habitus der Mehrheit bis zu Unauffälligkeit. Im gegenwärtigen Diskurs über eine erstmals offiziell zuzulassende Einwanderung in Deutschland wird eben dies mit dem Begriff der „Integration" angesprochen. Das ist keineswegs der einzige Weg für eine Integration; ein älterer, inzwischen schon fast vergessener Diskurs hatte damit einmal die soziale Gleichstellung bei Akzeptanz kultureller Differenz gemeint.
Homogenisierung kann des Weiteren auch dadurch erreicht werden, dass die Differenzen für irrelevant erklärt werden zugunsten eines Blicks auf das Gemeinsame. Das wurde im angelsächsischen Bereich mit einer Politik von *colour blindness* versucht, bei welcher die sichtbaren Minderheiten nicht länger in ihrer Differenz wahrgenommen und thematisiert werden sollten, sondern in einer Fokussierung auf ihre Menschenwürde und ihre Individualität. Das offensichtliche Versagen dieser Politik hat in der Folge zu einem Rückzug der sichtbaren Minderheiten auf ihre Besonderheiten geführt, ausgedrückt in Slogans wie *black is beautiful* und Politikformen wie *black studies*, mit Ansprüchen auf einen institutionalisierten Minderheitenschutz und Quotierungen im Zugang zu notorisch knappen Gütern wie Studienplätzen oder öffentlichen Ämtern und Aufträgen.
Ein Bestreben zur Homogenisierung zur Sicherung des Eigenraumes zeigt sich jedoch auch in der Ausweisung von Wohngebieten mit unterschiedlichen Be-

bauungsvorgaben. Das führt faktisch zu einer fast homogenen Besiedlung mit Angehörigen bestimmter Sozialmilieus. Bei Entscheidungen, in welchen Stadtteil man umziehen möchte, spielt die Aussicht, in einem homogenen Milieu[7] zu leben, meist eine größere Rolle als objektive Kriterien wie Preis, Verkehrsanbindung und Infrastruktur. So möchten etwa StudentInnen nicht gern in einem Stadtteil mit zu viel alten BewohnerInnen leben. Die Benutzung der Ersten Klasse bei der Deutschen Bahn wird von den NutzerInnen ebenfalls mit der Homogenität von ruhigen, ebenfalls arbeitenden MitfahrerInnen, und nicht mit dem nur geringfügig höheren Komfort begründet.

Das verweist darauf, dass die Grenzen zwischen Eigenräumen nicht nur Grenzen zwischen Einheimischen und Zuwanderern oder zwischen Kulturen sind, sondern mindestens ebenso stark innerhalb einer einheimischen Gesellschaft anzutreffen sind. Diese Formen der Homogenisierung verbinden sich oft mit Bestrebungen zur Segregation.

(3) Während die beiden ersten Strategien Formen äußerer Grenzziehungen sind, verfolgt die dritte Strategie der **Flexibilisierung der Grenz-Definition für die Wir-Identität** eine Umkognition bei den Individuen selbst, die ihren Eigenraum beeinträchtigt sehen. Das Problem liegt für diese Strategie also quasi nicht bei *denen draußen*, sondern in der Person der Betroffenen selbst. Die Wahrnehmungen einer Beeinträchtigung des Eigenraumes durch Fremde und Fremdes sind ja nichts primär Objektives, sondern interne Verarbeitungen und Konstruktionen von etwas, was so, aber ohne weiteres auch anders aufgefasst werden kann. Die Veränderung und Erweiterung der Grenz-Definitionen ermöglicht es, das Gemeinsame zwischen den bisher nach draußen Ausgegrenzten und den zum Wir Zugehörigen einschließlich der eigenen Person stärker zu sehen und höher zu bewerten als das bisher Trennende, das oft nur äußerlich und nicht wirklich wichtig ist. Dadurch müssen die Differenzen nicht, wie bei der Strategie der Homogenisierung, zum Verschwinden gebracht werden, sondern können durchaus weiter bestehen bleiben, sind aber nun eingeordnet in einen größeren Sinnzusammenhang, der das Verbindende betont und damit auch den Eigenraum nicht bedroht.

Es dürfte deutlich geworden sein, dass diese dritte Strategie die vorzuziehende ist, weil sie das Eigenrecht aller Menschen am besten gewährleistet und zugleich das Bedürfnis nach einem sicheren Eigenraum nicht ignoriert.

---

[7] In einigen Bundesstaaten der USA wird diesem Bedürfnis durch ein offizielles Ausweisen homogener Siedlungen als zoning Rechnung getragen, und darin wird keine Diskriminierung der jeweils ausgeschlossenen Gruppen gesehen, bei denen es sich zumeist um sichtbare Minderheiten handelt.

4.1.7   Flexibilisierung der Grenz-Definition basiert auf Selbstkompetenz als Bestandteil von Bildung

Flexibilisierung von Definitionen und Umkognition verweist darauf, dass dies Leistungen des psychischen Apparates sind, die nicht ganz einfach und selbstverständlich sind. Sie basieren auf der Herausbildung einer entsprechenden Kompetenzdimension im Umgang mit weltorientierenden Deutungsmustern und mit den diese bewertenden Emotionen, und diese Kompetenzdimension der Selbstkompetenz beschreibt einen wesentlichen Teil dessen, was in bisherigen Denkformen mit Bildung bezeichnet worden ist (vgl. dazu Löwisch 2000).

In der psychologischen Vorurteilsforschung ist seit langem konstatiert worden, dass die Neigung zu Vorurteilen gegen Fremde – und damit auch ein wesentlicher Bestandteil von Rechtsorientierung – so direkt und stabil mit dem Bildungsstand korrelieren, dass hier eine Kausalbeziehung angenommen werden kann: Höhere Bildung schützt offenbar vor der in Vorurteilen enthaltenen Dummheit (vgl. statt vieler anderer dazu Wagner 1983), und dabei kommt es weniger auf die direkte inhaltliche Thematisierung der Unangemessenheit von Vorurteilen an als vielmehr auf die offensichtlich flexibilisierende Wirkung von Allgemeinbildung.

Die aus diesem Befund zu ziehende erziehungswissenschaftliche Konsequenz ist also das Einbeziehen der für fremdenfeindliche und rechte Orientierungen besonders anfälligen Gruppen von Jugendlichen besonders in Programme einer Allgemeinbildung, die eine kognitive Flexibilisierung fördern. Das ist jedenfalls der angemessenere, direktere und erfolgversprechendere Weg gegenüber dem bisher oft vorgeschlagenen indirekten Weg, das Selbstwertgefühl dieser Jugendlichen zu stärken, damit sie es nicht länger nötig haben, durch entwürdigende Gewalt gegen andere ihre eigene Macht zu erleben.

Dem nahe liegenden Einwand, dass gerade diese Zielgruppe in solchen Bildungsgängen besonders oft scheitert und sich ihnen verweigert, kann entgegnet werden, dass hier die didaktischen Möglichkeiten noch bei weitem nicht ausgeschöpft sind, ohne dass das an dieser Stelle weiter entfaltet werden kann. Verwiesen sei nur auf die diesbezüglichen Potenziale einer erst in Umrissen ausgearbeiteten konstruktivistischen Didaktik, die gerade bei den vorhandenen (oft unangemessenen) Kognitionen der Lernenden ansetzt und Anregungen zu Umkognitionen in wirksamerer Weise zu geben gestattet, als das bei den bisherigen, meist instruktionstheoretisch angelegten Didaktiken möglich ist.

4.1.8   Aufgabe für die Medienpädagogik: Umgang mit unterschwellig wirkenden Gewaltvorbildern

Aus dem Dargelegten ergibt sich für die Medienpädagogik die Konsequenz, die in den gängigen audiovisuellen Medien (kommerzielles Fernsehen, kommerziell vertriebene Videos) präsentierten Handlungsmuster für brutal schädigende Gewalt nicht länger wie bisher zu ignorieren und zu verharmlosen. Bei bestimmten Gruppen von Jugendlichen und in bestimmten Gruppensituationen, unterstützt durch Drogeneinfluss, können solche Handlungsmuster offenbar sehr wohl aus dem Hintergrund des Gedächtnisses heraus aktualisiert werden und handlungsorientierend wirken. Dabei handelt es sich vermutlich nur um solche Handlungsmuster, die unmittelbar in die eigene Handlungspraxis umgesetzt werden können, also Bilder von direkter schädigender Gewalt in Kampfszenen, seien sie real oder stilistisch überzeichnet, wie etwa in zeitverzögerten Sequenzen in manchen Eastern-Filmen. Die Darstellung von Gewalt an sich, etwa in Nachrichtensendungen über Kriegshandlungen, führt nicht zu solchen direkt umsetzbaren Handlungsmustern.

Um dem entgegenzuwirken, reichen die bisherigen Verfahren des kritischen Umgangs mit Medieneinfluss als Medienkompetenz offenbar nicht aus. Hier sind neue und das Problem genauer und direkter angehende Strategien zu finden oder neu zu konstruieren.

4.2   Anerkennung von Diversität als Alternative zwischen Multikulturalismus und Neo-Assimilationismus (2006)

In den Staaten Europas, vor allem auch in Deutschland, ist gegenwärtig ein Umschwung der öffentlichen Meinung zu der Frage zu konstatieren, wie mit der gewollten und ungewollten Zuwanderung umgegangen werden soll. Das hat gravierende Konsequenzen für die gesellschaftlichen Teilsysteme der Bildung und Sozialen Arbeit in ihrer Ausrichtung auf die Aufgabe, die Zuwanderer bei ihrem Bemühen, sich in der sprachlich, kulturell und sozial unvertrauten sozialen Umwelt zurechtzufinden.

Da die Diskurse hierzu sehr heterogen sind und in verschiedenen Öffentlichkeiten thematisiert und ausgetragen werden, kann hier nur ein grober Überblick ohne Berücksichtigung der genauen Argumentstruktur der zahlreichen, oft nicht stark, aber im Detail doch deutlich voneinander differierenden Autoren gegeben werden. Das mag sich damit rechtfertigen, dass aus dem Durchgang durch diese Diskurslandschaft ein möglicher Ausweg aus dem gegenwärtig aufgespannten Widerspruch zwischen dem bisherigen Diskurs zur Affirmation einer dauerhaft multikulturellen Gesellschaft und der neu wieder eingeführten Forderung nach einer Assimilation der Zuwanderer an die Werte des Aufenthaltslandes als Voraussetzung für eine sozialstrukturelle Integration aufgezeigt werden soll, und für diese Zielsetzung sind die Einzelheiten der voraufliegenden Diskurse vielleicht nicht ganz so wichtig.

4.2.1 Deutschland wollte kein Einwanderungsland sein, deshalb ist es zu einer multikulturellen Gesellschaft geworden.

4.2.1.1 Akzeptanz einer multikulturellen Gesellschaft aus ökonomischem Interesse: Erhaltung der Rückkehrfähigkeit zur Realisierung von Arbeitskräfte-Rotation

Deutschland hatte und hat vier voneinander zu unterscheidende Einwanderungen:

(1) Nach 1945 wanderten in Westdeutschland Flüchtlinge aus den Ostgebieten des Reiches sowie Einwohner der Sowjetzone ein und wurden durch einen steuerfinanzierten Lastenausgleich für verlorene Vermögenswerte in der alten Heimat finanziell bei ihrer Integration unterstützt. Zwar gab es Reibereien, Neid und Ausgrenzung, aber insgesamt wurden diese Zuwanderer als Gleiche akzeptiert, die unter den gleichen Regelungen mit den Eingesessenen um die zu knappen Güter, nämlich Wohnungen und Arbeitsplätze konkurrieren durften. Diese Konkurrenzsituation führte weder zu einer strukturellen noch zu einer durchgängigen interaktiven Diskriminierung der Zuwanderer.

(2) Ab 1955 wurden Arbeitskräfte aus Staaten rund um das Mittelmeer angeworben, um sie auf anderenfalls unbesetzt bleibende Arbeitsplätze zu beschäftigen. Diese Anwerbung wurde zunächst mit dem auch in der Schweiz praktizierten Rotationsverfahren begonnen, nach dem die prielediggehenden Arbeitnehmer nur ohne ihre Familien einreisen durften und nach spätestens fünf Jahren das Land wieder zu verlassen hatten, um Platz für neue Arbeitsmigranten zu machen. Das sollte die Integrationskosten minimieren und der Wirtschaft die Möglichkeit geben, Arbeitskräfte nach Bedarf einzuführen, ohne dass dadurch Einheimische in Arbeitslosigkeit geraten würden. Aus ökonomischen Gründen wurde dieses Rotationsprinzip von Anfang an durchbrochen, weil die Betriebe die immer neue Einarbeitung einsparen wollten. So musste der Familiennachzug akzeptiert werden, aber den Familien und vor allem den Kindern wurde jede Assimilation verwehrt. Muttersprachliche Klassen in den Schulen wurden zur „Erhaltung der Rückkehrfähigkeit" eingerichtet. Faktisch wurde damit durch An-

wendung des Rotationsprinzips eine beginnende multikulturelle Gesellschaft erzwungen, und zwar durchaus auch teilweise gegen den Willen der Zuwanderer. Obwohl diese Zuwanderer nicht mit den Einheimischen um Arbeitsplätze und Wohnungen konkurrierten, entstand ihnen gegenüber von Anfang an – also schon gegenüber den zuerst einwandernden Süditalienern – Abwehr und Ausländerfeindlichkeit („Messerstecher", „Itacka", „Makkaronifresser"). Diese Diskriminierung verlangt nach anderen Erklärungen als dem simplen Konkurrenzmodell.

(3) In den achtziger Jahren nahm durch die leichtere Verfügbarkeit von Fernverkehrsmitteln und durch die mentale Bahnung von transnationalen Fluchtwegen die internationale Flüchtlingsbewegung stark zu, und nach Deutschland kamen viele Flüchtlinge, die ihr Bleiberecht durch die Inanspruchnahme der zunächst uneingeschränkt geltenden Asylverheißung des Grundgesetzes zu sichern suchten. Da sich unübersehbar die Fälle von offensichtlichem Missbrauch mehrten, entstand eine öffentliche Meinung über eine inakzeptable Einwanderung von „Scheinasylanten" mit der Folge massiver Ablehnung bis hin zu gewalttätigen Übergriffen von Rechtsradikalen, die sich aber zunächst an vielen Orten einer klammheimlichen Zustimmung der Mehrheitsbevölkerung sicher sein konnten. Die Diskriminierung betraf nicht alle Flüchtlinge gleichermaßen, sondern konzentrierte sich besonders auf solche aus Afrika, deren äußeres Erscheinungsbild am weitesten von des Normalitätsschema des Einheimischen abwich und eindeutige Züge von Rassismus aufwies.

(4) Die letzte große Einwanderungswelle besteht aus deutschstämmigen Spätaussiedlern, denen auf der Basis des Grundgesetzes eine Einreiseberechtigung zusteht. Der erste Teil dieser Welle assimilierte sich weitgehend problemlos; erst seit etwa 1990 sind Ethnisierungstendenzen und eine entsprechend darauf reagierende Ablehnung durch die Einheimischen zu konstatieren, wobei sich diese Diskriminierung auf deutsche Einwanderer konzentriert, die weiterhin Russisch miteinander sprechen.

Gastarbeitern und Flüchtlingen wurde die Assimilation untersagt auf der Basis eines politischen Selbstverständnisses, die Bundesrepublik Deutschland wolle kein Einwanderungsland sein, und damit genau dadurch ist sie faktisch zu einer multikulturellen Gesellschaft geworden, auch wenn die Protagonisten dieser Position genau dies gar nicht intendierten.

4.2.1.2 Multikulturelle Begeisterung

Seit etwa 1980 entsteht ein Diskurs, der eine multikulturelle Gesellschaft nicht als unvermeidlich oder problematisch, sondern als entschieden anzustrebende Ziel-

vorstellung thematisiert. Dazu werden Anleihen aus Kanada gemacht, wo dieser
Diskurs etwa zehn Jahre zuvor begonnen und zu einer Reihe gravierender Veränderungen in der Sprachen- und Minderheitspolitik dieser Einwanderungsgesellschaft
sowie in der schulischen Förderung von Mehrsprachigkeit geführt hatte. Dieser Diskurs betont die Möglichkeiten einer Bereicherung der eigenen Lebenswelt durch ein
vorurteilsfreies Einlassen auf andere Kulturen, vor allem solche, die durch Zuwanderung vor der eigenen Haustür zu erleben seien.

Dieses Zielkonzept von multikultureller Gesellschaft fordert eine Akzeptanz
von kulturellen Minderheiten unter Zurückweisung jeder Akkulturationsnötigung
unter Hinweis auf eine grundsätzliche Gleichheit aller Kulturen. Diese wird mit
der Einsicht in die Unvergleichbarkeit verschiedener Kulturen auf einem einheitlichen Maßstab begründet, einer erkenntnistheoretischen Einsicht aus Ethnologie
und Kulturanthropologie, die dort zu einer methodischen Position eines strengen,
grundsätzlich unaufhebbaren Kulturrelativismus geführt hat.

Dieses Programm einer Akzeptanz der kulturellen Eigenwelten von Zuwander-
erminderheiten kann als Amplifikation des europäisch-abendländischen Konzepts
von weltanschaulichem Pluralismus gesehen werden, der sich zunächst nur auf die
Stillstellung von Konflikten durch christliche Konfessionsdifferenzen im Gefolge
der Reformationskriege der beginnenden Neuzeit bezogen hat.

Die Erziehungswissenschaft hat sich – vor allem in ihrer seit dieser Zeit beginnenden Funktionsdifferenzierung der Interkulturellen Pädagogik – von Anfang
an intensiv an diesem Diskurs über die Konzeptualisierung einer multikulturellen
Gesellschaft als Zielvorstellung beteiligt. Das ist der strukturell engen Verbindung zwischen pädagogischem Handeln und seiner institutionellen Verfassung
einerseits und den gesellschaftlichen Leitbildern andererseits geschuldet, da sich
Pädagogik in Praxis und Theorie stets darauf beziehen muss. Ihrem gegenwärtigen
Selbstverständnis entsprechend muss sie diese Vorgaben aus den öffentlichen gesellschaftlichen und politischen Diskursen jedoch nicht einfach zur Kenntnis nehmen
und sich daran ausrichten, sondern sie kann ist selbst kompetenter Diskursakteur
sein.

Das war beim Diskurs über die multikulturelle Gesellschaft deutlich: Dieses
Konzept wurde maßgeblich im Blick auf die Sozialisation, die Sprachenpolitik an
den Schulen entwickelt und gegen Kritik verteidigt, und zwar in hohem Maße
durch PädagogInnen aus Praxis und Theorie. Interkulturelle Pädagogik versteht
sich als Vorbereitung auf ein vernünftiges Zusammenleben in der multikulturellen
Gesellschaft.

4.2.2 Kritik am Gesellschaftskonzept einer multikulturellen Gesellschaft

Trotz dieser beiden Diskurse zur Affirmation einer multikulturellen Gesellschaft gab es von Anfang an Gegenpositionen, die sich zum einen als ideologiekritisch und zum anderen als identitätspolitisch markieren lassen.

4.2.2.1 Kultur als ideologischer Begriff, der zur Machtverschleierung verwendet und missbraucht werden kann

Diese Position wurde von soziologisch und sozialwissenschaftlich orientierten AutorInnen vertreten, die sich mit dieser Perspektive oft auch explizit gegen handlungsorientierte Pädagogen abgrenzten und auf die strukturellen Hintergründe der neu entstehenden pädagogischen Aufgabe der Gestaltung des Zusammenlebens zwischen Gruppierungen aufmerksam machten, die als kulturell different definiert wurden und sich selbst so bestimmten. Sie formulierten die Sorge und den Verdacht, dass eine Konzeptualisierung, welche mit dem Begriff von Kultur und der damit gesetzten Differenzierung von Gruppen operiere, verschleiern könne, dass hinter dieser Differenzierung Machtinteressen stehen, und zwar solche der einheimischen Mehrheit, die den Zugewanderten Gleichheitsrechte mit dem Verweis auf ihre kulturelle Differenz vorenthalten wolle. Wenn diese kulturelle Zugehörigkeit als quasi unveränderlich gedacht werde, handele es sich sogar um so etwas wie einen „Kulturrassismus".

4.2.2.2 Ablehnung des normativen Konzepts von multikultureller Gesellschaft aus identitätspolitischem Interesse

Seit dem islamistischen Terroranschlag in New York 2001 wird das Konzept der multikulturellen Gesellschaft weltweit und auch in Deutschland mehrheitlich abgelehnt, wobei sich die Ablehnung nicht nur auf den Islamismus, sondern auf den Islam insgesamt als nicht nur gewalttätig bedrohend, sondern auch menschenrechtsfeindlich bezieht.

Die Zuwanderer, vor allem aus dem islamischen Kulturkreis, sollen auf ein verbindliches Bekenntnis zu den Grundlagen der einheimischen Kultur als sogenannter „Leitkultur" verpflichtet werden.

Dieses Motiv ist aber nicht neu. Von Anfang begleitete den Diskurs über die multikulturelle Gesellschaft eine Ablehnung, die stets mit der Sorge begründet wird, die eigene kulturelle Identität werde durch die Zuwanderung von Gruppen gefährdet, sie sich nicht dauerhaft akkulturieren wollten. Dabei wird verdächtig oft auch mit biologischen Kategorien operiert, ein Indiz auf eine starke Nähe zu den Argumentationen der intelligent auftretenden Neuen Rechte, die ohne expliziten Rückbezug auf Nationalsozialismus und Faschismus ein sozialdarwinistisches Weltbild der Populationskonkurrenz transportieren, um damit Ausgrenzung, Relegation und Segregation der meist rassisch differierbaren Minderheiten zu fordern. Dieser Diskurs gewinnt an Schärfe, nachdem vermehrt Zuwanderer aus einem Gebiet kommen, das nach überkommenem Verständnis nicht zu Europa gehört, nämlich zunächst aus Nordafrika und der Türkei.

Da dieses Ablehnungsmotiv bis weit in die weltanschauliche Mitte der Gesellschaft reicht und auch auf dem sogenannten linken Spektrum anzutreffen ist, kann es nicht einfach als inakzeptabel rechtsgewirkt abgetan werden, sondern muss in den zu Grunde liegenden Ängsten ernstgenommen werden.

4.2.3 Vorschlag zur Lösung: Neo-Assimilationismus

Als Lösung dieses Problems wird nun wieder das propagiert, was vor 1980 die Antwort auf die Marginalisierung der Zuwanderer gewesen ist: forcierte Unterstützung der sozialen Integration der Migranten durch Assimilationsanforderungen. Insofern kann diese Position als Neo-Assimilationismus bezeichnet werden. So plädiert etwa Hartmut Esser (1998), einer der frühen Wortführer der deutschen Migrationssoziologie, für eine entschiedene Affirmation von Assimilation mit dem Hinweis, dass die bisherige Geschichte zeige, dass eine soziale Integration ohne Assimilation nicht möglich gewesen sei. Dieser Befund ist freilich nicht überraschend, wenn in der Operationalisierung von Integration unvermeidlich Bestandteile von Assimilation enthalten sind.

Die bisherigen Diskurse des Neo-Assimilationismus sind davon gekennzeichnet, dass sie faktisch eine Zwangsakkulturation fordern, also eine eigene Anstrengung der Zuwanderer, ihre Herkunftskultur zu verlassen und sich der Mehrheitskultur möglichst vollständig anzupassen. Wer dies nicht mag oder kann, wird Sanktionen unterworfen, die bis zur dauerhaften Ausweisung gehen sollen.

4.2.4 Alternativen?

Es dürfte deutlich geworden sein, dass weder der bisherige Diskurs über die Zielvorstellung einer multikulturellen Gesellschaft auf der Basis eines strengen Kulturrelativismus noch der Neo-Assimilitionismus angemessen auf die Aufgabe reagieren

können, ein vernünftiges Zusammenleben von einheimischer Mehrheit und zugewanderten Minderheiten, die sich auf in kultureller Differenz definieren, zu ermöglichen. Es ist deshalb nach weiterführenden Alternativen zu suchen.

4.2.4.1 Diskurse zur multikulturellen Gesellschaft

Hier kann zunächst in den Weiterführungen der Diskurse zur multikulturellen Gesellschaft gesucht werden, ob sich geeignete Perspektiven finden lassen.

Dabei ist zunächst zu konstatieren, dass Migration als soziales Phänomen allein
nicht als Erklärungskonzept taugt:

Die Einwanderung von Flüchtlingen führte in Westdeutschland bei hoher Arbeitslosigkeit nicht zu Diskriminierung, da die Zuwanderer als gleichberechtigt akzeptiert wurden und unter dieser Bedingung um zu knappe Wohnungen und Arbeitsplätze konkurrieren durften. Die Diskriminierung erstreckt sich

1. auf Ausländer, die nicht als gleichberechtigt akzeptiert werden (auch gesetzlich
   nicht: Das Ausländergesetz definiert vorsätzlich und mit beanspruchten guten
   Gründen, dass Ausländer Bürger mit eingeschränkten Rechten sind, also quasi Bürger zweiter Klasse) und deshalb nicht zu gleichen Bedingungen mit den
   Einheimischen konkurrieren dürfen;
2. auf rassisch Differente, auch wenn sie deutsche Staatsbürger sind und gar nicht
   als Konkurrenten in Erscheinung treten: etwa schwarze Deutsche oder Asylbe-
   werber;
3. auf rechtlich gleichgestellte deutsche Staatsbürger, wenn sie in der Öffentlichkeit
   nicht Deutsch sprechen: etwa Aussiedler.

Das kann offensichtlich nicht überzeugend durch Rückgriff auf sozialstrukturelle Differenzen und Funktionen erklärt werden, sondern muss Ursachen in den
kollektiven Orientierungsmustern einer Gesellschaft haben, also in dem, was in
Kulturanthropologie und Kulturwissenschaft Kultur heißt. Kultur als relevante Kategorie der Orientierung nach innen wie nach außen muss also weiterhin in den
Analysen solcher Konflikte beachtet werden, in denen sie von den Akteuren selbst
verwendet wird.

Die Erklärungskraft dieser Interpretationsfolie kann deutlich werden, wenn man
zum Motiv der Konkurrenz noch das der Befremdung hinzunimmt, eine Wahrnehmung des Anderen als Bedrohung des Eigenraumes (vgl. dazu näher Nieke 2002).

Das Konzept der multikulturellen Gesellschaft ist also mindestens als analyti-
sches unverzichtbar; die kulturell markierten Differenzen zwischen Lebenswelten
werden nicht einfach verschwinden, wenn dies öffentlich mit einem Bekenntnis

zu einer Leitkultur gefordert und politisch durch das Absolvieren obligatorischer Integrationskurse verlangt wird. Davon zu unterscheiden ist ein Diskurs über multikulturelle Gesellschaft als Leitvorstellung (vgl. dazu Kap. 5).

4.2.4.2 Interkulturelle Zwischenwelten

In den Diskurs über die Eigenwelt von Migranten ist der Begriff der Transnationalität eingeführt worden, und damit wird angesprochen, dass die Migranten zur kognitiven Bewältigung ihrer Wanderungslebensgeschichte eine Orientierungskompetenz erarbeitet haben und erarbeiten müssen, die ihnen eine erfolgreiche Lebensbewältigung jenseits nationaler Beschränkungen ermöglicht. Dabei wird konstatiert, dass viele Migranten mehrfach Nationalgrenzen überschreiten, sei es im Hin und Her zwischen dem Herkunftsland und einem Zielland, sei es im Durchwandern mehrerer Länder und Staaten. Das Konzept ist jedoch noch zu spekulativ und ungenau, als dass damit die Lebensprobleme und Konfliktlagen im Alltag, auch im pädagogischen in Schule und Sozialer Arbeit, anders und besser beschrieben werden könnten als das mit den bisherigen Konzepten möglich ist.

Ein anderer Weg besteht in der Konzeptualisierung interkultureller Zwischenwelten (etwa Gemende 2002), womit eine eigenständige Weiterentwicklung der mitgebrachten Herkunftskultur im Einwanderungsland angesprochen wird und wobei diese Weiterentwicklung sich einfachen Assimilationszumutungen und dem Aufholen von vermeintlichen Modernitätsrückständen entzieht. Dabei wird das Konzept der kulturellen Zwischenwelten von Andrea Hettlage-Verjas und Robert Hettlage von 1984 aufgenommen und modifiziert. Unentschieden bleibt dabei, ob die empirisch beschriebene interkulturelle Zwischenwelt mit ihrer psychischen Leistungsanforderung einer schwierigen Ich-Wir-Balance eine vorübergehende Situation zwischen Einwanderung und Assimilation ist oder einen dauerhaften Zustand auf Grund einer marginalisierten Situation von Zuwanderern oder auf Grund einer auch freiwillig gewählten Positionierung in einer ethnischen Kolonie markiert.

Jedenfalls hat sich interkulturelle Pädagogik, gerade auch im institutionellen Kontext von Sozialer Arbeit, einstweilen auf die Realität andauernder stabiler kultureller Zwischenwelten einzustellen. Dazu sei nur exemplarisch auf das Deutlichwerden von spezifischen Suchtkonzepten bei türkischen Jugendlichen verwiesen, die in Deutschland aufgewachsen sind: Sie haben spezifisch andere Vorstellungen von der Illegalität und den Auswirkungen auf die Selbstständigkeit und müssen deshalb in Prävention und Intervention anders angesprochen werden als Einheimische (Knab 2005, die eine noch unveröffentlichte Studie von Simone Penka referiert).

4.2.4.3   Rückzug auf die Universalität der Menschenrechte

Zur Lösung kulturbedingter Konflikte, die immer Wertkonflikte sind, ist es naheliegend, auf einen von allen akzeptierten oder akzeptierbaren Maßstab zurückzu-
greifen, und der liegt in Form der Menschenrechte vor, wie sie von den Vereinten
Nationen beschlossen worden sind. Auch wenn nicht alle Staaten alle Passagen ra-
tifiziert haben, so kann doch davon ausgegangen werden, dass es einen formalen
Konsens aller Staaten darüber gibt, dass dieser Katalog von Schutzrechten der Einzelnen gegenüber Eingriffen ihrer Staaten in ihre Schutzsphäre universal gelten soll.

Schwieriger wird es, wenn diese Menschenrechte zur Begründung dafür herangezogen werden, kulturellen Gruppen bestimmte Praktiken, die sich nur auf ihre
eigenen Angehörigen beziehen, zu verbieten, weil diese Praktiken in ihren Auswirkungen auf die Betroffenen in der Außenperspektive deren Menschenrechte verletzen, etwa die frühe Zwangsverheiratung eines Migranten-Mädchens aus Gründen
der Familienehre die Selbstentfaltungsmöglichkeiten dieses Mädchens etwa durch
ein Studium aus der Sicht ihrer deutschen Lehrerin verhindern (weitere Beispiele
aus dem pädagogischen Bereich dazu finden sich in Nieke 2008). Hier werden die
Menschenrechte in ihrer ursprünglichen Geltung erweitert, indem sie nicht mehr
den Einzelnen vor illegitimem Zugriff des Staates schützen, sondern vor beschrän-
kenden Praktiken in ihrer eigenen Lebenswelt und Kultur-Praktiken, die die Betroffenen manchmal selbst bejahen.

Die Menschenrechte sind unbestreitbar eurozentrisch. Sie sind aus dem Eman-
zipationskampf des erstarkenden Bürgertums gegen Adel und Klerus in Nordwest-
europa entstanden und lassen sich keineswegs universal so begründen, dass sie von
den Mitgliedern nichteuropäischer Kulturkreise aus den Denkgrundlagen ihrer
Kulturen unbedingt akzeptiert werden könnten.

Für ihre Anwendung gibt es zwei Möglichkeiten:

1. Entweder man akzeptiert dies und muss zu einem reflektierten Kulturrelativismus (mit unvermeidlichem Eurozentrismus in praktischen Konfliktlösungen)
   finden; oder
2. man affirmiert den universalistischen Anspruch der Menschenrechte, die nur
   zufällig zuerst in Europa entstanden sind, aber auch aus der Perspektive anderer
   Kulturen als die beste Lösung akzeptabel sind oder wären.

Die erste Lösung ist schwierig und führt in Konfliktlagen zu fragilen Diskurs-
lagen und Kompromissen; die zweite Lösung steht argumentativ einstweilen auf
schwachem Fundament, ist also für Angehörige anderer Kulturkreise bisher gar
nicht überzeugend.

4.2.5 Vorschlag: Interkulturelle Diskurse

Eine mögliche Alternative kann in der Amplifikation des Diskurses über kulturelle Pluralität auf den Diskurs der Anerkennung von Differenz und Diversität liegen, die auch einheimische Verschiedenheiten mit umfasst: Geschlecht, Alter, Lebensstil, Behinderung. Dabei geht es nicht nur um die Anerkennung von Individuen, sondern auch von Sozietäten, also sozialen Einheiten, deren Mitglieder kollektive Identitäten ausbilden, die individuumsunabhängig im kollektiven Gedächtnis als kollektiv geteilte Orientierungsmuster kommuniziert und tradiert werden.

Der Diskurs über Pluralität nahm seinen Ausgang in den Religionsauseinandersetzungen im Gefolge der Reformation und beschränkte sich zunächst auf Religionsfreiheit und Anerkennung der verschiedenen christlichen Varietäten, bezog dann noch Freigeistige (Deisten, Agnostiker, Atheisten) und – spät – Juden mit ein. Die Übertragung auf den Islam ist gegenwärtig strittig, soweit auf der Basis dieser Religion ein Gottesstaat angestrebt wird, der in einen unlösbaren Widerspruch zu den Prinzipien der Menschenrechte und der sich darauf beziehenden Verfassungen der europäischen Staaten geraten müsste. Von der Sphäre der transzendental zurückgebundenen Weltanschauungen wurde dieser Diskurs erweitert auf die Anerkennung jedweder Orientierungssysteme, also auf die Verschiedenheit der Kulturen, hier verstanden als Lebenswelt.

Die Anerkennung von Pluralität bedeutet jedoch keine schrankenlose Freiheit und impliziert auch keinen Wert- und Kulturrelativismus. Sie ist untrennbar verbunden mit Begrenzungen für die Toleranz gegenüber dem Andersdenkenden und Anderslebenden, wobei sich diese Begrenzung nicht inhaltlich bestimmt, sondern funktional: Es ist verboten, was das Zusammenleben der Diversitäten unmöglich machen würde. Die so bestimmten Grenzen der Toleranz garantieren also die Bedingung der Möglichkeit für Toleranz überhaupt. Das richtet sich etwa gegen einen islamistischen Gottesstaat oder ein neonazistisches Führertum oder die Herrschaft einer nicht demokratisch zurückgebundenen Elite der Arbeiterklasse (Lenin).

Die Ausweitung des Konzepts der anzuerkennenden Pluralität von den Weltanschauungen auf die Lebensformen stellt die mögliche kulturelle Differenz der Zuwanderer in den Kontext der einheimischen Vielfalt und relativiert damit die Juxtaposition von kulturellen Differenzen als integrationshemmend oder -verhindernd.

Wenn in diesem Zusammenhang die Eurozentrität der Menschenrechte akzeptiert wird, müssen die Geltungsbedingungen für alle Argumente, die zur Zurückweisung bestimmter kultureller Praktiken als nicht tolerabel angeführt werden, ihrerseits Thema eines sich selbst reflektierenden interkulturellen Diskurses werden.

Eine absolutistische Setzung der Heiligkeit dieses Kanons von abendländischer Rationalität, wie sie Finkielkraut (1989) vornimmt, verletzt die eigenen Denkgrundlagen, alle – und tatsächlich alle, auch die formalen – Geltungsgründe ihrerseits einem Diskurs zugänglich zu halten. Das ist schwierig, aber nicht unmöglich (vgl. dazu Nieke 2008).

Orientierung in der Moderne

5

5.1 Gesellschaftliche und individuelle Zukunft als basale Kategorie für pädagogisches Handeln und seine erziehungswissenschaftliche Orientierung (2000)

5.1.1 Die Abwesenheit von Zukunft in der gegenwärtigen pädagogischen Theoriebildung

5.1.1.1 Der Befund

Der pädagogische Grundgedankengang ist elementar auf Zukunft bezogen: Ältere, Kompetentere arrangieren ein Umfeld für Jüngere, Unerfahrenere, damit diese durch eine solche Anregung und in Auseinandersetzung mit dem Präsentierten ihre Kompetenz aufbauen können. Der Sinn dieser Kompetenz liegt allein in Anwendungen und Bewährungen, die in der Sphäre des Noch-Nicht realisiert werden, also in der individuellen Zukunft derer, die im pädagogisch gemeinten Arrangement ihre Kompetenz[1] aufbauen.

Deshalb ist zu erwarten, dass in allen pädagogischen Konzeptionen und erziehungswissenschaftlichen Theoriebildungen die Kategorie der Zukunft der sich Bildenden oder der zu Erziehenden selbstverständlich und an zentraler Stelle vorkommen müsse. So formuliert Herman Nohl:

„Alle großen Pädagogen haben diesen wesensmäßigen Bezug einer wahren Erziehung auf die Zukunft mit Leidenschaft festgehalten"[2]

---

[1] Mit dieser Fassung des pädagogischen Grundgedankengangs schließe ich an eine Vorstellung von Heinrich Roth an, der im zweiten Band seiner Pädagogischen Anthropologie für das Ziel von Erziehung den Aufbau von Kompetenz als Selbstkompetenz, Sachkompetenz und Sozialkompetenz vorsieht.

[2] Die pädagogische Bewegung in Deutschland und ihre Theorie, 3. Aufl. 1949, 151, zitiert nach Klafki 1958/1963, S. 17.

W. Nieke, *Kompetenz und Kultur*, DOI 10.1007/978-3-531-18663-4_5,
© VS Verlag für Sozialwissenschaften | Springer Fachmedien Wiesbaden GmbH 2012

Überraschenderweise ist dies gegenwärtig nicht der Fall. So fehlt der Begriff in so gut wie allen aktuellen Handbüchern und Lexika der Erziehungswissenschaft, und eine Literaturdatenbank wie das Fachinformationssystem Bildung[3] liefert zum Suchwort „Zukunft" zwar sehr viele Titel, die sich aber allesamt mit Visionen und Projektionen möglicher gesellschaftlicher Zukunft befassen, nicht aber mit der basalen Kategorie der Zukunft in erziehungswissenschaftlicher Theoriebildung.

Im Folgenden soll zunächst kurz möglichen Gründen für diesen merkwürdigen Befund nachgegangen werden und sodann sollen Perspektiven für die Konstruktion der Kategorie Zukunft in erziehungswissenschaftlicher Theoriebildung aufgezeigt werden.

5.1.1.2 Möglicher Grund

Zukunft hatte im traditionellen Nachdenken über Bildung sehr wohl ihren selbstverständlichen Ort, und auch in der neueren Theoriegeschichte gab es eine Phase intensiver Beschäftigung mit ihr. Zur Erklärung des gegenwärtig zu konstatierenden Verschwindens soll die These aufgestellt werden:

Die Kategorie Zukunft ist in der Erziehungswissenschaft blass geworden, weil ihre vormalige Füllung mit den Mitteln der Futurologie vorgenommen wurde. Mit dem Scheitern des Programms der Futurologie ist zugleich die Kategorie Zukunft insgesamt obsolet geworden.

5.1.2 Die Kategorie Zukunft im traditionellen Nachdenken über Bildung

Zukunft hat im traditionellen Nachdenken über Bildung ihren selbstverständlichen und wohldefinierten Ort. Für die kontinentaleuropäische Tradition des Nachdenkens über Bildung wird hierfür stets der Gedanke von Schleiermacher zitiert, dass für eine ungewisse Zukunft die Gegenwart des Zöglings nicht aufgeopfert werden dürfe.

In den Mitschriften seiner Vorlesungen aus dem Jahre 1826 findet sich der oft zitierte Satz:

„Jede pädagogische Einwirkung stellt sich dar als Aufopferung eines bestimmten Momentes für einen künftigen, und es fragt sich, ob wir befugt sind, solche Aufopferungen zu machen." (S. 46)

---

[3] Fachinformationssystem Bildung: CD Bildung, Bibliographische Daten der Erziehungswissenschaft und zu pädagogischen Praxisfeldern. 7. Ausgabe März 2000. Frankfurt: Deutsches Institut für Internationale Pädagogische Forschung

Ein ähnlicher Gedanke findet sich, zwei Generationen früher, bereits bei Rousseau. Beide Autoren, Schleiermacher und Rousseau, haben dabei die hohe Kindersterblichkeit vor Augen, so dass viele der Kinder eine Verwendung des jetzt zu Lernenden in einem künftigen Erwachsenenleben gar nicht werden realisieren können. Schleiermacher hat seine Frage nicht in einem kontradiktorischen Sinne gemeint, so als könne und dürfe sich pädagogisches Geschehen ganz und nur auf das Hier und Jetzt beschränken. Beschrieben wird damit vielmehr eine auszuhaltende Spannung zwischen zwei Anforderungen, die beide zu berücksichtigen sind. Abgewehrt wird mit diesem Satz eine seinerzeit offenbar weit verbreitete Tendenz im pädagogischen Geschehen, überwiegend so sehr auf zukünftige Anforderungen zu sehen, dass darüber die elementaren Bedürfnisse der Zöglinge in der Gegenwart missachtet wurden, so dass davon Schaden zu befürchten war.

Hier gibt es also eine kategoriale Einbindung der individuellen Zukunft des Zöglings in die Überlegungen zum richtigen, d. h. moralisch zu rechtfertigenden pädagogischen Handeln.

5.1.3 Gegenwärtiger Diskurs über Zukunft als Gestaltungskategorie für Bildung

1958 stellte Wolfgang Klafki *Bildung und Erziehung im Spannungsfeld von Vergangenheit, Gegenwart und Zukunft* dar. Dabei ordnet er den drei geläufigen Modalitäten menschlichen Zeiterlebens pädagogische Denkweisen zu, die er als traditionalistisch, aktualistisch und utopistisch kennzeichnet. Mit diesen übersteigernden Adjektiven will er die jeweilige Einseitigkeit der Perspektive kennzeichnen. Der Bezug auf die Zukunft ist in dieser Sicht fokussiert und eingeengt auf normative Entwürfe eines besseren Lebens, auf welches hin die gegenwärtige Erziehung und Bildung zu orientieren sei.

Gegen Ende der sechziger Jahre erschien Saul Robinsohns folgenreiche Studie über *Bildungsreform als Revision des Curriculum.* Gegen die bisherigen argumentativen und theoretischen Strategien zur verbindlichen Bestimmung von Zielen und Inhalten schulischer Lehrpläne setzt er ein neues Verfahren. Während bisher in einem Diskurs über die für relevant erachteten Inhalte argumentiert und gestritten wurde und sich in den Lehrplänen die einflussreich gewordenen Positionen niederschlugen, fordert Robinsohn ein wissenschaftliches Verfahren zur Bestimmung künftiger typischer Lebenssituation der heutigen Schüler, um aus den Anforderungen, die diese Lebenssituationen stellen, die heute erforderlichen Qualifikationsvorgänge ableiten zu können, mit denen Kompetenz zur Bewältigung der solcherart bestimmten zukünftigen Lebenssituationen aufgebaut werden kann. Robinsohn lässt offen, mit welchen gedanklichen und methodischen Verfahren künftige Lebenssituationen beschrieben und bestimmt werden können. Jedenfalls scheint unbestritten, dass dies nicht durch einfache Prolongation gegenwärtiger Lebensumstände der heute bereits Erwachsenen auf die künftige Lebenssituation der heute noch nicht Erwachsenen geschehen kann, da die Gesellschaft sich in einem rapiden Wandel befindet. Der Weg und die künftigen Ergebnisse dieses Wandels müssen ihm jedoch als voraussehbar und voraussagbar erschienen sein, wenn er ein solches Programm zur Curriculumrevision und Bildungsreform entwirft.

1966 war in den USA die viel beachtete Delphi-Studie (deutsch Helmer 1967) erschienen, die das Paradigma für die in dieser Zeit rasch entstehende Futurologie, also einer Wissenschaft von der Zukunft, setzte. In semantischer Erinnerung an das antike Orakel von Delphi trat diese Studie mit dem Anspruch auf, einen methodischen Zugang zu wahrscheinlichen Aussagen über zukünftige Ereignisse und Entwicklungen gefunden zu haben. Die Methode bestand in der Aufforderung an Experten aus allen Fachgebieten, zukünftige Entwicklungen ihres Gebiets zu beschreiben und mit Zeitpunkten für ihr wahrscheinliches Eintreten zu versehen. Das entsprach – und entspricht bis heute – der in den empirisch verfahrenden Sozial- und Humanwissenschaften unbezweifelten Gewissheit, dass identifizierbare Experten bessere Aussagen über Sachverhalte zu machen in der Lage sind als Laien. In den Methodenlehren der empirischen Sozialwissenschaften findet sich dieses Verfahren als Experten-Rating und wird bis heute in zahlreichen Varianten vielfältig verwendet. Grundlage für die Erwartung, dass Experten über die zukünftige Entwicklung ihres Fachgebietes zutreffende Voraussagen zu machen in der Lage sind, war zum einen die Unterstellung linearer Trends der Entwicklungen, die auf Grund ihrer Linearität genau zu prognostizieren sind, und zum anderen die Erfahrung aus der Vergangenheit, dass Experten tatsächlich zutreffende Voraussagen hatten machen können. Selbstverständlich beanspruchte die Delphi-Studie nicht, Zukunft mit diesem Verfahren exakt vorauszusagen. Beansprucht wurde lediglich eine hohe Wahrscheinlichkeit für das Eintreten der vorausgesagten Entwicklungen und Ereignisse zum erwarteten Zeitpunkt. Darin unterschied sich diese Studie im methodischen Ansatz nicht von den stochastischen Verfahren der Voraussage wahrscheinlicher Ereignisse etwa in der Mikrophysik oder in den Human- und Sozialwissenschaften.

Ein solches oder ein ähnliches Verfahren hätte also geeignet sein müssen, die von Robinsohn formulierte Aufgabe der Bestimmung zukünftiger typischer Lebenssituationen für die heutigen Schüler zufriedenstellend zu lösen. Ehe jedoch die Erziehungswissenschaft umfangreich mit solchen Verfahren hätte arbeiten können, kam

es bereits nach kurzer Zeit zu heftiger methodischer Kritik an dem Ansatz der Futurologie, deren kurzer Boom kaum zehn Jahre andauerte (vgl. Kahn/Wiener 1967;
Flechtheim 1970) Wesentlicher Grund dafür waren einige gravierende Entwicklungen, die von keinem Futurologen vorausgesagt worden waren. Auch trafen nur
wenige der mit der Delphi-Methode gemachten Voraussagen zu dem erwarteten
Zeitpunkt und in der vorausgesagten Qualität ein. Das Programm der Futurologie
war also bereits nach kurzer Zeit gescheitert.

Damit schien auch Robinsohns Aufgabe nicht lösbar, und die Diskurse über
Bildungsreform und Curriculumrevision kehrten zu den traditionellen Verfahren
zurück.

Der Club of Rome, ein informeller Zusammenschluss von wohlhabenden Welt-
besorgten und einigen Intellektuellen, hatte mit einem Weltmodell, das vom MIT
erarbeitet worden war, auf sich aufmerksam gemacht: *Die Grenzen des Wachstums*
(Meadows 1972). Auch dies war wissenschaftliche Zukunftsforschung, aber von
methodisch anderem Zuschnitt: ein quantifiziertes, dynamisches Modell – nicht
unähnlich den seit längerem verwendeten Rechenmodellen der Ökonometrie zur
volkswirtschaftlichen Gesamtrechnung – simulierte Ressourcenverbrauch und
Umweltverschmutzung in Abhängigkeit von wachsender Weltbevölkerung und
Pro-Kopf-Verbrauch und kam zu düsteren Voraussagen. Sollte alles so bleiben wie
es war, müsste der Planet in absehbarer Zeit kollabieren. Diese Variante der Futurologie ist bis heute in Geltung. Das damals verwendete Weltmodell erwies sich zwar
als zu einfach, aber das Grundprinzip wird bis heute für gültig erachtet, und die
aktuell diskutierten Klimamodelle, aus denen sich eine Erwärmung des Planeten
auf Grund anthropogener Kohlendioxideinträge ergibt, basieren auf den gleichen
methodischen Grundlagen.

In den letzten Jahren häufen sich wieder schriftlich niedergelegte Äußerungen
zu Anforderungen der Zukunft, auf welche Bildung vorbereiten müsse. Sie kommen fast ausnahmslos aus der Sphäre der Wirtschaft, deren Protagonisten vor allem
dezidierte Anforderungen an die Persönlichkeitsprofile und allgemeinen Qualifikationen künftiger Arbeitnehmer, weniger intensiv und direkt auch künftiger Konsu-
menten stellen. Die Aussagen über solche zukünftigen Anforderungen werden mit
Emphase vorgetragen und beanspruchen unhinterfragbare Gültigkeit – so als habe
es die Methodenzweifel über gültige Aussagen über Zukunft im Zusammenhang mit
dem Programm der Futurologie nie gegeben. Bei wohlwollender Einstellung mag
man den Autoren solcher Zukunftsanforderungen unterstellen, sie seien Experten
etwa im Sinne der Delphi-Studie. Dann aber muss auf das damalige Scheitern dieses
Ansatzes verwiesen werden, und es ist überhaupt nicht zu erkennen, dass die heutigen Experten ihre Aussagen über zukünftige Entwicklungen methodisch anders
fundieren, als es seinerzeit die Experten der Delphi-Studie getan haben.

Das sei am Beispiel der Denkschrift „Zukunft der Bildung – Schule der Zukunft"
der Bildungskommission Nordrhein-Westfalen illustriert. Hier finden sich Ansätze einer methodischen Reflexion des Unterfangens, gesicherte Aussagen über die
gesellschaftliche Zukunft zu machen, um auf dieser Basis begründete Schlussfolgerungen für die Reform der Schule und des sie orientierenden Verständnisses von
Bildung zu ziehen. In dem Kapitel „Zeitsignaturen – Elemente eines zeitgemäßen
Bildungsbegriffs" wird darüber reflektiert, wie der gedankliche Zugang in die Zukunft hinein geschehen soll:

„Die Gegenwart hat kein klares Bild von ihrem Wandel und von der Gesellschaft der Zukunft. Dies machen bereits so unterschiedliche Bezeichnungen wie
postmoderne Gesellschaft, Informationsgesellschaft und Risikogesellschaft sowie
die unterschiedlichen Zukunftsprognosen und Entwicklungsszenarien deutlich. In
diesem Sinne und bezogen auf die Selbstwahrnehmung der einzelnen ist die moderne Gesellschaft eine offene Gesellschaft.

Um zu einigen Klärungen und Orientierungen zu gelangen, werden Zeitsignaturen beschrieben, in denen nach Auffassung der Kommission langfristige
gesellschaftliche Entwicklungsprozesse zum Vorschein kommen. Diese sind im
Begriff, bestehende Strukturen, gewohnte Denk- und Verhaltensweisen, überkom-
mene Orientierungsmuster nachhaltig zu verändern." (1995, S. 23 f.)

Methodisch wird hier also eine Trendextrapolation vorgenommen: was als steti-
ge Zeitreihe von der näheren Vergangenheit bis in die Gegenwart hinein feststellbar
ist, wird linear in die Zukunft verlängert. Das wäre dann zulässig, wenn die erhobenen Trends tatsächlich stabil, stetig und linear verlaufen würden. Die von der
Kommission dann jedoch aufgegriffenen Zeitsignaturen erfüllen diese Bedingungen nicht; sie sind selbst mehrheitlich noch sehr kurzfristig und bisher unstetig
verlaufen, so dass sich das Verfahren der Extrapolation aus methodischen Gründen verbietet. Es ist also zu erwarten, dass diese Aussagen über die gesellschaftliche
Zukunft ähnlich oft irrig sein werden wie es die Aussagen der Futurologie der sechziger und siebziger Jahre gewesen sind.

Seriöse erziehungswissenschaftliche Theoriebildung hat also gut daran getan, die
Füllung der elementaren Kategorie Zukunft nicht zu eng und umstandslos mit den
Mitteln und den inhaltlichen Aussagen des futurologischen Paradigmas vorzuneh-
men. Die Wahrscheinlichkeit des Irrtums wäre dabei zu groß.

Dennoch bleibt die Aufgabe bestehen, die Zukunft, und zwar sowohl die gesellschaftliche Zukunft als auch die individuelle Zukunft der zu Bildenden, in die
erziehungswissenschaftliche Theoriebildung mit aufzunehmen, und dies ergiebiger,
als das bisher geschehen ist.

5.1.4   Perspektiven für die Konstruktion der Kategorie in erziehungswissenschaftlicher Theoriebildung

5.1.4.1   Antizipation

Anthropologisch ist Zukunft eine Denkmodalität des menschlichen Grundvermögens der Antizipation, der Möglichkeit, ein Noch-Nicht zu denken. Dies kann sowohl in Bildern, in visuellen Vorstellungen geschehen als auch durch die Bindung des Gedankens an Sprache.

Wie Roger Chartier und Guglielmo Cavallo in ihrer Studie über *die Welt des Lesens* (1995) deutlich gemacht haben, ist das Aufschreiben des sprachlich Gedachten und das Wiederlesen des Geschriebenen ein stützendes kognitives Werkzeug, das komplexes Nachdenken und Vorausdenken gegenüber rein mündlicher Kommunikation und innerem Sprechen überhaupt erst ermöglichen. Schreiben und Lesen erweitern damit die menschliche Denktätigkeit und die Ausweitung der Denkräume in wesentlicher – und vermutlich oft unterschätzter – Weise.

Antizipation ist die Bedingung der Möglichkeit für Freiheit in der Gegenwart durch Ausloten der Möglichkeitsräume, die noch nicht realisiert sind und zum Teil auch nie realisiert werden. So kann nun verständlich werden, dass gerade diese Denkmodalität der Antizipation für junge Menschen von besonderer Bedeutung sein muss, da sie am Anfang einer Entwicklung und eines Lebenslaufes stehen und da in dieser Situation in großer Freiheit darüber entschieden werden kann, welche Richtungen eingeschlagen werden, was probiert und was unterlassen oder beiseite gelassen werden soll.

Antizipation ist ein Modus des Umgangs mit Zeitvorstellungen. Die heute dominierende Zeitvorstellung ist die chronologische nach der Definition der Physik als lineare Zeit. Daneben existiert die Vorstellung einer zyklischen Zeit.

Für den hier zu diskutierenden Zusammenhang ist die Differenz wichtig, dass die lineare Zeitvorstellung der Physik nicht identisch ist mit dem menschlichen Zeitbewusstsein und dem Zeiterleben. Das Zeiterleben ist an die Biorhythmen gebunden, die gegenüber der linearen Zeit periodische Abweichungen zeigen. Das Zeitbewusstsein ist fokussiert: Gegenwart kann ein Augenblick – d. h. etwa eine Sekunde oder ein Herzschlag –, eine Stunde oder ein Tag sein. Bei gleichförmigem Lebensablauf kann die Vorstellung von Gegenwart auch darüber hinausreichen. Die Gegenwart geht im Zeitbewusstsein dann in Zukunft über, wenn eine neue Ereigniskonstellation eintritt. So ist der nächste Tag üblicherweise vom gegenwärtigen Nachdenken aus betrachtet bereits Zukunft, weil eine Nacht dazwischen liegt.

Antizipation von Zukunft ist oft mit einer Transgression verbunden, einer gedanklichen Grenzüberschreitung in eine neue Ereigniskonstellation.

5.1.4.1.1 Vier Modalitäten der Antizipation

Für erziehungswissenschaftliche Theoriebildung ergibt sich aus dieser Einsicht die Aufforderung, die Modalitäten der Antizipation systematisch auszuloten und in ihrer spezifischen Perspektive auf die Welt auszugestalten. Dazu sollen hier einige Perspektiven aufgezeigt werden.

Die Möglichkeiten der gedanklichen Vorwegnahme zukünftiger Situationen und Konstellationen lassen sich auf vier Grundformen zurückführen: Prophetie, Prognose, Projektion, Planung.

(1) Die **Prophetie** ist die auffälligste Form von Aussagen über Zukünftiges, zugleich die Unalltäglichste. Ihre Faszination lebt von der alltagsweltlichen Grundeinsicht, dass niemand genau wissen kann, was in der Zukunft sein wird. Zukünftige Situationen und Konstellationen sind in ihrem Eintreten grundsätzlich ungewiss. Der Strom von gleichförmigem Alltag wird immer wieder jäh unterbrochen durch Krisen, Katastrophen und nie zuvor erlebten und gekannten Geschehnissen. Diese elementare Erfahrung ist wohl kulturinvariant von allen Menschen zu machen. Wer nun auftritt und behauptet, Zukünftiges mit Gewissheit vorhersagen zu können, dem muss auf der Folie einer solchen Elementarerfahrung besondere Aufmerksamkeit sicher sein, sei es, dass er als Phantast und Irrer verlacht und verstoßen wird, sei es, dass man ihm zuzuhören bereit ist, wenn er darlegen kann, warum ausgerechnet er – wie niemand anderes – Genaues von der unzugänglichen Zukunft zu sagen weiß. So verwundert es nicht, dass in allen Kulturen und zu allen Zeiten Menschen mit diesem Anspruch, Genaues und Gewisses über die Zukunft sagen zu können, aufgetreten sind und dass ihnen bereitwillig zugehört wird, wenn sie sich als zukunftskompetent ausweisen können. Diese Menschen können – in Anlehnung an die paradigmatische Grundfigur im Alten Testament, dem Heiligen Buch von Juden und Christen – als Propheten bezeichnet werden. Das Wesensmerkmal, das einen Propheten von einem Irren unterscheidet, ist nicht der Aussagetyp, dass er etwas über Zukünftiges zu sagen weiß, sondern die akzeptierte Glaubwürdigkeit. Die Regeln, nach denen diese Glaubwürdigkeit erwiesen und geprüft wird, hängen von den jeweiligen kulturellen und historischen Konventionen darüber ab. Die Propheten des Alten Testaments erwiesen ihre Glaubwürdigkeit durch die Behauptung, mit Jahwe, dem einzigen Gott, in Kommunikation getreten zu sein, und durch ungewöhnliche Umstände ihres äußeren Lebens, etwa Wundertaten, die den Zuhörern als Beweis für ihre Behauptung, mit Gott in Kontakt zu sein, gelten konnten. Moderne Propheten verfügen über ein großes Arsenal an Glaubwürdigkeitsbeweisen, die von Teilgruppen akzeptiert werden, von

anderen nicht. Wer davon überzeugt ist, dass die Sterne nicht lügen, der wird Propheten zuhören mögen, die mit Verweis auf astrologische Deutungen von Gestirnkonstellationen in einem tradierten Kalendersystem Aussagen über zukünftige Ereignisse oder über zukünftige Verhaltensweisen eines durch Geburt determinierten Charakters machen.

Die Befunde der empirischen Surveys[4] zu Meinungen und Einstellungen von Kindern und Jugendlichen weisen aus, dass ein großer Teil der jungen Menschen – nicht anders wie die älteren – solchen Prophetien nicht gänzlich abgeneigt ist, selbst wenn sie ansonsten ganz das monistisch materialistische Weltbild internalisiert haben, wonach der Mensch Bestandteil eines materiellen Kosmos sei, zu dessen Erklärung eine dual gedachte Geistsphäre nicht erforderlich sei. In diesem Weltbild haben Prophetien keinen Platz, da Aussagen über Zukunft nur mit den methodischen Mitteln von Prognose und Projektion möglich seien.[5] Dass viele Menschen, etwa ein Drittel der Bevölkerung des europäischen Kulturkreises, dennoch astrologische Prophetien nicht umstandslos als Scharlatanerie verwerfen, verweist darauf, dass dieses Phänomen als Anomalie in einem monistisch materialistischen Weltbild konstatiert werden muss. Konzepte von schulischer und außerschulischer Bildung nehmen davon bisher so gut wie keine Kenntnis, sondern überlassen es der privaten Sphäre. Hier zeigt sich ein Bedarf an gedanklicher Durchdringung und Aufklärung.

(2) Eine **Prognose** ist eine wissenschaftlich begründete, d. h. intersubjektiv nachprüfbare Aussage über zukünftige Situationen und Konstellationen. Sie kann mit Gewissheitsanspruch auftreten oder über eine zusätzliche Aussage mit dem Grad der Eintretenswahrscheinlichkeit eingeschränkt werden. Alltagsbeispiele wären etwa die Voraussage des Sonnenaufgangs für morgen früh als eine Aussage mit Gewissheitsanspruch und die Wettervoraussage für morgen mit einer Eintretenswahrscheinlichkeit von 0,8 oder 80 Prozent. In beiden Fällen werden bekannte Naturgesetze angewandt, und aus der Kombination mit den empirisch ermittelten Randbedingungen oder Antecedensbedingungen wird das konkrete Ereignis vorhergesagt. Viele Wissenschaftstheorien der Naturwissenschaften sehen den Sinn und die Funktion der nomothetischen Naturbeschreibung allein in der Absicht, auf dieser Grundlage verlässliche

---

[4] Etwa Jugend 2000, herausgegeben von der Deutschen Shell, Opladen: Leske + Budrich 2000, Bd. 1

[5] Im Alltagsbewusstsein ist freilich gegenwärtig, dass es so etwas wie Ahnung und Intuition als Antizipationsmodus gebe. Da es sich dabei jedoch um eine Anomalie im gegenwärtig dominierenden Weltbild handelt, findet dies keinen Eingang in systematisches Reflektieren und damit auch nicht in die Wissenschaft. Vgl. dazu jedoch die Thematisierung von Intuition in der Erziehungswissenschaft: Nieke 2000.

Voraussagen über zukünftige Ereignisse machen zu können, um auf diese Weise die natürliche Umgebung dem Menschen beherrschbar zu machen. Ontologische Prämisse dieses Verfahrens der naturwissenschaftlichen Prognose ist die Konstanzannahme, die besagt, dass die Naturgesetze invariant in Raum und Zeit gelten, dass es also in der Natur grundlegende Unveränderlichkeiten gebe, die das Formulieren von Gesetzen und die prognostische Anwendung dieser Gesetze zu Aussagen über zukünftige Ereignisse überhaupt erst ermöglichen. Der Erfolg dieser Denkmodalität in den vergangenen drei Jahrhunderten erweist, dass diese Grundannahme und das darauf basierende Verfahren den Naturverhältnissen nicht inadäquat sein kann. Daran hat auch die Entdeckung nichtlinearer Dynamiken in physikalischen Mikrosystemen, deren Zustände nicht auf die gleiche Weise vorhersagbar sind wie die zukünftigen Zustände in den Makrosystemen durch die klassische Mechanik, nichts Grundlegendes geändert.

Naheliegenderweise wurde versucht, dieses Verfahren auf den Menschen als Individuum und als Sozialwesen zu übertragen, ist doch der Mensch unbezweifelbar auch Bestandteil der Natur. Pointiert kann hierfür allerdings festgehalten werden, dass es bisher nicht gelungen ist, entsprechend funktionierende Kausalgesetze zu formulieren. Die mit dem nomothetischen Paradigma in den Humanwissenschaften, etwa in der Psychologie oder der Medizin oder der nomothetisch-empirisch verfahrenden Erziehungswissenschaft, ermittelten statistischen Korrelationen werden hypothetisch kausal interpretiert und gestatten dann stochastische Aussagen über zukünftige Ereignisse und Konstellationen, deren Eintreffenswahrscheinlichkeit meist unterhalb der Wetterprognosen liegt. Dafür sei beispielhaft nur auf die ziemlich schwache Korrelation zwischen Intelligenzquotient einerseits und künftigem Schulerfolg oder Berufserfolg andererseits verwiesen. Was immer auch die gemessene Intelligenz sein möge, die prognostische Validität für künftige damit konzeptuell verbundene Ereignisse ist gering ausgeprägt.

Der Grund dafür könnte in einer anderen Grundkonstellation liegen: die für die Naturwissenschaften als gültig unterstellte Konstanzannahme dürfte für dynamische Systeme wie Leben, Psyche, soziale Organisationen und kulturelle Deutungsmusterkonstellationen nicht in gleicher Weise zutreffen, und die Änderungen und Selbständerungen der untersuchten Objekte lassen sich mit linearen Kausalmodellen, wie sie in den Humanwissenschaften durchgängig verwendet werden, nicht zureichend erfassen. So mag einstweilen unentschieden bleiben, ob Prognosen über Humanes grundsätzlich unmöglich sind und bleiben oder ob es nur an angemessenen Denkwerkzeugen fehlt, die das künftig doch ermöglichen werden. Jedenfalls kann konstatiert werden, dass Prognosen über Humanes mittels Kausalmodellen für den Einzelfall derzeit unergiebig sind.

Auch deshalb behilft man sich mit einer mechanischen Variante von Prognostik, der **Trendextrapolation**. Aus in Vergangenheit und Gegenwart ermittelten Zeitreihen werden zukünftige Ereignisreihen prognostiziert. Aus den vergangenen und gegenwärtigen Geburten kann so errechnet werden, wieviele Schüler es in einigen Jahren geben wird und wieviele Studenten in einigen Jahrzehnten. An diesem Beispiel kann leicht deutlich werden, dass die Validität einer solchen Extrapolation von weiteren hinzu kommenden Faktoren abhängt und vor allem dass die Konstellationen konstant bleiben müssen, um zu richtigen Ergebnissen zu kommen. Da dies empirisch nicht der Fall ist, wie solche Extrapolationen der Vergangenheit beweisen, werden nun verschiedene Pfade oder Szenarios berechnet, um einen größeren Raum von wahrscheinlich eintretenden Ereigniskonstellationen bestreichen zu können. Extrapolationen weisen heute also nicht mehr lineare Entwicklungen aus, sondern breite Korridore möglicher Entwicklungen.

Diese Prognosen treten nicht mehr mit dem Anspruch von Gewissheit auf, sondern wollen nur noch mögliche Entwicklungen sichtbar machen, und dies manchmal auch mit einer quantifizierbaren Eintretenswahrscheinlichkeit.

(3) Eine **Projektion** will keine Aussage über wahrscheinlich eintretende Ereignisse und Konstellationen machen, sondern *mögliche Zukünfte* erdenken, ausdenken und Wege zu ihrer Realisierung ersinnen. Hierfür haben sich zwei Wege herausgebildet: die Vision und das Szenario.

Visionen sind ursprünglich Traumgesichte, also meist in psychischen Ausnahmezuständen entstandene und als von außen empfangen wahrgenommene Bilder von zukünftigen Ereignissen. Sie waren damit Bestandteil von Prophetien. Heute wird für jede Absatzplanung eines Wirtschaftsunternehmens bereits eine Vision bemüht. Damit ist nichts weiter gemeint als eine Vorstellung über neue Wege, um abgegraste Weidegründe verlassen zu können und neue aufzufinden. Die ernsthaftere und komplexere Variante einer Vision ist die Utopie. Damit ist eine Vorstellung von wünschenswerten Lebensumständen gemeint, die heute noch nicht oder vielleicht grundsätzlich nicht realisierbar sind. Solche Vorstellungen wurden in der Renaissance auf örtlich unbestimmbare Inseln und Areale verlegt. Das war möglich, solange die Erdkarte noch unbereiste weiße Flecken enthielt. Als diese verschwanden, musste die Utopie in die unbekannte, grundsätzlich für alles Mögliche offene Zukunft verlagert werden. Die Funktion von Utopien besteht in Kritik an gegenwärtig fragwürdigen Zuständen und dem Aufzeigen grundsätzlich denkmöglicher Alternativen dazu, unabhängig von ihrer konkreten Realisierbarkeit.

Ernst Bloch (1974) hat mit seinem Begriff der konkreten Utopie versucht, die grundsätzliche Irrealität einfacher Wünsche und Träume, die sich in Utopien Bilder schaffen, mit dem Nachdenken über einen – wenn auch vielleicht langen und schwierigen – Weg zur Realisierung zu verbinden. Konkret ist ihm eine Utopie dann, wenn sie grundsätzlich erreichbar und realisierbar gedacht wird, unabhängig davon, dass schon der genaue Weg und die Schritte dorthin bestimmt werden können.

Die gegenwärtigen abendländischen Vorstellungen von Erziehung und Bildung stimmen darin überein, dass die Heranwachsenden dazu befähigt werden sollen, ihre Zukunft nach eigenen Vorstellungen gestalten zu können. Dabei sollen sie auch andere Wege gehen dürfen als die vorangehende Generation, selbst dann, wenn deren Angehörige dies bedenklich finden. Das wird mit Leitbegriffen wie Freiheit, Mündigkeit und auch Emanzipation angesprochen. Es liegt deshalb nahe, dass die heranführende Begleitung der jungen Menschen an diesen Status der Selbstbestimmung – also das, was gemeinhin unter Erziehung und Bildung an institutioneller, kommunikativer und interaktiver Unterstützung verstanden wird – gerade auch diese Denkmöglichkeiten aufzeigt, anregt und einüben lässt, die das Noch-Nicht im eigenen Sinne ausdenken lässt. Utopisches Denken, das Ersinnen von Projektionen der eigenen Zukunft zu ermuntern, gehört also elementar zu den Aufgaben pädagogischen Handelns und Arrangierens.

Der zweite Weg für Projektionen ist das Erstellen von **Szenarien**. Hierbei werden die Verfahren der Prognose über mögliche und wahrscheinliche Entwicklungsverläufe in die Zukunft hinein mit Projektionen über wünschenswerte Konstellationen so verbunden, dass der Weg dorthin in klaren Entscheidungs- und Handlungsschritten deutlich wird. Der Ausgangsschritt ist ein Grundszenario von der Art: *wenn nichts geschieht, wird x eintreten*. Also etwa: wenn nichts geschieht, wird es zu einer Überwärmung der Erdatmosphäre durch den anthropogenen Eintrag von Kohlendioxid mit katastrophalen Folgen kommen. Diesem Schreckensszenario wird eine Lösungsalternative entgegengestellt, die für dieses Beispiel so ausgestaltet ist, dass die Menschheit ihren Kohlendioxideintrag in die Atmosphäre alsbald um mindestens 25 Prozent senken soll, damit diese Katastrophen nicht eintreten. Meist kommen dann weitere Alternativen hinzu, in denen Gewünschtes und Vermutetes zu Handlungsketten und ihren voraussichtlichen Wirkungen verbunden werden.

(4) Eine **Planung** von Handlungen, durch welche Auswirkungen entstehen, die in die Zukunft hinein wirken, kann Zukunft gestaltet und bewältigt werden. Das geschieht im Alltag, in der Politik und im Wirtschaftsleben, und zwar ganz un-

abhängig von der jeweiligen Wirtschaftsordnung. Nicht nur in der so genannten Planwirtschaft wird ständig und weit im Voraus geplant. Anders könnten komplexe, aufeinander bezogene Aktionen bei hoher Arbeitsteilung gar nicht koordiniert werden.

Kinder und Jugendliche planen nicht von sich aus, sondern müssen dazu angehalten werden. Sie leben im Allgemeinen in der unmittelbaren Gegenwart, im Hier und Jetzt. Bildung im Sinne des Erlernens von Wissen erfordert jedoch, wie schon von Schleiermacher bis heute gültig formuliert, ein Zurückstellen dieser unmittelbaren Gegenwartsorientierung zugunsten eines Ziels, das in der individuellen Zukunft liegt. Die sozialwissenschaftliche Benachteiligungsforschung hatte auf der Basis einfacher Schichteinteilungen der Gesellschaft in den sechziger Jahren hier einen Unterschied zwischen Unterschicht- und Mittelschichtorientierungen ausgemacht: nur in letzteren werde den Kindern ein Bedürfnisaufschub anerzogen, der Voraussetzung für effektives Lernen in der Schule sei. Hierin drückt sich eine offenbar funktionale Zukunftsbezogenheit für systematisierten Wissensaufbau aus, die nicht ohne weiteres durch etwas anderes ersetzt werden kann.

Inzwischen sind in den Milieus und Lebenswelten, die in der älteren Sozialstratifizierung der Mittelschicht zugerechnet worden wären, Formen von Zeitplanung auch für Kinder zu beobachten, wie sie bislang nur von Führungskräften bekannt waren: Bereits Kinder führen Terminkalender über ihre Freizeitaktivitäten, da die Zeit außerhalb der Halbtagsschule so angefüllt wird mit zusätzlichen Bildungsarrangements – Musik, Ballett, Sport – und Events, also Ereignisinszenierungen intensiven sensativen Konsums, dass die Übersicht nur noch mit einer schriftlichen Zeitplanungstechnik behalten werden kann.

Aus diesem Befund wird die Aufgabe für Erziehung und Bildung deutlich: Es ist so etwas wie eine Planungskompetenz erforderlich. Dabei muss begründet zwischen der Überfülle möglicher Ziele entschieden werden können, die in der individuellen Zukunft realisiert werden können und sollen und für die in der Gegenwart etwas getan werden muss, was meist in Widerspruch zur unmittelbaren Bedürfnisbefriedigung steht. Damit es zu solchen Handlungen in der Gegenwart kommen kann, bedarf es der Selbstkontrolle und Selbstdisziplin, also einer Form des Umgangs mit sich selbst, die etwas unmodern geworden zu sein scheint. Bei einer solchen Lebensplanung muss jedoch auch berücksichtigt werden, dass Erfolg zwar geplant werden muss, wie es die Führungslehren aus dem Bereich der Betriebswirtschaftslehre behaupten und wie es bis in die Ratgeberliteratur für Eltern hinein wirkt, dass aber zugleich die Bedingungen zukünftigen Lebens so unvoraussehbar geworden sind, dass diese Zukunftsoffenheit zugleich mitbedacht werden muss. Die Planung darf also nicht geschlossen angelegt werden, sondern muss offen für unvorhersehbare Ereignisse sein. Das ist keine leichte Aufgabe, weil die geläufigen Planungsinstrumentarien eben dies nicht hinreichend berücksichtigen. Eminent pädagogisch ist und bleibt die von Schleiermacher formulierte Aufgabe, die Ziele für die Zukunft mit den Bedürfnissen der gelebten Gegenwart in verantwortlicher Weise zu vermitteln.

5.1.4.1.2 Zukunftwerkstatt

Aus dem bis hierher zu den Modalitäten der Antizipation Ausgeführten sollte deutlich geworden sein, dass die Modalitäten der Prophetie und der Prognose für pädagogisches Handeln und seine theoretische Orientierung weniger relevant sind als die Modalitäten der Projektion und der Planung.

Zur gestaltenden Einübung in diese beiden Modalitäten der Antizipation hat sich ein Verfahren herausgebildet, das inzwischen auch in pädagogischen Feldern – in der Schule, in der Erwachsenenbildung, der außerschulischen Jugendbildung und der Sozialplanung – gelegentlich Anwendung findet: die Zukunftswerkstatt (vgl. etwa Dauscher 1998)

Die Idee stammt von dem Journalisten Robert Jungk, der durch die Erschütterung über die in Hiroshima und Nagasaki auf furchtbare Weise sichtbar gewordenen Auswirkungen der Atomkernkettenreaktionstechnologie den Rest seines intellektuellen Lebens der Bewältigung solcher Entfesselungen menschlichen Tuns widmete und dies mit den Mitteln der Zukunftsforschung versucht hat. Er löste sich bald von den Verfahren der Prognose und verband die Verfahren der Projektion und Planung in seinem Konzept der Zukunftswerkstatt (vgl. Jungk/Müller 1989). Der Grundgedanke besteht in der Kombination aus dem Weiterdenken bekannter Entwicklungen in wahrscheinlichen Szenarien und dem Ersinnen dagegen gesetzter wünschenswerter Szenarien in einem gelenkten Gruppenprozess. Er ist von dem Optimismus getragen, dass es den Menschen grundsätzlich möglich ist, absehbare katastrophische Entwicklungen durch entschiedenen kollektiv artikulierten Willen abzuwenden. Das ist auch naheliegend, weil die Alternative in einem Fatalismus bestehen müsste, der solche Entwicklungen als unabänderliches Schicksal baldigen Untergangs der Menschheit akzeptierte und dies allenfalls noch in stoischer Bändigung von Furcht und Auflehnung ertrüge.

Inzwischen liegen verschiedene methodische Varianten für die Durchführung von Zukunftswerkstätten vor, mit denen sich auch weniger schicksalsträchtige Fragen der Zukunftsgestaltung bearbeiten lassen. Dabei werden Formen partizipativer Planung und neue Methoden der Strukturierung von Leistungs- und Entscheidungsprozessen in Gruppen einbezogen und miteinander kombiniert. Diese Methoden können für die genuin pädagogische Aufgabe genutzt werden, Gestaltungskompetenz für die individuelle und die gesellschaftliche Zukunft aufzubauen.

5.1.4.2 Individuelle und gesellschaftliche Zukunft

Bisher war überwiegend von der individuellen Zukunft der zu Erziehenden und sich Bildenden die Rede. In den tradierten Reflexionen über das Verhältnis pädagogischen Handelns auf die Zukunft ist aber stets auch präsent, dass es dabei nicht nur um die individuelle Zukunft der Edukanden geht, sondern auch um die Verantwortung für die zukünftigen gesellschaftlichen Verhältnisse.

In der **individuellen** Dimension des Zukunftsbezugs pädagogischen Handelns geht es um die Ermöglichung von Freiheit. Durch Antizipation von Möglichkeitsräumen, die notwendig in der Zukunft liegen, soll der Freiheitsraum für gegenwärtige Entscheidungen und für das Handeln in der Gegenwart geschaffen werden, da die Folgen in die Zukunft ausgreifen und von daher berücksichtigt und bewertet werden müssen.

Die Aufgabe pädagogischen Handelns besteht in der Unterstützung des Aufbaus von Gestaltungskompetenz. Sie besteht zum einen aus den kognitiven Strategien der Zukunftserschließung durch Projektion und Planung, verbunden mit dem erforderlichen Sachwissen über die Bereiche, auf welche sich die Gestaltung erstrecken soll. Zum anderen ist ein reflektierter Umgang mit sich selbst, einschließlich der bereits erwähnten Selbstkompetenz mit der Komponente Selbstdisziplin, Bestandteil einer solchen Gestaltungskompetenz.

Die besondere Aufgabe und Verantwortung der Pädagogen besteht in ihrer – zu erwerbenden und zu haltenden – Fähigkeit des weitergehenden Blicks in die Zukunft. Das mag am Beispiel der Talentförderung deutlich werden, gegenwärtig unter der Konkretisierung der Hochbegabtenförderung diskutiert. Kinder und Jugendliche können nicht den Blick dafür haben, was ihnen auf der Basis ansatzweise erkennbarer besonderer Leistungsfähigkeiten in der Zukunft für spezifische Möglichkeiten offen stehen können. Dieser Blick kann und muss ihnen von entsprechend gebildeten Pädagogen geöffnet werden. Trotzdem muss diese Perspektive in die Freiheit des Kindes eingebunden bleiben. Die in der Diskussion über Hochbegabtenförderung oft anzutreffende Vorstellung, Talente müssten im gesellschaftlichen Interesse gefördert werden, oder die Bemühungen ehrgeiziger Eltern, die Talente ihrer Kinder – etwa im Profisport oder in der Musik – effektiv zu vermarkten, verletzen diesen Grundsatz der Rückbindung an die zu erhaltende Freiheit der betroffenen Kinder und Jugendlichen.

Die **gesellschaftliche** Dimension des Zukunftsbezugs pädagogischen Handeln hat das Funktionieren der Gesellschaft im Blick. Entsprechend wird hier auf die Anpassung der Nachwachsenden an die Funktionsbedingungen gesehen. Die eingangs erwähnten zahlreichen Titel über Zukunft im pädagogischen Schrifttum beschäftigen sich nahezu ausnahmslos mit solchen Anpassungserfordernissen der künftigen Arbeitswelt und politischen Gesellschaft. Gefordert ist hier Anpassungskompetenz, also ein Vermögen, die eigenen Strebungen und Fähigkeiten den gesellschaftlich organisierten Anforderungen unterzuordnen und zu anzuschmiegen. Anpassungskompetenz ist einerseits ebenfalls auf Selbstdisziplin angewiesen, andererseits ist sie Bestandteil der Sozialkompetenz, die den Menschen auf die anderen orientiert, da er für sein Überleben auf sie angewiesen ist. Anpassung schränkt die individuelle Freiheit unvermeidlich ein. Allenfalls begrenzte Spielräume, innerhalb derer die Anpassung stattfinden kann, sind möglich, und das Ausloten dieser Spielräume verweist auf die schon erörterten Modalitäten der Antizipation.

Diese Anpassung ist die individuelle Zumutung und Leistung dessen, was Dahrendorf die *ärgerliche Tatsache der Gesellschaft* genannt hat (Dahrendorf 1967). Die Anforderungen des Zusammenlebens schränken die individuelle Freiheit unvermeidlich und notwendig ein, und das kann nicht konfliktfrei geschehen, weil die individuellen Strebungen dafür zurückgenommen und kanalisiert werden müssen.

Die Pädagogen haben über diese eher negativ anmutende Aufgabe hinaus jedoch eine weitere, nämlich die Tradierung von Kultur zu gewährleisten. Kultur existiert zwar auch in ihren Objektivationen, den Bauwerken, Kunstwerken und materialisierten Schriften, aber sie lebt nur, wenn sie in menschlichen Trägern wirkt, und das kann nicht anders geschehen als durch die Bildung dieser Menschen. Das gesellschaftliche Niveau von Kultur ist ständig gefährdet. Kulturverluste können von einer Generation auf die nächste eintreten, wenn der Tradierungsprozess sich verändert, Störungen bekommt oder ineffektiver gestaltet wird. So stehen Hochkulturen in der ständigen Gefährdung von Dekulturation, und es dürfte nicht schwer fallen, auch in der Gegenwart unseres Kulturkreises Anzeichen für eine solche von einer Generation zur nächsten stattfindende Dekulturation zu finden. Damit Menschen Träger von Kultur werden können, müssen sie sich bilden, und dies erfordert manchmal eine Aufopferung des gegenwärtigen Moments für einen zukünftigen, wie Schleiermacher das ausgedrückt hat.

Das aber kann auch für die jungen Menschen bereits sinnvoll gemacht werden. Darin besteht die bleibende Aufgabe der Pädagogen angesichts der gesellschaftlichen Zukunft einer Hochkultur.

5.2 Religion als Bestandteil von Allgemeinbildung: Weltorientierung statt Religionslehre (2006)

5.2.1 Vorbemerkung

Die folgenden Überlegungen entstammen dem Umkreis einer erziehungswissenschaftlichen Theorie der Allgemeinbildung und argumentieren dementsprechend zum einen mit historischen Analysen und zum anderen mit Paraphrasen des aktuellen gesellschaftlichen veröffentlichten Diskurses über das permanent strittige Thema der Allgemeinbildung. Im Fokus steht das Erfordernis der Einordnung der einzelnen Bestandteile einer für notwendig gehaltenen Allgemeinbildung in einen übergreifenden Zusammenhang, und in diesem Zusammenhang wird der Religionsunterricht im Allgemeinbildungsauftrag der staatlichen Schulen aus einer nicht-kirchlichen und nicht-theologischen, sondern einer bildungstheoretischen Perspektive betrachtet und in seinen Funktionsbezügen analysiert. Das wird und muss für Religionspädagogen insofern ungewöhnlich und befremdlich sein, als die bisher noch weitgehend selbstverständliche Prämisse, dass es Religionsunterricht in seiner bisherigen Form als Pflichtunterricht an staatlichen Schulen, aber unter kirchlicher Fachaufsicht gibt und weiterhin geben wird, auf ihre Gültigkeit im Kontext sich säkularisierender Gesellschaften und ihrer normativen Diskurse überprüft wird. Dabei steht nicht der Gegenstand des Bemühens eines solchen Unterrichts in Frage, sondern allein seine institutionelle Verfasstheit.

In Argumentationsanalysen kann ein Autor nie seine eigene Position verleugnen, mag er sich noch so neutral und einer personunabhängigen Wahrheit verpflichtet sehen. Meine Position ist in der Auseinandersetzung mit dem Entmythologisierungsprogramm von Rudolf Karl Bultmann entstanden, mit dem ich mich bereits als Jugendlicher intensiv beschäftigt habe. Auf meine jugendlichen Fragen nach dem Sinn des Ganzen fand ich in den mythischen Erzählungen meiner Religionslehrer, aber auch in denen der übrigen Weltreligionen, keine akzeptablen Antworten, spürte aber, dass hinter der archaischen Form eine Weltdeutung steckte, die aus der Perspektive einer positivistischen Wissenschaft, von deren Erklärungskraft ich fasziniert war, zu Unrecht als zu überwindender Aberglaube diskreditiert wurde (und bis heute wird). Bultmann wies mir einen Weg, das Zeitgebundene der Botschaft von ihrem Kern zu entfernen – auch wenn ich nicht seinen Rückgriff auf die Existenzialontologie von Heidegger mitvollzogen habe.

5.2.2 Allgemeinbildung heute: Vom Kanon allgemeinbildender Fächer zum Menschenbild der Kompetenz

Aus der Perspektive der Allgemeinen Erziehungswissenschaft ist die Thematisierung von Religion im Prozess des Aufwachsens vor allem im Kontext der Theorien von Allgemeinbildung relevant. In den neueren Theorien im deutschsprachigen Bereich (etwa Tenorth 1986, Klafki 1994, von Hentig 1996) findet sich jedoch bemerkenswerterweise dazu kaum etwas Gehaltvolles, und der Grund dafür dürfte in der spezifischen Theoriekonstruktion dieser Theorien zu suchen sein: Nachdem es keinen universal oder konsensuell begründbaren Kanon von Allgemeinbildung mehr gibt und in einer sich als pluralistisch verstehenden Kultur und Gesellschaft auch nicht geben kann, ziehen sich diese Theorien auf rein formale Überlegungen zurück und überlassen die inhaltliche Füllung und Ausgestaltung den sich Bildenden und den in den Bildungsinstitutionen für sie Verantwortlichen.

Dadurch wird der bisher tradierte Bildungskanon, das Spektrum der für notwendig gehaltenen Unterrichtsfächer in den allgemeinbildenden Schulen, obsolet. Was in der Schule gelehrt und gelernt werden soll, muss nun ganz neu begründet werden. Der bisher als fraglos gültig unterstellte Kanon[6] besteht seit Beginn des 19. Jahrhunderts in Deutschland[7] aus:

1. der Verkehrssprache des Landes zum Aufbau kommunikativer Kompetenz und zum Erschließen der Nationalliteratur, die eine nationale Identität festigen soll;
2. ein bis zwei Fremdsprachen zum Erschließen der (unübersetzten und übersetzbaren) hochkulturellen Literatur in diesen Sprachen;
3. Mathematik als Vermittlung nützlicher Rechentechniken und formale Basis für die mathematisierten (Natur-)Wissenschaften;
4. die drei Naturwissenschaften Physik, Chemie und Biologie, davon mindestens eine als Pflichtfach;
5. Geschichte als Nationalgeschichte zur Festigung der nationalen Identität;
6. Musik und darstellende Kunst zum kundigen Nachvollzug der hochkulturellen Kunst und zur Entfaltung schöpferischer Eigenkräfte;
7. konfessionell gebundene Religionslehren zur moralischen und weltanschaulichen Einbindung in die faktischen und durch Verträge zwischen Staat und den beiden christlichen Kirchengruppen festgelegten Staatsreligionen;
8. Sport zur Körperertüchtigung (zunächst und früher: Wehrertüchtigung) als Basis lebenslanger Gesundheit.

Nach 1945 neu hinzugekommen ist als Vorbereitung auf die Aufgaben des Staatsbürgers in einer Demokratie: Politik oder Sozialkunde.

---

[6] Dieser Kanon ist zunächst im Gymnasium realisiert worden, von dort aber in reduzierter Form auf alle Formen der grundlegenden (Volksschule, Hauptschule) und mittleren Abschlüsse (Realschule) übertragen worden.

[7] Die Kanones in Frankreich und England weichen davon ab. So etwa fehlt die Religionslehre in Frankreich als Folge des seit der großen Revolution durchgesetzten Prinzips weltanschaulicher Neutralität des Staates und ist durch Philosophie ersetzt worden.

Dieser Kanon wird in den verschiedenen Schulformen durch einen Kranz von hinzu tretenden Vertiefungs- und Wahlfächern ergänzt, und dies wegen der föderalen Kulturhoheit der Bundesländern in jedem Land anders.

Ein solcher Kanon hat offensichtlich **nicht** das Ziel, die nachwachsende Generation für ihre Aufgaben in ihrem Alltag tüchtig zu machen; das wird der elterlichen Bildung und der Berufsbildung überlassen. Vielmehr steht dahinter die Vorstellung der Prägung eines Bürgers, der sich mit seinem Nationalstaat identifiziert. Darüber hinaus soll diese Allgemeinbildung alle – seinerzeit – relevanten Wissensbereiche so erschließen, dass darauf im Erwachsenenleben eine berufliche oder private Spezialisierung aufbauen kann.

Aus der Einsicht, dass dieser Bildungskanon zum einen gar nicht auf die Anforderungen an die nachwachsende Generation zureichend vorbereiten kann und dass es zum anderen gegenwärtig nicht mehr auf die Herausbildung einer nationalen Identität durch die Enkulturation in eine definierte Nationalkultur ankommen kann, sind andere Begründungsformen für den gesellschaftlich zu normierenden und theoretisch zu begründenden Auftrag für eine Allgemeinbildung für alle entwickelt und in den öffentlichen Diskurs darüber eingeführt worden. Die beiden Hauptformen verwenden einen utilitaristisch begründeten und inhaltlich beliebig auffüllbaren Begriff von Qualifikation und ein letztlich anthropologisch begründetes Kompetenzmodell.

Qualifizierung statt Bildung war das Programm der siebziger Jahre des vergangenen Jahrhunderts, entstanden aus dem so genannten Sputnik-Schock[8] im Wettrüsten der beiden Machtblöcke und aus dem Vordringen des behavioristischen Paradigmas aus der Psychologie in den Diskurs über Bildungsfragen. Die Anforderungen an die institutionalisierte Allgemeinbildung sollten nicht länger aus einem tradierten Kanon eines für wichtig erachteten gelehrten Wissens abgeleitet werden, sondern sich aus typischen künftigen Lebenssituationen ableiten lassen und in Form von operationalisierbaren und damit zuverlässig messbaren Qualifikationen beschreiben lassen. Auch wenn dieses Denkmodell in der Berufsbildung weiter-

---

[8] Da dieses Weltalter durch so etwas wie eine weltweite Kulturrevolution nach dem Zusammenbruch der Sowjetunion heute als vergangen in die Ferne einer irrelevant gewordenen Vergangenheit gerückt ist, sei daran erinnert, dass die Sowjetunion mit ihrem Sputnik genannten ersten künstlichen Erdsatelliten in der westlichen Welt die Panik auslöste, man könne in einen technologischen Rückstand gefallen sein. Die Antwort bestand in massiv verstärkter Bildungsexpansion, um genügend exzellente Wissenschaftler und Techniker für dieses mentale Wettrüsten zur Verfügung zu haben, das ja – wegen der auf der Technologie von Interkontinentalraketen basierenden Szenerie der atomaren Abschreckung – im wörtlichen Sinne lebensentscheidend zu sein schien. Auch die Bildungsexpansion in Westdeutschland ab 1966 war diesem Motiv verpflichtet.

hin anzutreffen ist, kann es doch insgesamt und vor allem für die Bestimmung von Allgemeinbildung als gescheitert angesehen werden. Es ist nicht gelungen, zukünftige typische Lebenssituationen zu identifizieren, was unter anderem durch das Scheitern des Programms der Futurologie zu erklären ist (vgl. Nieke 2001), und die Versuche der Beschreibung von Bildungsanforderungen in Form von operationalisierbaren Qualifikationen auf der Basis des an einfachen Tiermodellen entwickelten Behaviorismus unterschlagen das komplexe Geschehen des menschlichen Lernens, auf dem Bildung aufruht. Mit der Ablösung des behavioristischen Paradigmas in der Lernpsychologie durch umfassendere Ansätze von Kognitionspsychologie ist der Begriff der Qualifikation auch lerntheoretisch obsolet geworden.

Die gegenwärtig verwendeten Kompetenzmodelle schließen an den aktuellen Stand der Kognitionspsychologie an und differenzieren Bereiche menschlicher Weltbewältigungsfähigkeit aus, die für das Überleben und die Ausgestaltung der menschlichen Existenz in ihrer natürlichen und sozialen Umwelt erforderlich ist. Die verschiedenen Modelle unterscheiden sich nur im Ausdifferenzierungsgrad, gehen aber faktisch alle auf das anthropologisch begründete Grundmodell von Heinrich Roth (1971) mit den drei Kompetenzbereichen der Sachkompetenz, Sozialkompetenz und Selbstkompetenz zurück. Die Entwicklung geht bis hin zu überkomplexen Modellen mit fast beliebig vielen Teilkompetenzen, vor allem in der Berufsbildung. Hier scheint an die Stelle der früheren endlosen Qualifikationskataloge oft nur der Terminus Kompetenz eingeführt worden zu sein, ohne den Grundgedanken des Kompetenzmodells zu berücksichtigen, dass es einige wenige Grundbereiche differenter Kompetenzen gibt, die inhaltlich genau unterschieden werden können und die auf unterschiedlichen Lernwegen aufgebaut werden.

Für den Diskurs über Allgemeinbildung folgenreich ist die Verwendung des Kompetenzmodells bei der Bestimmung von kultur- und lehrplanunabhängigen Schülerleistungen in den international vergleichenden Schulleistungsstudien, etwa in der von der OECD durchgeführten Studie PISA (Baumert u. a. 2000). Hier werden Schülerleistungen nicht durch die Erreichung von Lehrplanzielen der jeweiligen Schulform des jeweiligen Landes gemessen, sondern durch die Verwendung von Konstrukten wie Lesekompetenz (literacy) oder mathematische Modellierungsfähigkeit. Die Reaktion der deutschen Bildungspolitik darauf ist die Festlegung von an diesen Kompetenzen orientierten so genannten Bildungsstandards, die den bestehenden Lehrplänen unterlegt werden sollen und damit eine implizite Gewichtung von Lehrzielen und Unterrichtsinhalten der bisherigen Lehrpläne, ganz unabhängig von ihrer bisherigen Begründung, vornehmen: Nur noch das ist wichtig, was in den Kompetenztests abgefragt wird und werden kann. Bisher wird kaum diskutiert, ob diese Kompetenzmodelle tatsächlich die relevanten Kompetenzen erfassen und wie diese Relevanz begründet werden kann. Faktisch unterliegen diesen Kompetenzmodellen, wie insgesamt dem gesamten Ansatz, Bildungsziele als Kompetenzen zu beschreiben, implizite Menschenbilder mit einem empirischen und einem – bisher weitgehend unthematisierten – normativen Anteil, der beschreibt, wie ein ideal gebildeter Mensch in dieser Zeit sich in seiner Welt zurechtfinden und handlungsfähig werden soll. Bei Heinrich Roth ist dieser normativ-anthropologische Begründungsanteil noch deutlich ausgewiesen. Er geht von der Idealvorstellung eines mündigen Subjekts aus, betont also die Befähigung zur Realisierung höchstmöglicher individueller Freiheit. Bei den gegenwärtig kursierenden Kompetenzmodellen scheinen eher die Außenanforderungen der übermächtig gewordenen Wirtschaftssphäre an funktionale Arbeitskräfte zu dominieren.

5.2.3 Der fragwürdig gewordene Ort der Religionslehre im aktuellen Diskurs über Allgemeinbildung

Angesichts dieser Diskurse über Allgemeinbildung kann es nicht verwundern, dass die Religionslehre als Unterrichtsfach in allgemeinbildenden Schulen an den Rand gedrängt oder ganz in Frage gestellt wird. Eine obligatorische, kirchlich gebundene religiöse Unterweisung hat keinen Platz in einem Katalog von Kompetenzen zur Weltbewältigung in einer ökonomisch dominierten Welt, aber ebenfalls nicht in einem anthropologisch fundierten Kompetenzmodell, das sich an der Zielvorstellung eines mündigen Subjekts orientiert – einer Zielvorstellung, die ja im Zeitalter der Aufklärung gerade in Ablehnung einer fraglos vorgegebenen religiösen Bindung als (vermeintlicher) Unfreiheit entwickelt worden ist.

Während der traditionelle Bildungskanon die Religionslehre noch fraglos als Pflichtfach enthalten konnte, ist dies in einer sich pluralistisch verstehenden Demokratie nicht mehr möglich. In der Konsequenz muss der Besuch freiwillig sein, und ein Nichtbesuch kann allenfalls mit dem substitutiven Pflichtfach Ethik sanktioniert werden. Konsequenter ist die Lösung, die Religionslehren der christlichen Kirchen in ein umfassendes Unterrichtsfach zur Weltorientierung einzufügen, wie das mit dem Konzept *Lebensgestaltung – Ethik – Religion* im Bundesland Brandenburg versucht wird.

Vollends fragwürdig ist die Konstruktion, Religionslehre als Leistungsfach zu werten, da Inhalte einer Doxa nicht mit den Inhalten der anderen Unterrichtsfächer der Allgemeinbildung, die allesamt auf wissenschaftlichen Grundlagen aufruhen, vergleichbar sind. Wenn hingegen in der Religionslehre religionswissenschaftliche Inhalte thematisiert würden, wäre eine Vergleichbarkeit gegeben – aber Religionswissenschaft soll ja nach dem Willen der christlichen Kirchen eben nicht die Basis des Unterrichtsfaches Religionslehre sein.

In der Konsequenz dieses Befundes liegt die – durchaus radikale – Konsequenz, die Relevanz des Faches Religionslehre in den Lehrplänen aller Schulformen grundlegend zu prüfen. Vor allem der internationale Vergleich zeigt, dass diese Lösung, Themen der Religion den Kindern und Jugendlichen nahe zu bringen, keineswegs die einzige oder auch nur dominierende ist, sondern eine kontinentaleuropäische Sonderentwicklung darstellt, die sich der wechselvollen Machtgeschichte des Verhältnisses der Nationalstaaten mit der katholischen Kirche und später auch den protestantischen Landeskirchen verdankt.

5.2.4   Die Thematisierung von Religion in der Allgemeinbildung

Wenn also Religion im Rahmen der schulischen Allgemeinbildung weiterhin ihren akzeptierten Ort haben soll, dann sind dazu erziehungswissenschaftliche Argumente erforderlich. Dazu muss zunächst eine Klärung des Religionsbegriffs versucht werden.

5.2.4.1   Enger und weiter Religionsbegriff

Viele Theologen und Religionspädagogen verwenden einen weiten Begriff von Religion, der es ihnen erlaubt, jede Frage eines Menschen nach dem Woher und Wohin des Ganzen bereits als ein religiöses Bedürfnis zu interpretieren. Es ist deshalb für die folgende Erörterung ein enger und ein weiter Religionsbegriff zu unterscheiden:

Religion im engeren Sinne bedeutet die Rückbindung an ein höheres Wesen (oder auch mehrere davon), zu dem die Menschen vermittelt Kontakt erhalten können, ohne es verstehen zu können. Dieses Wesen gebietet unbedingte Normen, die zu respektieren und einzuhalten sind. Diese Definition umschließt die Hoch- oder Buchreligionen, aber auch viele andere Ausprägungen dessen, was allgemein Religion genannt wird.

Religion in einem weiten Sinne geht über diese Bestimmungsmerkmale hinaus und umfasst jede Frage nach übergreifenden Zusammenhängen, welche die unmittelbar gegebene Lebenswelt des Menschen überschreiten. Diese Einbeziehung der Transzendenz lässt die Grenzen zur Philosophie fließend werden, jedenfalls soweit sich Philosophie dieser Frage nach der Transzendenz nicht verschließt. Damit umfasst Religion weitaus mehr als den Glauben an ein höheres Wesen und eine von diesem gegebene Moralbegründung; sie umgreift auch alle Mythen vom Anfang und vom Ende der Welt zur umfassenden Welterklärung. Bei einer so weit gefassten Definition können sogar Welterklärungen als religiös genommen werden, die dies für sich gar nicht in Anspruch nehmen oder sogar ablehnen, etwa naturwissenschaftliche Kosmologien, wenn sie die vorhandene Datenbasis überschreiten und spekulative Prolongationen in Vergangenheit und Zukunft vornehmen.

So konnte etwa Albert Einstein auf die Frage, was er glaube, behaupten, er sei tiefreligiös, obwohl er nicht an einen personalen Gott, seine Offenbarungen und Moralbegründungen glaube. Aber er bewundere die Vernunft, die hinter der mathematisch erfassbaren Konstruktion des Kosmos stehen müsse.[9] Religionswissenschaftler würden eine solche Weltauffassung wohl Deismus nennen.

Die Schwäche eines so weit gefassten Begriffs von Religion besteht darin, dass die Grenzen zu nichtreligiösen Weltauffassungen verschwimmen, nur noch schwer zu ziehen sind. Das ist dann kein Nachteil, wenn mit einem so weiten Begriff argumentiert werden soll, dass Religiosität ein universales Bedürfnis sei, dass faktisch jeder, der Fragen nach dem Grundsätzlichen stellt, damit bereits religiös sei. Wenn jedoch das Phänomen Religion von anderen, nichtreligiösen Weltauffassungen unterschieden werden soll, dann ist eine genaue Definition der Grenze zweckmäßig, etwa im Sinne des engen Religionsbegriffs.

5.2.4.2 Die Relevanz religiöser Orientierungen für Jugendliche

Der erziehungswissenschaftliche Diskurs fragt stets nach der Situation der Edukanden, also der Personengruppe, auf die Bildungsbemühungen sich richten sollen. Von diesen Befunden müssen die didaktischen Konzeptionen ihren Ausgang nehmen, wenn sie ihre Zielgruppe wirksam erreichen wollen.

Ob und was Jugendliche glauben und wie wichtig das für sie ist, erfragen die Jugend-Survey-Studien, von denen die Shell-Jugend-Studien wegen ihres im Zeitverlauf großenteils stabil gehaltenen Befragungsinventars, der großen Stichprobe und der kurzen Wiederholungszeiträume der Befragungen die informationsreichste Quelle darstellen dürften (differenzierte Ergebnisse zum Thema finden sich zuletzt in *Jugend 2000*).

Da der Begriff des Jugendlichen auf Grund theoretischer Überlegungen inzwischen von 11 auf 29 Jahre ausgeweitet wurde, erfassen die Stichproben auch die älteren Kinder und die jungen Erwachsenen, d. h. die gesamte Altersspanne, in der Fragen nach der eigenen Identität und die Einordnung der eigenen Existenz in übergreifende Zusammenhänge (also die Frage nach dem Sinn des eigenen Lebens) am

---

[9] Albert Einstein, Mein Weltbild. Amsterdam 1934. Referiert nach Fehige, Christoph u. a. (Hrsg.): Der Sinn des Lebens. München: Deutscher Taschenbuch Verlag 2000, S. 358-360.

intensivsten und für das künftige Leben am folgenreichsten gestellt und für sich selbst beantwortet werden.

Zwar beantwortet eine anhaltend große Gruppe von Jugendlichen die Standardfragen nach Kirchenbindung und Religiosität positiv – erwartungsgemäß in katholischen Regionen stärker ausgeprägt als in protestantischen und in den neuen Bundesländern –, aber eine genauere Analyse von Korrelationen dieser Antworten mit Fragen nach grundlegenden Lebensorientierungen und -entscheidungen zeigt, dass diese Bindung für die große Mehrheit der Jugendlichen äußerlich bleibt und so gut wie keine Auswirkungen auf ihre Lebensgestaltung in kleinen wie in großen Dingen hat. Die lebenslaufgestaltenden Rituale – Taufe, Konfirmation/Kommunikation als Markierung des Erwachsenseins, Hochzeit, Abschied von Gestorbenen – werden vom überwiegenden Teil der Kirchenmitglieder angenommen und äußerlich mitgestaltet, zumeist jedoch ohne Akzeptanz der in den christlichen Kirchen damit verbundenen glaubensgebundenen Orientierungen. Nur eine Minderheit von etwa 17 Prozent kann als in das Glaubenssystem der beiden christlichen Kirchen integriert gelten. Religion – als Zugehörigkeit zu einer der christlichen Kirchen – hat also offenbar nicht mehr, aber auch nicht weniger als die Funktion einer Lebenslaufritualisierung.

Die intensive Beschäftigung mit esoterischen und neureligiösen Synkretismen wird durch dramatisierende Medienberichterstattung über spektakuläre Einzelextreme in der öffentlichen Wahrnehmung erheblich überbewertet. Zwar kennen viele Jugendliche Einzelpraktiken aus diesen Kontexten wie Gläserrücken oder Tarot-Karten legen und haben sie auch schon auf party-artigen Zusammenkünften spielerisch ausprobiert, sind aber weit entfernt davon, damit den Zugang zu einer jenseitigen Wirklichkeit mit schicksalhaften Einflüssen auf die eigene Existenz zu verbinden.

Eine besondere Situation stellt der häufig angegebene Glaube an die Wirkung von Sternkonstellationen während des Geburtszeitpunktes auf Persönlichkeit und Lebensschicksal dar. Dieser Glaube an die Astrologie ist so etwas wie eine Quasi-Religion. Zwar kommen die angebotenen Erklärungen in einem quasi-naturwissenschaftlichem Gewand daher und werden mit vermeintlichen empirischen Evidenzen von ex-post-facto-Ergebnissen begründet,[10] aber diese Begründungen halten keiner Überprüfung mit wissenschaftlichen Methoden stand.

---

[10] Diese Argumente halten keiner statistischen Analyse stand – aber um das kritisch zu durchschauen, wäre eine elementare Allgemeinbildung in Statistik erforderlich, die aus Gründen einer rigiden Orientierung der Mathematikdidaktik an der Systematik einer so genannten reinen Mathematik an deutschen Schulen ein Schattendasein fristet.

5.2.4.3 Implizite Weltbilder und ihre religiösen Fundierungen

Durchaus ungeklärt ist, ob die grundlegenden Fragen nach dem *Woher?*, *Wozu? und Was soll ich tun?* von Kindern, Jugendlichen und jungen Erwachsenen selbst gestellt werden oder von Erwachsenen an diese herangetragen werden, ganz so wie das meiste der kulturellen Überlieferung sonst auch. Unübersehbar ist, dass nicht alle Nachwachsenden diese Fragen von sich aus stellen oder sich dafür interessieren, wenn sie angesprochen werden. Aber die in den Kernnarrationen erzählten Lebensentwürfe zur Präsentation von Identität (Keupp 1999) enthalten stets implizite Weltbilder, aus denen sich der Sinn des Lebensentwurfs erst ergibt und begründet. So bedeutet der von vielen als zentral angegebene Lebensentwurf, einmal Kinder haben zu wollen, dass darin ein Sinn gesehen wird, sei es wegen der Freude, die das Zusammenleben mit Kindern machen kann (hedonistische Orientierung), sei es, um in den eigenen Kindern weiterzuleben (materielle Unsterblichkeitsorientierung). Doch diese übergreifenden Einordnungen ihres Lebensentwurfs können die Befragten zumeist nicht thematisieren[11]. Offenbar werden meist und besonders oft solche Lebensentwürfe erzählt, für welche die allgemeine soziale Anerkennung sicher erwartet werden kann, so dass eine explizite Begründung nicht gegeben werden muss.

Im weiten Sinne von Religion sind diese impliziten Weltbilder insofern religiös fundiert, als die eigene Existenz über sich hinausweist und in angenommene übergreifende Zusammenhänge eingeordnet werden, aus denen sich dann ein Sinn für die eigene Existenz ergibt. Im engen Sinne von Religion sind die meisten dieser impliziten Weltbilder nicht mit den Lehren einer bestimmten Religion und ihren Glaubensvoraussetzungen verbunden, sondern nicht-transzendental, d. h. innerweltlich oder auch monistisch materialistisch rückgebunden: Die eigene Existenz wird als Bestandteil eines natural gedachten Kosmos gesehen, der aus einem einzigen Erklärungsprinzip heraus, nämlich der dauerhaften und nicht weiter begründungsfähigen und begründungsbedürftigen Existenz von Materie und ihrer Bewegungen, gefasst werden kann.

---

[11] Das ist der Befund einer an meinem Institut durchgeführten Befragung von 20 jungen Erwachsenen zu Lebensentwürfen mit der Methode des narrativ-fokussierenden Interviews. Auch auf gezielte Nachfragen waren die Befragten nicht in der Lage, zu solchen übergreifenden Einordnungen Stellung zu nehmen. Es zeigte sich – auch bei Hochgebildeten – eine merkwürdige Sprachlosigkeit zu diesen Fragen. Ich nehme dies als Hinweis auf eine gesellschaftliche Dethematisierung dieser Fragen, so dass keine Denk- und Sprachmuster zur Verfügung stehen, mit denen sie besprochen werden können.

5.2.5 Theorie der Allgemeinbildung: Neue Aufgabe – Hilfe bei der Weltorientierung

Angesichts dieses Befundes stellt sich für eine theoretische Neukonzeptionierung von Allgemeinbildung aus erziehungswissenschaftlicher Sicht die Frage, ob Kinder und Jugendliche eine Unterstützung bei der Entscheidung für eine Weltorientierung benötigen, in welche sie ihre eigene Existenz, ihren Lebensentwurf und damit ihre Identität einordnen können. Eine solche Unterstützung kann in zweifacher Richtung begründet werden:

(1) Wenn an der bildungstheoretischen Zielsetzung der Aufklärung, nämlich der Herausbildung einer mündigen Persönlichkeit, festgehalten wird, dann muss die einfache Übernahme von Lebensentwürfen und ihre Einordnung in entsprechende Weltorientierung aus dem sozialen Umfeld und im Blick auf die damit gegebene Anerkennung als unzureichend gelten. Mündig wäre jemand erst dann, wenn er diese Übernahme begründet zwischen verschiedenen Alternativen entscheiden könnte und wenn er gegebenenfalls auch eine Entscheidung für eine Weltorientierung treffen könnte, die nicht oder nicht ohne weiteres auf Anerkennung rechnen kann. Dazu bedarf es eines Wissens über mögliche Alternativen zum Selbstverständlichen, Gegebenen, Naheliegenden, und ein solches Wissen ist in der jeweiligen Lebenswelt üblicherweise nicht vorhanden. Institutionell bildende Unterstützung muss in diesem Fall in dem Angebot einer **Orientierung über die Vielfalt möglicher Weltorientierungen** bestehen, damit die Heranwachsenden nicht auf die einzig bekannten ihrer Lebenswelt beschränkt bleiben.

(2) Um entscheiden zu können, muss die Einordnung eines Lebensentwurfs in eine Weltorientierung **thematisiert** werden können – was ja offensichtlich derzeit weithin nicht der Fall ist. Dazu sind also die gedanklichen Mittel bereitzustellen, was über eine einfache Präsentation von Wissensbeständen hinausgeht. Um sich entscheiden zu können, bedarf es der Vergewisserung über **Entscheidungskriterien** nach den beiden Modalitäten der Wahrheit (Epistemologie) und der Richtigkeit (Ethik) und über vom Einzelnen **akzeptierbare Formen der Begründung**. Diese Begründungsformen haben sich überhaupt nicht an den in der Philosophie und Wissenschaft üblichen Kriterien der intersubjektiven Überprüfbarkeit, also etwa einer Logik der Argumentation, zu orientieren, sondern können alle subjektiv akzeptierbaren Formen der Stützung[12] umfassen, etwa auch dem Gefühl der Akzeptanz von etwas unzweifelhaft

---

[12] Eine ähnliche Situation entsteht in interkulturellen Diskursen, vgl. Nieke 2000

Gegebenem – also dem, was im religionswissenschaftlichen Kontext als Glaube bezeichnet wird. Entscheidend ist nicht die Art und Qualität der Begründung nach äußeren Kriterien, sondern die reflexive Vergewisserung über die Qualität der Begründung für eine getroffene oder zu treffende Entscheidung.

Eine so bestimmte mögliche neue Aufgabe für institutionelle Allgemeinbildung stößt auf ein schwerwiegendes Bedenken. Aus einer mit historischen Erfahrungen gut begründeten Abwehr staatlicher Ideologisierung von Bildung besteht für die staatlich verfassten Bildungssysteme in den meisten europäischen Staaten – auch in der Bundesrepublik Deutschland – ein Neutralitätsgebot in weltanschaulichen Fragen. Die weltanschaulich gebundene Bildung soll privaten Trägern der Bildung und der Jugendhilfe überlassen bleiben. Diese Zweiteilung der Aufgaben wird als Subsidiaritätsprinzip bezeichnet (Olk 2001).

Orientierungen über Weltorientierungen und die Vermittlung von Entscheidungshilfen sind schwerlich ganz neutral zu vermitteln, zumal ja von den professionellen Pädagogen Authentizität und Engagement als wesentliche Bedingungen für wirksame pädagogische Kommunikation gefordert werden.

Andererseits wird angesichts der überkomplexen Anforderungen an eine hinreichend kompetente Unterstützung ein „Aufwachsen in öffentlicher Verantwortung" (so das Motto des 11. Jugendberichts der Bundesregierung) gefordert, weil sich insbesondere die Familien mit diesen Aufgaben überfordert sehen müssen. Deshalb ist zu erwägen, ob diese Orientierung über mögliche Lebensentwürfe und ihre Einordnung in übergreifende Weltbilder eher als Aufgabe der außerschulischen Jugendbildung konzipiert werden sollte, die nach dem Subsidiaritätsprinzip ja sogar vorrangig weltanschaulich gebunden angeboten werden darf. Die Nachteile sind unübersehbar: Solche Angebote erreichen nur einen kleinen Teil der Jugendlichen; die weltanschauliche Bindung der Angebote verhindert einen gedanklich ungehinderten Überblick und eine nicht-manipulative Entscheidungshilfe, sondern steht unvermeidlich im Verdacht der Proselyten-Macherei.

5.2.6 *Weltorientierung* statt kirchlich gebundener Religionslehre und als Orientierungsfeld einer neu gefassten Theorie von Allgemeinbildung

5.2.6.1 *Weltorientierung* als Bestandteil eines Orientierungsfeldes in einer neu gefassten Theorie von Allgemeinbildung

Der Fächerkanon des Gymnasiums[13] ist entstanden aus dem antiken Kanon des Weltwissens und wurde im Laufe der Jahrhunderte nach und nach ergänzt um neu entstandene, ausdifferenzierte Wissensgebiete, etwa die neueren Sprachen und die Trias der Naturwissenschaften aus Physik, Chemie und Biologie.[14] Aber viele relevante Bereiche blieben ganz unberücksichtigt: etwa Medizin, Jura, Ökonomie, obwohl auch diese Fächer nicht weniger allgemeinbildungsrelevant sind als die des alten Kanons, erschließen doch alle Wissensbereiche Bereiche der gedanklichen Welt, zu denen der junge Mensch einen grundsätzlichen Zugang gezeigt bekommen sollte, den er durch einfaches Aufwachsen im Kontext seiner Familie und der Gruppe der Gleichaltrigen nicht ohne weiteres finden würde. So jedenfalls wird in den neueren Diskursen über die Ausgestaltung der Allgemeinbildung der Kanon begründet, sei es in enger Bindung an den antiken Kanon mit der Affirmation des humanistischen Gymnasiums oder im Durchgang durch eine moderne Anthropologie (etwa Hartmut von Hentig 1996).

Wie auch im Einzelnen der Kanon begründet wird, die Auswahl der Fächer aus dem weiten Spektrum der ausdifferenzierten Wissensgebiete der abendländischen Weltzivilisation wirkt stets willkürlich, und die Unterrichtsfächer stehen unverbunden nebeneinander. Zur Begründung nach innen – den SchülerInnen gegenüber – und nach außen – in der bildungspolitischen Debatte um die ständige Reform der Schulen – bedarf es einer systematisierenden Zusammenfassung von Fächern zu Orientierungsfeldern, um die Relevanz des jeweiligen Faches deutlich zu machen und seinen Bestand im Fächerkanon dauerhaft zu sichern. Erkennbar sind solche Orientierungsfelder für Kommunikation (Deutsch, Fremdsprachen), Naturwissen-

---

[13] Der Kanon der Volksschule war utilitaristisch orientiert und bestand zunächst nur aus Lesen und Religion, später traten dann Schreiben, Rechnen (das lange Zeit kommerziell von speziellen Rechenlehrern und in der Berufsbildung des Meister-Lehrlings-Verhältnisses gelehrt wurde) und Nationalgeschichte hinzu. Im Zuge der Szientifizierung von Schule, d. h. der Orientierung des schulischen Lehrens an der wissenschaftsdominierten Gesellschaft, näherte sich der Fächerkanon von Haupt- und Realschule dem des Gymnasiums an.

[14] Im angelsächsischen Bereich ist diese Differenzierung ersetzt worden durch ein integriertes Fach Naturwissenschaften, das dort bemerkenswerterweise einfach science heißt, dem die Geisteswissenschaften als humanities gegenüber gestellt werden.

schaften und Kunst. Isoliert daneben, aber weitgehend unproblematisch steht der Sportunterricht.

In Bewegung hingegen ist der Bereich von Geschichte, Geographie, Sozialkunde, Politik, Arbeitslehre, Ökonomie. Er ist ursprünglich aus dem das Nationalbewusstsein formen sollenden nationalen Geschichtsunterricht entstanden und durch die zunehmende Realienkunde erweitert worden. Da historische Kenntnisse für das Verständnis der sozialen, politischen und wirtschaftlichen Welt unübersehbar weniger relevant sind als andere Wissensbereiche, hat sich der Schwerpunkt zu Politik und Sozialkunde verschoben, in welche die erforderlichen historischen Aspekte und Perspektiven einbezogen werden. Die offenbar mangelnde Systematik dieses Fächerbereichs zeigt sich in der unterschiedlichen Ausgestaltung in den sechzehn Bundesländern Deutschlands, aber auch im internationalen Vergleich. Hierher gehört in manchen Staaten etwa auch ein Fach *Gesundheit, Lebensführung, Erziehung und Familiengründung* (im angelsächsischen Bereich als *life style* vorkommend).

In diesen Bereich gehören auch die Religionslehren, wenn sie als Beitrag einer allgemeinen Weltorientierung leisten sollen, und nicht einen staatskirchlichen Auftrag der Unterweisung von Kirchenmitgliedern erfüllen. Tatsächlich finden sich religionskundliche Formen auch in Staaten, in denen die christlichen Religionslehren nicht zum Pflichtkanon der Unterrichtsfächer gehören.

Dieses Spektrum der Fächer kann also in einem sich erst allmählich konturierenden Orientierungsfeld *Weltorientierung* zusammengesehen werden. Die sich hierin stellende Aufgabe geht über die bisherige Realienkunde hinaus. Im Fächerkanon der Allgemeinbildung fehlt ein Ort, wo die vielen verschiedenen Einzelkenntnisse und Detailperspektiven der Fächer zusammengeführt und in einen erforderlichen übergreifenden Zusammenhang eingeordnet werden können. Der einzelne Schüler oder sein Elternhaus – dem das gern zugeschoben wird – sind damit überfordert. Es geht hier um nicht mehr und nicht weniger als die Frage nach dem Sinn des Ganzen.

Diese Frage hatten bisher die Religionslehren zu beantworten, vielleicht assistiert von der Philosophie – wo es sie denn in der Schule überhaupt gibt – und ein wenig vom Deutschunterricht. Es ist jedoch unübersehbar, dass diese Bereiche mit einer Integration der Fächerperspektiven nicht gut zurechtkommen, weil sie ihrerseits inzwischen hochspezialisierte Antworten auf ihre eigenen Fragen geben. Hier werden also ganz neue Wege einzuschlagen sein.

5.2.6.2 Exkurs: Weltorientierung – Ethik – LER (Lebensgestaltung – Ethik – Religion)

Auf die mangelnde Akzeptanz der christlichen Religionslehren als verbindliche Orientierungsfächer wurde mit der Einrichtung des Pflichtalternativfaches Ethik für solche SchülerInnen reagiert, die nicht mehr an einer Religionslehre teilnehmen. Einen Sonderweg hat das Land Brandenburg mit der Neukonstruktion eines Faches *Lebensgestaltung-Ethik-Religion* (LER) eingeschlagen, in dem die Religionslehren eingebettet weiterhin quasi obligatorisch vorkommen, wenn auch in einer sehr reduzierten Form. Auf die komplexe Problematik dieser Substitutionsfächer kann an dieser Stelle nicht weiter eingegangen werden. Im Vergleich zum Orientierungsfeld *Weltorientierung* zeigt sich jedoch sofort, dass dieses wesentlich weiter ausgreift: Hier geht es um Orientierung insgesamt und nicht nur um Ethik: Es sind die Beiträge aus Philosophie, Naturwissenschaft, Sozialwissenschaft, Wirtschaft und Technik, Ethnologie, Religionswissenschaft zu integrieren, einschließlich geographischer und historischer Perspektiven. Ziel ist nicht nur eine begründete und reflexive Lebensgestaltung, sondern eine umfassende Orientierung in der Welt als Grundlage für eine solche Lebensgestaltung.

5.2.6.3 Thematisierung von Weltbildern

Die Menschen orientieren sich heute – meist implizit – an anderen Weltbildern als den religiösen, aber das wird bisher in der Allgemeinbildung nicht systematisch thematisiert. Zu einer reflexiven Weltorientierung als Grundlage einer begründeten Aufordnung des vielen Einzelwissens in den Unterrichtsfächern und in der alltäglichen informalen Bildung, vor allem durch die Massenmedien, und als Grundlage für eine Einordnung der eigenen individuellen Existenz und Lebensgestaltung ist aber eine geordnete Übersicht über die Typen und Gruppen von Weltbildern erforderlich, an denen man sich grundsätzlich orientieren kann.

Das kann an dieser Stelle nicht ausführlich entfaltet werden; eine Skizze soll genügen:

(1) Es gibt ein ***naturwissenschaftlich fundiertes Standardweltbild aus Kosmologie und Darwinismus***, das vermutlich die meisten Gebildeten für das einzig Zutreffende halten. Es entsteht aus der Prolongation von naturwissenschaftlich derzeit gültigen Einzeltheorien zu einem zusammenhängenden Weltbild, ohne dass der damit entstehende Gesamtzusammenhang selbst wieder streng naturwissenschaftlich begründbar wäre; aber er widerspricht auch nicht den für sicher gehaltenen Einzelbefunden. Danach leben wir als Quasi-Parasiten auf einem Brocken aus Eisen und Wasser, der ungefähr kreisförmig durch einen fast leeren Raum geschleudert wird, entstanden aus einem nicht weiter erklärten Urknall, nach dem sich der Weltraum permanent ausdehnt. Die Existenz dieses Brockens ist vermutlich endlich, wenn der gesamte Kosmos den Zustand der höchsten Entropie erreicht haben wird, in einem „Wärmetod", der aber

für menschliche Verhältnisse doch ziemlich kalt ausfallen wird. Was vor dem Urknall gewesen sein mag und muss, bleibt unerklärt. Diese physikalische Kausaltheorie des Kosmos mit ihrer Fragerichtung des Warum wird ergänzt durch eine Funktionaltheorie der Evolution alles Lebendigen mit einer Fragerichtung des Wozu. Danach ist die Gattung Mensch eine im Überlebenskampf der Gattungen gegeneinander besonders erfolgreiche Unterart eines quasi nackten Kampfaffen, der es geschafft hat, sich nicht nur erfolgreich an seine Umweltbedingungen anzupassen, wie alle Arten, die überlebt haben, sondern darüber hinaus in der Lage ist, diese Umwelt selbst aktiv und erfolgreich zu manipulieren, und zwar durch sein Vermögen, eine intergenerativ tradierbare Kultur zu erzeugen. Zwar ist die Gattung Mensch keineswegs die einzige Spezies, die Kultur hervorbringt, aber die menschliche Kultur ist besonders komplex, variabel und in der Umweltmanipulation besonders effektiv, vielleicht weil sie auf einer komplexen Sprache basiert, über welche sonst keine andere Spezies verfügt. Evolutionsgeschichtlich betrachtet, sterben die weitaus meisten Spezies nach einer Weile wieder aus, weil sie sich nicht erfolgreich an schnell eintretende Umweltveränderungen anpassen können; dieses Schicksal ist wahrscheinlich auch der Spezies Mensch bestimmt. Die Ausprägung einer Spezies kommt durch ein Zusammenspiel von Genmutation und Selektionsdruck in der Anpassung an die Umwelt zustande, sie lässt sich also besser mit der Funktionalität des Überlebens als mit einfachen Kausalketten erklären. Die Einzelexistenz steuert sich durch Lust, Unlust und einen Überlebenswillen. Dieses Weltbild basiert auf der wissenschaftstheoretischen Konvention des materialistischen Monismus, nach dem versucht wird, alle Naturgegebenheiten aus einem denkökonomischen Prinzip heraus nur aus einem einzigen Erklärungsansatz heraus vollständig beschreiben zu können (Monismus) und dafür eine als ewig existierende und in ihren Strukturen und Gesetzlichkeiten konstante Materie (Konstanzpostulat, Materialismus) anzunehmen. Dieses naturwissenschaftliche Weltbild weiß also nicht, dass es so ist, wie es erklärt wird, sondern nimmt – bis zum Beweis des Gegenteils – an, dass es so sein könnte. Was sich diesem Weltbild nicht fügt, wird nicht als Beweis für die Unstimmigkeit genommen, sondern als derzeit noch nicht erklärt, aber grundsätzlich mit diesen Denkmitteln vollständig erklärbar.

– Ohne dies weiter ausführen zu müssen: Dieses naturwissenschaftliche Weltbild bietet eine ganz und gar trostlose Einordnung der eigenen Existenz in einen übergeordneten Zusammenhang, so dass erstaunlich ist, wie willig so viele Menschen gegenwärtig dieses Sinnkonzept für richtig und vollständig halten können.

Diesem Standardweltbild stehen Weltbilder gegenüber, die es entweder ergänzen oder eine erklärende Alternative geben.

(2) **Was ist der Mensch – warum und wozu?** Hier wird nicht die Natur und der Umstand, dass der Mensch ein Teil der Natur ist, zum Ausgang genommen, sondern der Mensch ins Zentrum des Nachdenkens gestellt, wie es seit der Renaissance und dem Humanismus im europäischen Denken geschieht (Flitner 1961). Die Antworten werden in der analysierten Menschheitsgeschichte, der Literatur und Philosophie gesucht und präsentieren sich als philosophische und historische Anthropologie.

(3) Die **Weltreligionen**, die im Folgenden aus der Perspektive der kognitiven Erschließung gruppiert werden, also einer pädagogischen, nicht einer religionswissenschaftlichen oder theologischen:

1. Die **Mythologien**: griechische Antike, Naturreligionen Afrikas, Amerikas und Polynesiens, Hinduismus, magisches Denken (z. b. Astrologie). Diese Mythologien erzählen einfache Geschichten, die an elementaren Erfahrungen und Erlebnissen anknüpfen, und liefern Erklärungen für Unerklärliches durch Analogien und anthropomorphe Interpretationen von Naturereignissen.

2. **Theismen**: Judentum, Christentum, Islam. Kern ist jeweils ein anthropomorph gedachter personaler Gott, der über autorisierte Mittler (oder auch direkt) mit den Menschen kommuniziert. Deshalb ist die Basis dieser Weltbilder ein Glaube an eine autorisierte Botschaft. Das Denken dieser Weltbilder ist an einer elementarenpersonalen Beziehung nach dem Vater-Kind-Verhältnis orientiert.

3. **Buddhismus**: Der Erkenntnisweg führt zu einem nichtpersonalen Kosmos als übergreifendem Sinnzusammenhang, der durch eine spezifische Denkmethode erkennbar ist. Diese Methode verwendet eine Abstraktion von Konkretem und Personalem.

5.2.6.4 Die grundsätzlichen Reflexionsstufen der Weltorientierung

Eine andere Zuordnung und vielleicht auch Einordnung und Bewertung der verschiedenen Weltorientierungen ergibt sich, wenn man die Denkformen betrachtet, mit denen sie zu ihren Aussagen, Botschaften und Visionen gelangen. Auch das kann hier nur kurz skizziert werden.

Weltorientierung geschieht in folgenden Niveaus kognitiver Repräsentation oder Reflexionsstufen:

1. **Wahrnehmung.** In ihr werden Bilder, Töne und die Positionierung des eigenen Körpers in der Welt wahrgenommen, erinnert und bedacht. Diese erste Stufe der Weltorientierung verbindet den Menschen mit dem Tier und grundsätzlich mit allen Lebewesen, da auch Pflanzen wahrnehmen und darauf reagieren können.

2. **Ereignisse, Episoden.** Die neueste physiologische Gehirnforschung berichtet von einem speziellen Gedächtnis für Ereignisse, Episoden, in dem auch die Erinnerung an die eigene Lebensgeschichte, d. h. die eigene Identität aufbewahrt wird. Träume bestehen zwar aus Bildern und Tönen, sind aber stets zu Geschichten, Erlebnissen und Episoden mit biographischem Bezug zusammengefügt. Beide Befunde zusammen genommen führen zu der Vermutung, dass die wahrgenommenen Sinneseindrücke im Gedächtnis zu Ereignissen, Episoden, Geschichten und biographischen Bezügen komprimiert werden und auf diese Weise im Gedächtnis verankert werden.

   Nicht zufällig begann deshalb die Aufordnung kollektiv bewahrenswerter Erinnerungen mit der intergenerativen Weitergabe von Geschichten, woraus dann die abstrahierende, zusammenfassende Geschichte wurde, die uns heute noch unentbehrlich als Basis für die Weltorientierung erscheint.

   Vermutlich haben auch Tiere ein solches episodisches Gedächtnis, in dem sie lebensgeschichtlich individuell erworbene Erfahrungen mit ihrer Umwelt bewahren.

3. **Die Fragen Woher, Warum und Wozu.** Auf der Grundlage dieser beiden ersten Stufen der Orientierung in der Welt entstehen drei Fragerichtungen:

   (1) Das episodisch organisierte Gedächtnis legt die Frage nahe, wie das eine Ereignis auf das andere gefolgt ist. Daraus entwickelt sich in Abstraktion ein Konzept **historischer Kausalität**: Das vorhergehende Ereignis hat das nachfolgende bedingt, erzeugt, geprägt.

   (2) Die nächste Stufe der Abstraktion vergleicht viele solcher aufeinander folgenden Ereignisse und gelangt zu einem Konzept **allgemeiner Kausalität**: Immer wenn das eine Ereignis auftritt (Ursache), dann folgt das andere (Wirkung). Diese Form der Kausalität findet sich am regelmäßigsten in den Naturerscheinungen: Wenn die Sonne untergeht, wird es dunkel. Die Frage Warum richtet sich gewissermaßen zurück von einem wahrgenommenen Ereignis als vermuteter Wirkung auf eine davor und dahinter verborgen liegende Ursache.

   Ob Tiere über diese Form der Weltorientierung verfügen, ist unsicher. Experimente mit Primaten legen die Vermutung nahe, dass diese Spezies Ursache-Wirkungs-Zusammenhänge mindestens durch entsprechende

Experimentalerfahrungen konstruieren und sich entsprechend in ihrem Verhalten darauf einstellen können.

(3) Ausgehend von den menschlichen Erfahrungen absichtlichen Handelnkönnens – dem Grundtypus menschlicher Freiheit, verstanden als Loslösung aus den Bindungen und Zwängen der rein naturalen Existenz –, richtet sich die Reflexion über die Welt auf mögliche andere, außermenschliche absichtliche Verursachungen. Das führt zu der Fragerichtung des **Wozu**.

a. Die Antworten werden zunächst teleologisch **anthropomorph** in Übertragung menschlicher Erfahrungen mit absichtlichen Handlungen gesucht, und Antworten werden in Form des Animismus – die Naturerscheinungen sind Wirkungen, die von absichtlich handelnden Geistwesen herbeigeführt werden – und der Religionen gegeben, in denen menschenähnlich gedachte Gottheiten die Akteure sind.

Auf dieser Stufe scheint sich die Gattung Mensch endgültig von der aller anderen Lebewesen zu unterscheiden. Wir wissen nicht, welche kognitiven Konzepte etwa Hunde über das Verhalten ihrer menschlichen Herrschaften haben und entwickeln; jedenfalls scheint es so, dass sie nur sehr begrenzt deren Verhalten als absichtliches Handeln verstehen können. Sie scheinen es eher in Form der historischen Kausalität zu begreifen.

b. Die zweite Antwortart auf die Frage nach dem Wozu fragt nicht nach den personal gedachten Verursachern eines Ereignisses, sondern nach seiner **Funktion** in einem größeren Wirkungszusammenhang. Solche Funktionsvorstellungen sind vermutlich aus den Erfahrungen mit mechanischer Technik entstanden; jedenfalls finden sie sich gehäuft zu Beginn der Neuzeit in Analogiebeschreibungen zu den kunstvollen Uhrwerken, mit denen an Kirchen und Rathäusern nicht nur die Uhrzeit, sondern auch vielerlei andere, regelmäßig wiederkehrende Ereignisse mechanisch dargestellt wurden. Solche Themenuhren funktionieren nur, wenn alle Einzelteile – die Zahnräder – miteinander arbeiten und jedes Teil seine Funktion ordnungsgemäß und fehlerfrei erfüllt. Das wurde auf die Frage nach der Einzelexistenz des Menschen, aber auch nach der Vielfalt der Natur übertragen: jedes Einzelwesen hat danach eine Funktion im Gesamtkosmos, der ohne das Funktionieren eines jeden Einzelnen in seiner lebendigen Existenz zum Erliegen käme. Ohne dass hier direkte gedankliche Kontinuitäten vorliegen müssen, hat sich im zwanzigsten Jahrhundert in der Biologie eine Denkform entwickelt, in der dieser Gedanke zur Erklärung des Lebendigen verwendet wurde: Leben ist, wenn Funktionskreisläufe vorhanden sind und störungsfrei ablaufen. Leben vergeht, wenn diese Funktionskreisläufe unterbrochen werden. Die aktuelle Form der Systembiologie erklärt das dauerhafte Bestehenkönnen und Überleben einzelner Lebensarten mit Verweis auf komplexe Zusammenhänge von Arten in Ökosystemen, in denen die einzelnen Lebewesen und Arten funktional aufeinander bezogen sind und in einem Wechselwirkungs- beziehungsweise Rückkoppelungsmechanismus miteinander verbunden sind. Die Frage nach einer isolierten Ursache für ein Ereignis wird damit obsolet und würde in die Irre führen. Ein Ereignis kann nur noch in seiner Einbindung in einen Funktionszusammenhang zureichend beschrieben, verstanden und in seinem möglichen künftigen Erscheinen vorausgesagt werden.

Heutige Fassungen einer solchen funktionalen Weltorientierung finden sich in den biologisch fundierten Systemtheorien des Lebendigen und den darauf aufbauenden Weiterentwicklungen von Systemtheorien des Sozialen (Luhmann) und der Kognition (Maturana, Varela). Bei jedem einzelnen Ereignis wird nun nicht mehr primär nach der Kausalität gefragt (wie in den Naturwissenschaften der unbelebten Natur), sondern nach den möglichen Funktionen.

Die kognitiven Modellierungen dieses Funktionsdenken entfernen sich von den alltäglichen Vorstellungen, die weitgehend episodisch organisiert sind, in denen es klare und eindeutige Zuordnungen von Vorher und Nachher, von Ursache und Wirkung gibt. Antworten auf die Frage nach dem funktionalen Wozu bedürfen gedanklicher Hilfen und Stützen, die nicht zufällig mathematisch und grafisch sind.

4. **Die Frage nach dem übergreifenden Zusammenhang des einzelnen Ereignisses, der eigenen Existenz.** Wenn der Mensch sich durch sein Denken aus den Zwängen seiner Naturexistenz befreien kann, ermöglicht ihm dies auch ein Nachdenken über seine eigene Existenz in dem übergreifenderen Zusammenhang, den er wahrnehmen, erfahren und sich erdenken kann. Nicht alle Menschen stellen sich diese Frage, aber alle können sie sich grundsätzlich stellen. Es finden sich zwei grundlegende Antwortrichtungen auf diese Frage:

(1) Die ältere Antwort ist **dualistisch** angelegt und hat ihrerseits zwei Ausformungen: die religiöse und die ideenphilosophische.
  a. Die **religiösen** Antworten nehmen es für gewiss, dass es außer der Welt der Naturerscheinungen eine zweite Welt von Geistwesen gibt, zu denen die Menschen grundsätzlich – wenn auch nicht jederzeit, beliebig und

alle – Zugang gewinnen können. Sie können diesen Zugang gewinnen,
weil sie selbst Zwitterwesen sind, weil sie außer ihrem Leib als Bestandteil der Natur über eine geistige Existenz – die Seele – verfügen.

b. Die **ideenphilosophische** Antwort der griechischen antiken Philosophie, pointiert bei Platon und Pythagoras, findet auf der Grundlage
begründeten Argumentierens die Gewissheit, dass es außer der Welt
der Natur und der Materie ewig existierende Ideen gebe, an denen der
Mensch unter bestimmten Umständen teilhaben könne. Dieser Dualismus kommt ohne die Vorstellung von Gottheiten aus.

(2) Die jüngere Antwort ist der denkökonomisch begründete **materialistische Monismus**, der alle Phänomene ohne Hinzunahme einer zweiten Welt
einzig aus den restlos erklärbaren Prinzipien der Materie zu erklären versucht. Er ist das herrschende Paradigma aller Naturwissenschaften bis hin
zur Medizin und inzwischen die faktische Universalreligion[15] der Gebildeten geworden.

Die Einordnung der eigenen Existenz geschieht danach biologisch durch
die Einordnung in die Evolution der Lebensformen nach optimierter Um-
weltanpassung. Damit erklärt sich auch die Kultursphäre des Menschen als
effektive Form der kognitiven und intergenerativ vermittelbaren Umweltan-
passung. Das Leben als solches ist eine zwar mögliche, aber unwahrschein-
liche Organisation von Materie in einem schnell expandierenden Kosmos.

5.2.6.5 Reflexive Thematisierung von Weltbildern

Wegen der gegenwärtigen Akzeptanz und Verbreitung ist es erforderlich, die Weltdeutung auf der Basis von Kosmologie und biologischer Evolutionstheorie zum
Ausgang zu nehmen und ausführlich zu thematisieren. Allerdings darf aus Sicht
einer Theorie der Allgemeinbildung die naturwissenschaftliche Weltsicht nicht als
selbstverständlich richtig oder einzig mögliche gelten, sondern muss sich den philosophischen kritischen Fragen nach ihrer Geltung und Vorläufigkeit, deshalb auch
unvermeidlichen Falschheit, stellen.

Dadurch wird deutlich, dass auch dieses Weltbild in seinem Wahrheitsanspruch
so relativ ist wie alle anderen, und diese Einsicht kann den Weg frei machen für eine
gedanklich prüfende Hinwendung zu den Weltorientierungen des Dualismus, also
auch den Religionen.

---

[15] Diese Weltanschauung wird hier als Quasi-Religion bezeichnet, weil die Grundannahmen
nicht weniger willkürlich gesetzt werden müssen wie in jeder Religion und weil der Erklä-
rungsanspruch total ist und gegenüber anderen Weltdeutungen indolent auftritt.

Die pädagogische Herausforderung einer solchen reflexiven Thematisierung von Weltorientierungen besteht darin, dabei nicht zu indoktrinieren. Das ist deshalb so schwierig, weil jede LehrerIn für sich längst eine Entscheidung darüber getroffen hat, was er oder sie für richtig halten, wenn ein solcher Unterricht vorbereitet und durchgeführt wird. Das pädagogische Gebot der Authentizität verpflichtet überdies, die eigenen Positionen nicht zu verleugnen. Die Lösung besteht in der Vermittlung einer Haltung von Toleranz, die einerseits die eigene Position nicht verleugnet, aber zugleich deutlich macht, dass auch andere, entgegenstehende Auffassungen respektiert werden (vgl. dazu Nieke 2008).

Literaturnachweise

Orte der ursprünglichen Publikation

Professionelle pädagogische Handlungskompetenz. Das Konzept der professionellen Handlungskompetenz für das außerschulische Erziehungs- und Sozialwesen. In: Siegfried Keil/Gerd Bollermann/Wolfgang Nieke (Hrsg.): Studienreform und Handlungskompetenz im außerschulischen Erziehungs- und Sozialwesen. Darmstadt: Luchterhand 1981 S. 15–44

Zum Begriff der professionellen pädagogischen Handlungskompetenz. In: Siegfried Müller/Hans-Uwe Otto/Hilmar Peter/Heinz Sünker (Hrsg.): Handlungskompetenz in der Sozialarbeit/Sozialpädagogik II: Theoretische Konzepte und gesellschaftliche Strukturen. Bielefeld: AJZ-Verlag, 1984, S. 129–145

Ein Strukturkonzept für professionelle pädagogische Handlungskompetenz. Kompetenz. In: Hans-Uwe Otto/Thomas Rauschenbach/Peter Vogel (Hg.): Erziehungswissenschaft: Professionalität und Kompetenz. Opladen: Leske + Budrich 2002, S. 13–27

Professionelle didaktische Kernkompetenz der LehrerIn. Aktuelle Reformdiskussion der Lehrerbildung – und ein Vorschlag für ein Strukturmodell zur professionellen didaktischen Kompetenz als Kernkompetenz der LehrerIn. In: Toni Hansel (Hg.): Lehrerbildungsreform. Leitbilder einer alltagstauglichen Lehrerbildung. Herbolzheim: Centaurus 2002, S. 190–214

Ausdifferenzierung und Kapazitätsprobleme in den neuen Hauptfachstudiengängen der Erziehungswissenschaft. Ausdifferenzierung und Kapazitätsprobleme: Hauptfachstudiengänge der Erziehungswissenschaft. In: *Erziehungswissenschaft*, Heft 35, 2007, S. 25–37

Bildungspolitik und Bildungswissenschaft: Wie reagiert die Fachpolitik auf bildungswissenschaftliche Stellungnahmen? Schulreform: Wie reagiert die Fachpolitik auf bildungswissenschaftliche Bestandsaufnahmen? In: Toni Hansel (Hg.): PISA – und die Folgen? Die Wirkung von Leistungsvergleichsstudien in der Schule. Herbolzheim: Centaurus 2003, S. 197–214

Das Fremde als Bedrohung des Eigenraumes. Kognitive Überforderung oder Rationalisierung von Vernichtungsphantasien. In: Dieter Wiedemann (Hg.), 2002: Die rechtsextreme Herausforderung. Jugendarbeit und Öffentlichkeit zwischen Konjunkturen und Konzepten. Bielefeld: AJZ, S. 49–59

Anerkennung von Diversität als Alternative zwischen Multikulturalismus und Neo-Assimilationismus. In: Hans-Uwe Otto/Mark Schrödter (Hg.): Soziale Arbeit in der Migrationsgesellschaft: Multikulturalismus – Neo-Assimilation – Transnationalität. Lahnstein: Verlag Neue Praxis. Sonderheft 8 der neuen praxis – Zeitschrift für Sozialarbeit, Sozialpädagogik und Sozialpolitik 2006, S. 40–48

W. Nieke, *Kompetenz und Kultur*, DOI 10.1007/978-3-531-18663-4,
© VS Verlag für Sozialwissenschaften | Springer Fachmedien Wiesbaden GmbH 2012

Gesellschaftliche und individuelle Zukunft als basale Kategorie für pädagogisches Handeln und seine erziehungswissenschaftliche Orientierung. In: Wolfgang Nieke/Jan Masschelein/Jörg Ruhloff (Hg.), 2001: Bildung in der Zeit. Zeitlichkeit und Zukunft – pädagogische kontrovers. Weinheim: Deutscher Studien Verlag, S. 131–145

Religion als Bestandteil von Allgemeinbildung: Weltorientierung statt Religionslehre. In: Hans-Georg Ziebertz/Günter R. Schmidt (Hg): Religion in der Allgemeinen Pädagogik. Von der Religion als Grundlegung bis zu ihrer Bestreitung. Gütersloh: Gütersloher Verlagshaus 2006, S. 191–210

Verzeichnis der zitierten Literatur

Akenda, Jean: Kulturelle Identität und interkulturelle Kommunikation. Zur Problematik des ethischen Universalismus im Zeitalter der Globalisierung. Frankfurt: IKO 2004

Baacke, D., 1971: Kommunikation als System und Kompetenz, in: Neue Sammlung, H. 6: 566–580 (1. Teil); H. 1/1972: 57–81 (2. Teil).

Baacke, D., 1973: Kommunikation und Kompetenz. Grundlegung einer Didaktik der Kommunikation und ihrer Medien. München

Baacke, Dieter, 1973: Kommunikation und Kompetenz. Grundlegung einer Didaktik der Kommunikation und ihrer Medien. München: Juventa.

Badura, B., 1972: Kommunikative Kompetenz, Dialoghermeneutik und Interaktion. Eine theoretische Skizze, in: Badura, B./Gloy, K. (Hg.): Soziologie und Kommunikation. Stuttgart-Bad Cannstatt

Barth, Wolfgang: Zuwanderungsbegrenzungsgesetz verabschiedet: Wie geht es weiter mit der Integration? In: Migration und Soziale Arbeit, 2005, H. 2, S. 107–115

Bauer, Karl-Oswald, 1997: Professionelles Handeln in pädagogischen Feldern. Ein Übungsbuch für Pädagogen, Andragogen und Bildungsmanager. Weinheim: Juventa

Baumert, Jürgen u. a. (Hrsg.), 2001: PISA 2000. Basiskompetenzen von Schülerinnen und Schülern im internationalen Vergleich. Opladen: Leske + Budrich

Baumert, Jürgen u. a. (Hrsg.), 2002: PISA 2000 – Die Länder der Bundesrepublik Deutschland im Vergleich. Opladen: Leske + Budrich

Baumert, Jürgen u. a.: PISA 2000. Basiskompetenzen von Schülern und Schülerinnen im internationalen Vergleich. Opladen 2000

Baumert, Jürgen, u. a. (Hrsg.), 2000: TIMSS/III. Dritte Internationale Mathematik- und Naturwissenschaftsstudie – Mathematik und naturwissenschaftliche Bildung am Ende der Schullaufbahn. Bd.

Baumgart, F./Terhart, E., 2001: Gestufte Lehrerbildung in NRW? Die Empfehlungen des Expertenrats NRW zur Lehrerbildung: Grundsätzliche Gegenargumente, pragmatische Bedenken und mögliche Chancen. In: Die Deutsche Schule, 93 S. 332–342

Behse, G., 1976: Kompetenz VI, in: Ritter, J. (Hg.): Historisches Wörterbuch der Philosophie, Bd. 4, Sp. 923–933. Basel

Blankertz, Herwig, 1975: Analyse von Lebenssituationen unter besonderer Berücksichtigung erziehungswissenschaftlich begründeter Modelle: Didaktische Strukturgitter. In: Frey, Karl u. a. (Hrsg.): Curriculum-Handbuch, Bd. IL München: Piper.

Bloch, Ernst: Das Prinzip Hoffnung. Frankfurt 1974, 3 Bde.

Blüm, V., 1976: Kompetenz IV, in: Ritter, J. (Hg): Historisches Wörterbuch der Philosophie, Bd. 4, Sp. 921. Basel

Bohnsack, R., 1973: Handlungskompetenz und Jugendkriminalität, Darmstadt

Burke, John (ed.), 1989: Competency based education and training. London: Falmer

Chartier, Roger/Cavallo, Guglielmo (Hrsg.): Die Welt des Lesens. Von der Schriftrolle zum Bildschirm. Frankfurt: Campus 1995

Chomsky, N., 1969: Aspekte der Syntaxtheorie, Frankfurt

Cohn, Ruth, 1975: Von der Psychoanalyse zur themenzentrierten Interaktion. Stuttgart: Klett.

Comenius-Institut (Hrsg.): Religion in der Lebensgeschichte. Interpretative Zugänge am Beispiel der Margret E. Gütersloh 1993

Dahrendorf, Ralf: Homo sociologicus. Ein Versuch zur Geschichte, Bedeutung und Kritik der Kategorie der sozialen Rolle. 10. Aufl. 1971

Dauscher, Ulrich: Moderationsmethode und Zukunftswerkstatt. Neuwied: Luchterhand 1998

Deutsche Gesellschaft für Erziehungswissenschaft, 2001: Empfehlungen für ein Kerncurriculum Erziehungswissenschaft. In: Erziehungswissenschaft, H. 23, S. 20–31

Deutsche Shell (Hrsg.): Jugend 2000. Opladen: Leske + Budrich 2000

Deutscher Bildungsrat, 1974: Zur Neuordnung der Sekundarstufe II. Konzept für eine Verbindung von allgemeinem und beruflichem Lernen, Stuttgart

DGfE (Deutsche Gesellschaft für Erziehungswissenschaft), 1978: Stellungnahme der Deutschen Gesellschaft für Erziehungswissenschaft zur Diskussion und Beratung einer Neuordnung des Diplomstudienganges Erziehungswissenschaft. Tübingen: Ms.

Dieterich, Rainer (Hg), 1983: Pädagogische Handlungskompetenz. Paderborn: Schöningh

Dollase, Rainer/Kliche, Thomas/Moser, Helmut (Hg.), 1999: Politische Psychologie der Fremdenfeindlichkeit. Opfer – Täter – Mittäter. Weinheim: Juventa

Donata Elschenbroich: Weltwissen der Siebenjährigen. Wie Kinder die Welt entdecken können. München: Kunstmann 2001

Edelstein, Wolfgang u. a.: Lebensgestaltung – Ethik – Religionsunterricht. Zur Grundlegung eines neuen Schulfaches. Weinheim 2001

Eppenstein, Thomas: Einfalt der Vielfalt? Interkulturelle pädagogische Kompetenz in der Migrationsgesellschaft. Frankfurt: Cooperative 2003

Esser, Hartmut: Ist das Konzept der Integration gescheitert? Zur Bilanz der Migrationspolitik. In: Theorie und Praxis der Sozialen Arbeit. 1998, H. 4, S. 128–135

Finkielkraut, Alain: Die Niederlage des Denkens. 1989

Flechtheim, Ossip: Futurologie. Der Kampf um die Zukunft. Köln: Verlag Wissenschaft und Politik 1970

Flitner, Wilhelm: Europäische Gesittung. Ursprung und Aufbau abendländischer Lebensformen. Stuttgart 1961

Galuske, Michael, 1998: Methoden der Sozialen Arbeit. Weinheim: Juventa

Geissler, K. A., 1974: Berufserziehung und kritische Kompetenz. Ansätze einer Interaktionspädagogik. München.

Geissler, K. A./Hege, M., 1978: Konzepte sozialpädagogischen Handelns. München.

Geissler, K. A./Müller, K., 1977: ökonomische Kompetenz. Regulative kompetenztheoretische Ordnungsgesichtspunkte zur didaktischen Strukturierung ökonomischer Bildung, in: Zeitschrift für Pädagogik, H. 3: 407–417.

Gemende, Marion: Interkulturelle Zwischenwelten. Bewältigungsmuster des Migrationsprozesses bei MigrantInnen in den neuen Bundesländern. Weinheim: Juventa 2002

Giesecke, Hermann, 1996: Pädagogik als Beruf. Weinheim: Juventa, 5. überarb. Aufl.

Gomolla, Mechthild/Radtke, Frank-Olaf: Institutionelle Diskriminierung. Die Herstellung ethnischer Differenz in der Schule. Opladen: Leske + Budrich 2002

Habermas, J., 1973: Notizen zum Begriff der Rollenkompetenz, in: Ders.: Kultur und Kritik. Verstreute Aufsätze. Frankfurt.

Halbwachs, Maurice, 1985: Das kollektive Gedächtnis. Frankfurt: Fischer (La mémoire collective 1939)

Hartung, Dirk/Nuthmann, Reinhard, 1974: Zur Problematik eines methodischen Ansatzes der Ein- und Abgrenzung von Tätigkeitsfeldern. In: Hartung/Neef, W./Nuthmann: Tätigkeitsfeld und Praxisbezug. Stellungnahmen zur Eingrenzung von Tätigkeitsfeldern und zur Verstärkung des Praxisbezugs von Bildungsgängen im Hochschulbereich. Hamburg: Arbeitsgemeinschaft Hochschuldidaktik (Blickpunkt Hochschuldidaktik 34) S. 1–16.

Heckhausen, H., 1976: Kompetenz V, in: Ritter, J. (Hg.): Historisches Wörterbuch der Philosophie, Bd. 4, Sp. 922f. Basel.

Heimann, P./Otto, G./Schulz, W., 1965: Unterricht – Analyse und Planung. Hannover

Helmer, Olaf: 50 Jahre Zukunft. Bericht über eine Langfrist-Vorhersage für die Welt der nächsten fünf Jahrzehnte. Hamburg: Mosaik 1967

Hentig, Hartmut von: Bildung. Ein Essay. München 1996

Hettlage-Varjas, Andrea/Hettlage, Robert: Kulturelle Zwischenwelten. Fremdarbeiter – eine Ethnie? In: Schweizerische Zeitschrift für Soziologie. 1984, H. 10, S. 357–404

Hormel, Ulrike/Scherr, Albert: Bildung für die Einwanderungsgesellschaft. Perspektiven der Auseinandersetzung mit struktureller, institutioneller und interaktioneller Diskriminierung. Wiesbaden: VS Verlag 2004

Hurrelmann, Klaus/Laaser, Ulrich (Hg), 1993: Gesundheitswissenschaften. Handbuch für Lehre, Forschung und Praxis. Weinheim: Beltz

Jungk, Robert/Müller, Norbert: Zukunftswerkstätten. Mit Phantasie gegen Routine und Resignation. München 1989

Kahn, Herman/Wiener, Anthony: Ihr werdet es erleben. Voraussagen der Wissenschaft bis zum Jahre 2000. Wien: Molden 1967

Kärtner, G., 1973: Berufliche Sozialisation und gesellschaftlich-politische Handlungskompetenz, in: Zeitschrift für Pädagogik, H. 1: 1–20.

Keil/Bollermann/Nieke (Hg.), 1981: Studienreform und Handlungskompetenz im außerschulischen Erziehungs- und Sozialwesen. Darmstadt.

Keller, Heidi, 1997: Eine evolutionsbiologische Betrachtung der menschlichen Frühentwicklung. In: Zeitschrift für Pädagogik, H. 1, S. 113–128

Keuffer, Josef/Oelkers, Jürgen, 2001: Reform der Lehrerbildung in Hamburg. Abschlussbericht der von der Senatorin für Schule, Jugend und Berufsbildung und der Senatorin für Wissenschaft und Forschung eingesetzten Hamburger Kommission Lehrerbildung. Weinheim: Beltz

Keupp, Heiner u. a.: Identitätskonstruktionen. Das Patchwork der Identitäten in der Spätmoderne. Reinbek: Rowohlt 1999

Kiesel, Doron: Das Dilemma der Differenz. Zur Kritik des Kulturalismus in der interkulturellen Pädagogik. Frankfurt 1996

Klafki, Wolfgang: Bildung und Erziehung im Spannungsfeld von Vergangenheit, Gegenwart und Zukunft. In: Die Sammlung, 1958, S. 448–462. Wiederabgedruckt in: Studien zur Bildungstheorie und Didaktik. Weinheim: Beltz 1963, S. 9–24

Klafki, Wolfgang: Grundzüge eines Allgemeinbildungskonzepts. In: Ders.: Neue Studien zur Bildungstheorie und Didaktik. Zeitgemäße Allgemeinbildung und kritisch-konstruktive Didaktik. Weinheim 1994, S. 43–81

Klingenberg, E., 1976: Kompetenz I, in: Ritter, J. (Hg.): Historisches Wörterbuch der Philosophie, Bd. 4, Sp. 918. Basel.

Klüver, Jürgen, 1979: Wissenschaftsdidaktik als Wissenschaftskritik am Beispiel der Naturwissenschaften. Hamburg: Arbeitsgemeinschaft für Hochschuldidaktik.

Knab, Birgit: Tabuwort Abhängigkeit. Was türkische Jugendliche mit „Sucht" assoziieren. In: Psychologie heute 2005, H. 6, S. 55

Koch-Priewe, Barbara, 2002: Grundlagenforschung in der LehrerInnenbildung. In: Zeitschrift für Pädagogik, H. 1, S. 1–9

Kraak, Bernhard, 1980: Zum Praxisbezug in Ausbildung und Weiterbildung. In: Stephan, Egon (Hrsg.): Ausbildung und Weiterbildung in Psychologie. Stand der Diskussion und Zukunftsperspektiven. Weinheim: Beltz, S. 114–129.

Kraul, Margret/Merkens, Hans/Tippelt, Rudolf (Hg.), 2006: Datenreport Erziehungswissenschaft 2006. Wiesbaden: VS-Verlag

Krüger, Heinz-Hermann, 2009: Einführung in Theorien und Methoden der Erziehungswissenschaft. Opladen: Budrich, 5, erw. und aktualisierte Aufl.

Krüger, Heinz-Hermann/Rauschenbach, Thomas (Hg), 1994: Erziehungswissenschaft. Die Disziplin am Beginn einer neuen Epoche. Weinheim: Juventa

Krüger, Heinz-Hermann/Rauschenbach, Thomas u. a., 2003: Diplom-Pädagogen in Deutschland. Survey 2001. Weinheim: Juventa

Kultusministerkonferenz, 1969: Rahmenordnung für die Diplomprüfung in Erziehungswissenschaft. In: Zeitschrift für Pädagogik, S. 209–220.

Löwisch, Dieter-Jürgen, 2000: Kompetentes Handeln. Bausteine für eine lebensweltbezogene Bildung. Darmstadt: Wissenschaftliche Buchgesellschaft

Markowitsch, Hans, 2009: Das Gedächtnis. München: Beck

Meadows, D. u. a.: Die Grenzen des Wachstums. Stuttgart 1972

Mecheril, Paul: Einführung in die Migrationspädagogik. Weinheim: Beltz 2004

Mertens, Dieter, 1974: Schlüsselqualifikationen. Thesen zur Schulung für eine moderne Gesellschaft. In: Mitteilungen aus der Arbeitsmarkt- und Berufsforschung 7

Mertens, Dieter/Kaiser, Manfred (Hrsg.), 1978: Berufliche Flexibilitätsforschung in der Diskussion, 3 Bde. Nürnberg: Institut für Arbeitsmarkt- und Berufsforschung.

Meyer, Hubert, 1972: Einführung in die Curriculum-Methodologie. München: Kösel.

Mollenhauser, Klaus, 1972: Theorien zum Erziehungsprozess. München: Juventa.

Neubert, Stefan/Roth, Hans-Joachim/Yildiz, Erol (Hg.): Multikulturalität in der Diskussion. Neuere Beiträge zu einem umstrittenen Konzept. Opladen: Leske + Budrich 2002

Neuweg, Hans Georg, 2002: Lehrerhandeln und Lehrerbildung im Lichte des Konzepts impliziten Wissens. In: Zeitschrift für Pädagogik, H. 1, S. 10–29

Nieke, Wolfgang, 1972: Dogmatismus. In: Joachim Ritter (Hrsg.): Historisches Wörterbuch der Philosophie. Basel: Schwabe

Nieke, Wolfgang, 1978: Der Diplom-Pädagoge. Gesellschaftlicher Bedarf, Ausbildung und Berufsperspektive. Weinheim: Beltz

Nieke, Wolfgang, 1980: Reformmodelle in der Lehrerausbildung – auf dem Papier und in der Realität. In: Hartmut STEUBER/Robert ANTOCH (Hrsg.): Einführung in das Lehrerstudium. Stuttgart: Klett, S. 158–170

Nieke, Wolfgang, 1989: Erziehungswissenschaft (Studium). In: Dieter Lenzen (Hg): Pädagogische Grundbegriffe, Bd 2. Reinbek: Rowohlt, S. 525–535

Nieke, Wolfgang 1999: Pädagogisches Handeln ist immer wirkungsvoll – aber seine Wirkungen können und müssen evaluiert werden. Kritik zu Harm Paschen: Zur Systematik pädagogischer Differenzen – ein Forschungsprogramm zur pädagogischen Kompetenz. In: Ethik und Sozialwissenschaften. Streitforum für Erwägungskultur, H. 1, S. 112–114

Nieke, Wolfgang: Intuition aus philosophischer und erziehungswissenschaftlicher Sicht. In: Maximilian Buchka (Hrsg.): Intuition als individuelle Erkenntnis- und Handlungsfähigkeit in der Heilpädagogik. Luzern: Edition der Schweizerischen Zentralstelle für Heilpädagogik 2000, S. 11–23

Nieke, Wolfgang/Karakasoğlu, Yasemin, 2002: Benachteiligung durch kulturelle Zugehörigkeit? In: Michael Weegen/Wolfgang Böttcher/Gabriele Bellenberg/Isabell van Ackeren (Hrsg.): Bildungsforschung und Politikberatung. Schule, Hochschule und Berufsbildung an der Schnittstelle von Erziehungswissenschaft und Politik. Festschrift für Klaus Klemm zum 60. Geburtstag. Weinheim: Juventa, S. 199–218

Nieke, Wolfgang, 2004: Aussiedlerjugendliche in den neuen Bundesländern – Ergebnisse eines Forschungsprojekts zu integrationsrelevanten Identitätsausprägungen. In: Yasemin Karakasoğlu/Julian Lüddecke (Hrsg.): Migrationsforschung und Interkulturelle Pädagogik. Aktuelle Entwicklungen in Theorie, Empirie und Praxis. Münster: Waxmann, S. 249–261

Nieke, Wolfgang, 2006: Religion als Bestandteil von Allgemeinbildung: Weltorientierung statt Religionslehre. In: Hans-Georg Ziebertz/Günter R. Schmidt (Hg): Religion in der Allgemeinen Pädagogik. Von der Religion als Grundlegung bis zu ihrer Bestreitung. Gütersloh: Gütersloher Verlagshaus, S. 191–210

Nieke, Wolfgang, 2007: Allgemeinbildung durch informationstechnisch vermittelte Netzinformation und Netzkommunikation. In: Friederike von Gross/Winfried Marotzki/Uwe Sander (Hg): Internet – Bildung – Gemeinschaft. Wiesbaden: VS-Verlag, S. 145–167

Nieke, Wolfgang, 2007a: Ausdifferenzierung und Kapazitätsprobleme: Hauptfachstudiengänge der Erziehungswissenschaft. In: *Erziehungswissenschaft*, Heft 35, S. 25–37

Nieke, Wolfgang, 2008: Interkulturelle Erziehung und Bildung. Wertorientierungen im Alltag. Dritte, umgearbeitete und erweiterte Auflage. Wiesbaden: VS-Verlag

Nieke, Wolfgang, 2011: Kollektive Identitäten als Bestandteil von Selbst-Bewusstsein – eine bisher systematisch unterschätzte Kategorie im deutschen bildungstheoretischen Diskurs. In: Johannes Bilstein/Jutta Ecarius/Edwin Keiner (Hg.): Kulturelle Differenzen und Globalisierung. Herausforderungen für Erziehung und Bildung. Wiesbaden: VS-Verlag, S. 51–69

Nölle, Karin, 2002: Probleme der Form und des Erwerbs unterrichtsrelevanten pädagogischen Wissens. In: Zeitschrift für Pädagogik, H. 1, S. 48–67

Nuthmann, Reinhard, 1974: Eingrenzung von Tätigkeitsfeldern: Verstärkung des Praxisbezugs oder Erhöhung von Mobilität und Flexibilität? In: Hartung/Neef/Nuthmann: Tätigkeitsfeld und Praxisbezug. Stellungnahmen zur Eingrenzung von Tätigkeitsfeldern und zur Verstärkung des Praxisbezugs von Bildungsgängen im Hochschulbereich. Hamburg: Arbeitsgemeinschaft für Hochschuldidaktik (Blickpunkt 34) S. 23–54.

Olk, Thomas: Träger der Sozialen Arbeit. In: Hans-Uwe Otto/Hans Thiersch (Hrsg.): Handbuch Sozialarbeit/Sozialpädagogik. Zweite, völlig überarbeitete Auflage. Darmstadt: Luchterhand 2001, S. 1910–1926

Paschen, Harm, 1992: Aufgaben und Argumente einer displinär argumentierenden Erziehungswissenschaft. In: Harm Paschen/Lothar Wigger (Hrsg.): Pädagogisches Argumentieren. Weinheim: Deutscher Studien Verlag

Paschen, Harm /Lothar Wigger (Hrsg.), 1992: Pädagogisches Argumentieren. Weinheim: Deutscher Studien Verlag

Peccei, A. (Hrsg.): Das menschliche Dilemma – Zukunft und Lernen, München 1979

Peukert, Helmut/Scheuerl, Hans (Hg), 1991: Wilhelm Flitner und die Frage nach einer allgemeinen Erziehungswissenschaft. Beiheft 26 der Zeitschrift für Pädagogik. Weinheim: Beltz

Pongratz, Ludwig A. /Wolfgang Nieke/Jan Masschelein (Hg): Nach Foucault. Diskurs- und machtanalytische Perspektiven der Pädagogik. Wiesbaden: Verlag für Sozialwissenschaften 2004

Robinsohn, Saul: Bildungsreform als Revision des Curriculum. Neuwied: 2. Aufl. 1969

Roth, Heinrich, 1971: Pädagogische Anthropologie. Bd. II Entwicklung und Erziehung. Hannover: Schroedel

Roth, Heinrich: Pädagogische Anthropologie. 2 Bde. Hannover: 1968/1971

Schad, Ute, 2001: Jugend und Rechtsextremismus. Die gesellschaftspolitische Dimension von Fremdenfeindlichkeit. In: Diskurs, H. 1, S. 51–57

Schleiermacher, Friedrich: Pädagogische Schriften I, Die Vorlesungen aus dem Jahre 1826. Herausgegeben von Erich Weniger und Mitwirkung von Theodor Schulze. Stuttgart: Klett-Cotta 1983

Schülein, Johann August, 1977: Selbstbetroffenheit. Über Aneignung und Vermittlung sozialwissenschaftlicher Kompetenz. Frankfurt

Schulte, Axel: Integrationspolitiken in Europa: Unterschiedliche Ausprägungen und Tendenzen der Angleichung. In: Migration und Soziale Arbeit, 2005, H. 2, S. 91–99

Schulz, W.: Die Didaktik der ‚Berliner Schule‘ – revidiert, in: betrifft: erziehung, H. 6/1972: 24 f.

Schütz, Alfred/Luckmann, Thomas, 2003: Strukturen der Lebenswelt. Konstanz: UVK

Schütze, F., 1975: Sprache soziologisch gesehen. 2 Bände. München

Schütze, F./Meinefeld/Springer/Weymann, 1973: Grundlagentheoretische Voraussetzungen methodisch kontrollierten Fremdverstehens, in: Arbeitsgruppe Bielefelder Soziologen: Alltagswissen, Interaktion und gesellschaftliche Wirklichkeit, Bd. 2: Ethnotheorie und Ethnographie des Sprechens. Reinbek

Schwarz-Hahn, Stefanie/Rehburg, Meike, 2004: Bachelor und Master im Deutschland – Befunde zur Studienstrukturreform in Deutschland. Münster: Waxman

Szczyrba, B./Wildt, J., 1999: Neuere Empfehlungen zur Reform der Lehrerbildung – eine Synopse. In: Bayer, M./Bohnsack, F./Koch-Priewe, B./Wildt, J. (Hrsg.): Lehrerin und Lehrer werden ohne Kompetenz? Professionalisierung durch eine andere Lehrerbildung. Bad Heilbrunn: Klinkhardt, S. 327–349

Teichler, Ulrich, 1980: Möglichkeiten und Grenzen des Beitrags der Berufs- und Qualifikationsforschung für die Studienreform. Kassel: Ms.

Teichler, Ulrich u. a., 1976: Hochschulexpansion und Bedarf der Gesellschaft. Wissenschaftliche Erklärungsansätze, bildungspolitische Konzeptionen und internationale Entwicklungstendenzen. Stuttgart: Klett.

Tenorth, Heinz-Elmar (Hrsg.): Allgemeine Bildung. Analysen zu ihrer Wirklichkeit, Versuche über ihre Zukunft. Weinheim 1986

Terhart, Ewald (Hrsg.), 2000: Perspektiven der Lehrerbildung in Deutschland. Abschlussbericht der von der Kultusministerkonferenz eingesetzten Kommission. Weinheim: Beltz

Terhart, Ewald, 2007: Wozu führt Modularisierung? Überlegungen zu einigen Konsequenzen für die Praxis der akademischen Lehre. In: Erziehungswissenschaft, 18. Jg., S. 23–37

Terkessidis, Mark: Die Banalität des Rassismus. Migranten zweiter Generation entwickeln eine Perspektive. Bielefeld: transscript 2004

Tippelt, Rudolf/Rauschenbach, Thomas/Weishaupt, Horst (Hg), 2004: Datenreport Erziehungswissenschaft 2004. Wiesbaden: VS-Verlag

Tippelt, Rudolf/Schmidt, Bernhard (Hg), 2010: Handbuch Bildungsforschung. Wiesbaden: VS-Verlag, 3., durchges. Aufl.

Treptow, Rainer: Raub der Utopie. Zukunftskonzepte bei Schütz und Bloch. Kritik der Alltagspädagogik. Bielefeld: Karin Böllert KT Verlag 1985

Trier, Jost (1975): Meine drei Ansätze zur Wortforschung (posthum veröffentlichter Vortrag). In: Hartmut Beckers/Hans Schwarz (Hg): Gedenkschrift für Jost Trier. Köln. S. 1–12

Wagner, Ulrich, 1983: Soziale Schichtzugehörigkeit, formales Bildungsniveau und ethnische Vorurteile. Unterschiede in kognitiven Fähigkeiten und der sozialen Identität als Ursachen für Differenzen im Urteil über Türken. Eine empirsche Untersuchung. Berlin: Express Edition

Wahl, Klaus/Tramitz, Christiane/Blumtritt, Jörg, 2001: Fremdenfeindlichkeit. Auf den Spuren extremer Emotionen. Opladen: Leske + Budrich

Watzlawick, Paul/Beavin, Janet/Jackson, Don, 1969: Menschliche Kommunikation. Formen, Störungen, Paradoxien. Stuttgart: Huber.

White, R. W., 1959: Motivation Reconsidered. The Concept of Competence. in: Psychological Review: 297–333. Wiederabgedruckt in: Gordon, I. J. (ed): Human development. Chicago 1965

Wittkämper, Gerhard, 1979: Studienreform, ein Werkstattbericht. In: Politische Vierteljahresschrift, H. 4, S. 379–396.

Wolter, Andrä, 2006: Auf dem Weg zu einem Europäischen Hochschulraum? Studienreform und Hochschulpolitik im Zeichen des Bologna-Prozesses. In: Robert Hettlage/Han-Peter Müller (Hg): Die europäische Gesellschaft. Konstanz: UVK, S. 299–323

Ziep, Klaus-Dieter, 1990: Der Dozent in der Weiterbildung. Professionalisierung und Handlungskompetenzen. Weinheim: Deutscher Studien Verlag

Zukunft der Bildung – Schule der Zukunft. Denkschrift der Bildungskommission beim Ministerpräsidenten des Landes Nordrhein-Westfalen. Neuwied: Luchterhand 1985

If you have any concerns about our products,
you can contact us on
ProductSafety@springernature.com

In case Publisher is established outside the EU,
the EU authorized representative is:
**Springer Nature Customer Service Center GmbH
Europaplatz 3, 69115 Heidelberg, Germany**

Printed by Libri Plureos GmbH
in Hamburg, Germany